Verhaltensethik einer innerislamischen Streitkultur

Reihe für Osnabrücker Islamstudien

Herausgegeben von
Bülent Ucar und Rauf Ceylan

Band 15

PETER LANG
EDITION

Ṭāha Ǧābir Fayyāḍ Al- ᶜAlwānī

Verhaltensethik einer innerislamischen Streitkultur

Übersetzt und mit einer Einführung versehen von Bacem Dziri

PETER LANG
EDITION

Bibliografische Information der Deutschen Nationalbibliothek
Die Deutsche Nationalbibliothek verzeichnet diese Publikation in der DeutschenNationalbibliografie; detaillierte bibliografische Daten sind im Internet über http://dnb.d-nb.de abrufbar.

Gedruckt mit freundlicher Unterstützung des
Niedersächsischen Ministeriums
für Wissenschaft und Kultur.

Umschlagabbildung:
Sultan Hassan Moschee, Kairo.
Lithografie von David Roberts.
Aus: David Roberts: „Egypt & Nubia". London:
F.G. Moon, 1846-1849, Bd. 3, S. 8. Bildquelle:
http://commons.wikimedia.org/wiki/File:
Sultan_Hassan_Mosque-David_Roberts.jpg

Gedruckt auf alterungsbeständigem,
säurefreiem Papier.

ISSN 2192-3310
ISBN 978-3-631-64500-0 (Print)
E-ISBN 978-3-653-03399-1 (E-Book)
DOI 10.3726/978-3-653-03399-1

Peter Lang Edition ist ein Imprint der Peter Lang GmbH.
Peter Lang – Frankfurt am Main · Bern · Bruxelles · New York ·
Oxford · Warszawa · Wien

www.peterlang.de

Inhaltsverzeichnis

Vorwort des Übersetzers

Die vorliegende Übersetzung des *Adab al-Iḫtilāf fī al-Islām* von Ṭāha Ǧābir al-ʿAlwānī (geb.1935) ist eine leicht überarbeitete Fassung meiner im Sommer 2010 an der Rheinischen Friedrich-Wilhelms-Universität zu Bonn überreichten Masterarbeit. Zu danken gilt hier in aller Aufrichtigkeit meinem Betreuer, Prof. Stephan Conermann, der mich durch mein gesamtes Studium hinweg mit Rat und Tat unterstützt und seinerseits diese Arbeit mit einer Bestnote anerkannt hat. Zu tiefem Dank bin ich außerdem Prof. Bülent Ucar verpflichtet, nicht allein dafür, dass er mich darin bestärkte dieses Schaffen einer breiteren Leserschaft zugänglich zu machen.

Bei der Übersetzung wurde das arabische Original in der sechsten Auflage aus dem Jahre 1987 herangezogen und mit der französischen und englischen Übersetzung aus den Jahren 1995 und 1993 verglichen.[1] Einige Passagen, Sätze, Fußnoten sowie ein wohl überflüssig erschienenes Gedicht sind in diesen Übersetzungen jedoch nicht wiedergegeben, einzelne Übersetzungen zudem noch falsch.[2] Anders als bei diesen galt in der vorliegenden deutschen Übertragung aus dem Arabischen in der Regel das Leitprinzip: So nah wie möglich an der wörtlichen Bedeutung, und so frei wie nötig. Ausnahmen liegen bei sonst schwer verständlichen Sätzen oder dem erwähnten Gedicht vor, welches ebenfalls in Reimform wiedergegeben wurde, ohne jedoch die intendierte Bedeutung wesentlich zu verändern. Trotz der Skepsis eines sprachbewanderten Essayisten wie al-Ǧāhiz (gest. 255/868) an einem solchen Unterfangen („Dichtung kann man nicht übersetzen, sie lässt sich nicht übertragen"[3]), folgte ich hier der Tradition Friedrich Rückerts (gest. 1866). Al-

1 Al-ʿAlwānī, Ṭāha Ǧābir: Conflits d'opinions. Pour une éthique du disaccord, Paris, 1995; The Ethics of Disagreement in Islam, Herndon, 1993; Adab al-Iḫtilāf fī al-Islām, Herndon, 1987.

2 So sind etwa in der englischen Übersetzung in den Fußnoten zu den Charakteristika der ḥanāfītischen Rechtsschule, in der die Bedeutung von Generalisierung und Partikularisierung als hermeneutische Mittel der Rechtsquellen dargelegt werden, nicht erfasst und korrekt weitergegeben.

3 Bürgel, Johann Christoph: Tausendundeine Welt. Klassische arabische Literatur, München, 2007, S. 335.

lerdings kann ich selbst bei einem Prosa- oder Sachtext mich nicht eines gewissen Respekts vor dem arabischen Urtext erwehren. Bei einigen Fachwörtern schien es mir sinnvoller, die arabischen Begriffe zu übernehmen, weil sie eine Bedeutungsvielfalt in sich bergen, die bei einer Übersetzung notgedrungen auf einen Bedeutungsinhalt verkürzt werden. Da sich einige Nuancen aber erst im Zusammenhang und bei Beibehaltung des arabischen Originals samt seiner semantischen Bedeutungsvarianten erschließen lassen, wurde einfach diejenige Bedeutung auf Deutsch in Klammern hinzugefügt, die mir am nächsten schien. Die größte Zurückhaltung gebietet sich bei den Koranversen, die ich aus den verdienstvollen Übersetzungen von Paret, Bobzin und Asad zusammengetragen habe. Quellen in den Fußnoten wurden meist nur in Umschrift widergegeben und nicht übersetzt, da sich diese Werke ohnehin nur für einen Arabischkundigen direkt eignen, der die vorliegende Übersetzung weniger brauchen wird. Anzumerken ist daneben, dass es im arabischen Original kein Literaturverzeichnis gibt. Bis auf die angegebenen Quellen wurden alle anderen Anmerkungen in den Fußnoten übersetzt. In der Umschrift weiche ich nicht nur bei Literaturangaben in der Groß- und Kleinschreibung leicht vom Standard der Deutschen Morgenländischen Gesellschaft ab, dann aber gewiss stringent. Eulogien sind teils abgekürzt, teils ausgeschrieben, in dieser Entscheidung allein dem Gusto des Autors folgend.

Es handelt sich bei diesem um einen uns zeitgenössischen Theologen (man spricht wohl meist eher von einem Gelehrten), was ungewöhnlich erscheinen mag. Die oben genannten Übersetzungen ins Französische und Englische, sowie die vielfachen arabischen Auflagen, deuten jedoch auf den großen Bedarf an einer solchen Literatur. Damit ist zugleich auch gesagt, dass das vorliegende Werk eines unter vielen ist, die sich diesem Themenfeld widmen. Die Beschäftigung hingegen ist nicht neu: Shāh Walīullāhs (gest. 1233/1762) „*Al-Inṣāf fī Bayān Sabab al-Iḫtilāf*"[4] zählt mit nachweisbarer Sicherheit zu einer der bedeutendsten Inspirationsquellen unseres Autors. Walīullāhs Abhandlung seinerseits ist von dem „*Al-Mizān al-Kubrā*" des ʿAbd al-Wahhāb aš-Šaʿrānī (gest. 973/1565) geprägt, die wiederum auf das „*Raḥmat al-Umma fī Iḫtilāf al-*

4 Ins Englische übertragen und kommentiert von Hermansen: Marcia, Shāh Walī Allāh's Treatises on Islamic Law, Louisville, 2010.

A'imma" des Muḥammad b. ʿAbd ar-Raḥmān al-Dimašqī (gest. 780/1378) basiert.[5] Diese Ideen lassen sich noch weiter zurück verfolgen, mindestens bis in die klassische, nachformative Zeit des Islams, soll aber an dieser Stelle nicht weiter ausgeführt werden.[6] Es soll genügen auf das in diese Zeit verortete Traktat mit dem schönen Titel „*Ǧazīl al-Mawāhib fī Iḫtilāf al-Maḏāhib*" (*Das großzügige Geschenk der Meinungsunterschiede der Rechtsschulen*) des as-Suyūṭī (gest. 911/1505) hinzuweisen. Trotz der unterschiedlichen Ansätze und Methoden, reihen sich diese Werke aneinander an.

Meines Wissens nach gibt es auf deutschsprachigem Gebiet allerdings keine größere hierzu Arbeit, weshalb ich mich dazu entschlossen habe, diese Lücke zunächst durch diese Übersetzung zu füllen. Zu vereinzelten Positionen des Autors stehe ich selbst etwas differenziert, finde seinen Vorstoß dagegen äußerst lohnend weiter zu entwickeln.[7] Weiterhin möchte ich der Grundintention folgen und selbst etwas darlegen, was ich nicht in jeder Hinsicht teile. Der mündige Leser möge sich selbst ein Urteil bilden und mir womöglich widersprechen. Wenn ein kritisch-konstruktives Nachdenken *von* Muslimen über Meinungsverschiedenheiten *unter* Muslimen ein wenig angeregt werden kann, ist das Ziel dieser Arbeit erreicht. Und das Gelingengeben ist von Gott.

---

5 Vgl. Pagani, Samuela: The Meaning of the Ikhtilāf al-Madhāhib in ʿAbd al-Wahhāb al-Shaʿrānī's al-Mizān al-Kubrā, in: Islamic Law and Society, Vl. 11, No. 2 (2004), S. 177-122.

6 Hier empfiehlt sich die vortreffliche Arbeit von Bauer, Thomas: Die Kultur der Ambiguität. Eine andere Geschichte des Islams, Berlin 2011.

7 Auf den *iḫtilāf*-Diskurs und Methode des ʿalwānischen adab-zentrierten Ansatzes habe ich hingewiesen: Die Kultivierung des iḫtilāf als Beitrag zum innerislamischen Pluralismus, in: Hikma, Journal of Islamic Theology and Religious Education, Vol. 3, April 2012, S. 59-72

أدب الإختلاف

I. Einleitung des Übersetzers

1. Leben und Werke[8]

Ṭāhā Ǧābir Fayyāḍ al-ʿAlwānī ist im Jahr 1935 im irakischen Falludscha als Sohn eines angesehenen sunnitischen Stammes geboren. Dort genoss er schon als Jugendlicher eine religiöse Ausbildung. Bald folgte ein Studium des islamischen Religionsgesetzes (*šarīʿa*) an der Al-Azhar, an der er 1973 im Fach Rechtstheorie (*uṣūl al-fiqh*) promovierte. 1962 gründete er in Mekka die „The Muslim World League" mit.[9] Von 1968 bis 1975 war er während seines Studiums als Dozent für islamische Studien an der Militärakademie in Bagdad tätig. Darauf wurde er für vier Jahre ins saudische Innenministerium als Rechtsberater berufen. Noch im Jahr 1976 reiste al-ʿAlwānī zum ersten Mal in die USA. Ab 1979 nahm er eine Professur in Riad an der „Muḥammad b. Saʿūd Universität" wahr. 1981 beteiligte er sich maßgeblich an der Gründung des „International Institute of Islamic Thought" (IIIT) mit Sitz in Herndon/Virginia in den USA. 1985 emigrierte er dann selbst in die Staaten und wurde ein Jahr später Präsident des IIIT bis zum Jahre 1997. 1988 veranlasste er sodann das „Fiqh Council of North America" (FCNA) als Rechtsabteilung der „Islamic Society of North America" (ISNA), welche bereits seit 1982 bestand. Ein Jahr später, 1989, wurde er Vorsitzender der ISNA, was er bis zum Jahre 2004 geblieben ist. 1996 initiierte er die „Graduate School of Islamic Social Sciences" (GSISS) in Leesburg/ Virginia, später umbenannt in „Cordoba University", an der er noch heute das Präsidium inne hat. Seit 1997 lehrt er dort am „Imam aš-Šāfiʿī-Stuhl" für Rechtstheorie (*uṣūl*) und Vergleichende Rechtswissenschaft (*fiqh al-muqāran*).

Seine Tochter, die in Malaysia promovierte Aktivistin Zainab al-ʿAlwānī lehrt ebenfalls an der Universität die Fächer Islamwissenschaf-

---

8 Maßgeblich der Selbstbeschreibung seiner persönlichen Homepage entnommen: www.alwani.net/cv.php (eingesehen am 14-5-2010).

9 Zur Geschichte, Struktur, Zusammensetzung und Inhalten der "Islamischen Weltliga" siehe: Schulze, Reinhard: Islamischer Internationalismus im 20. Jahrhundert. Untersuchungen zur Islamischen Weltliga, Leiden, 1990.

ten und Vergleichende Religionswissenschaften.[10] Ihr Vater hatte zuvor Gastprofessuren in Brunei (1984 – 1985), Straßburg (1988), Algerien (1990 – 1992), Malaysia (1994 – 1996) und Washington D.C. (1998) wahrgenommen. Seit 1997 beteiligt sich al-ʿAlwānī am „European Council for Fatwa and Research" (ECFR) und dem Rechtsausschuss der „Organization of Islamic Countries" (OIC), einer Vereinigung von 56 muslimischen Staaten um die soziale, politische und wirtschaftliche Solidarität zu stärken. Al-ʿAlwānī ist zudem Mitglied in zahlreichen Netzwerken und Institutionen, darunter dem „Center for the Study of Islam & Democracy" (CSID), „Al-Hewar Center for Arab Culture and Dialogue", „World Forum for Proximity of Islamic Schools of Thought", „The Royal Aal al-Bayt Institute for Islamic Thought", „The Muslim World League" und der „Islamic Fiqh Academy" in Indien.

Während dieser Aktivitäten hat er seine Ideen und Ansichten durch die genannten Netzwerke und mächtiger Medien wie „Al-Jazeera" oder „IslamOnline" an eine breitere Öffentlichkeit getragen. Zu seinen wichtigsten Werken zählen *„Al-Iǧtihād wa at-Taqlīd fī al-Islām"* (*Rechtsfortbildung und Rechtsnachahmung im Islam*, 1979), die Edition des sechsbändigen *„Al-Maḥṣūl fī ʿIlm al-Uṣūl al-Fiqh"* (*Der Ertrag der Wissenschaft der juristischen Methodenlehre*, 1980) des Faḫr ad-Dīn ar-Rāzi (gest. 606/1209), *„ʿIlm Uṣūl al-Fiqh. Manhaǧ Baḥṯ wa-Maʿrifa"* (*Wissenschaft der juristischen Methodenlehre. Methodologie für Forschung und Erkenntnis*, 1982), *„Adab al-Iḫtilāf fī al-Islām"* (*Verhaltensethik einer islamischen Streitkultur*, 1985), *„Islāmiyyat al-Maʿrifa, Bayna al-Ams wa-l-Yawm"* (*Die Islamisierung des Wissens. Zwischen Gestern und Heute,* 1997), *„Madḫal ilā Fiqh al-Aqaliyyāt. Nazarāt taʾsīsiyya"* (*Einführung in das Minderheitenrecht. Grundsteinlegende Reflexionen*, 1999), *„Al-Azma al-fikrīyya wa Manhaǧ at-Taġyīr"* (*Die intellektuelle Krise und Wege der Besserung*, 2001), *„Al-Ǧamʿ bayna al-Qirāʾatayn"* (*Die Zusammenführung der zwei Lesearten,* 2006).

Nach den Anschlägen vom 11. September und dem Einmarsch amerikanischer Truppen in Afghanistan (2001) und im Irak (2003), dem Geburtsland al-ʿAlwānīs, verschlechterte sich das Klima der Beziehungen

10 Siehe: www.cordobauniversity.org/gsiss/faculty/Alwani.asp (zuletzt eingesehen am 14-5-2010).

zwischen den Muslimen und dem Westen im Allgemeinen als auch für al-ʿAlwānī persönlich.[11]

2. Ein Reformdenker mit Einfluss

Als umtriebiger, zahlreiche „identity institutions"[12] gründender Gelehrter, erlangte Ṭāhā Ǧābir al-ʿAlwānī auch im Westen einiges an Aufmerksamkeit. Er fiel neben innovativen, reformerischen Konzepten auch durch außergewöhnliche Rechtsgutachten auf. So überraschte er mit einem 1997 veröffentlichten Rechtsgutachten, in dem er die Darstellung des Propheten auf dem Fries des höchsten Gerichts in Washington guthieß.[13]

Nicht weniger überraschend war das Aufsehen erregende Rechtsgutachten (*fatwā*) vom 27. September 2001, in der er die Anschläge auf das World Trade Center verurteilte und zugleich die Teilnahme von muslimischen Soldaten am Krieg gegen Afghanistan sanktionierte.[14]

---

11 Aš-Šarīʿā wa-l-Ḥayāt: Fiqh al-Aqaliyyāt (Das Minderheitenrecht), 3/10/2004: www.aljazeera.net/channel/archive/archive?Archiveld=92788 (eingesehen am 14-5-2010).

12 Siehe: Fishman, Shammai: Some Notes on Arabic Terminology as a Link Between Tariq Ramadan and Sheikh Dr. Taha Jabir al-Alwani, Founder of the Doctrine of "Muslim Minority Jurisprudence" (Fiqh al-Aqaliyyāt al-Muslimā): www.e-prism.org/images/
tariqfinal291203.doc (eingesehen am 17-5-2010), S. 2/3.

13 Al-ʿAlwānī: Fatwa concerning the United States Supreme Courtroom Frieze, in: Journal of Law and Religion, Bd. 15, Nr. 1/2, (2000 - 2001), S. 1-28. Siehe dazu auch: Naef, Silvia: Bilder und Bilderverbot im Islam, München, 2007, S. 135.

14 Vgl. Esposito, John: The Future of Islam, New York, 2010, S. 32. Die Frage ist freilich komplexer Natur. Al-ʿAlwānī beriet sich nach eigenen Angaben vor der Erstellung mit Yūsuf al-Qarāḍāwī, dessen Rechtsgutachten er inhaltlich übernahm und lediglich auf die amerikanische Gesellschaft anpasste und um das Recht amerikanischer Soldaten ergänzte, sich bei einem aufkommenden Gewissenskonflikt nicht am Krieg beteiligen zu müssen. Siehe dazu: Aš-Šarīʿā wa-l-Ḥayāt: Al-Mawāqif al-ʿarabiyya wa-l-islāmiyya min al-Ḥarb ḍidd Afġānistān (Arabische und und islamische Stellungnahmen zum Krieg gegen Afghanistan),

Ungewöhnlich war weiterhin seine Bewertung zur Leitung des Freitagsgebets durch eine Frau als eine streitbare, nicht kategorisch abzulehnende Angelegenheit, in der es keinen Konsens unter den frühen Gelehrten gegeben habe.[15] Als einer der ersten Gelehrten stellte er außerdem die vormoderne muslimische Einteilung der Welt in ein „Haus des Islams (*dār al-islām*)" und „Haus des Unglaubens" (*dār al-kufr*) in Frage und befürwortete die politische Partizipation von Muslimen in Amerika und im Westen allgemein.[16] Was die Freiheit des religiösen Bekenntnisses und dessen mögliche Aufgabe zu jeder Zeit angeht, so legt al-ʿAlwānī höchste Priorität auf die koranische Aussage: „In der Religion gibt keinen Zwang (d.h. man kann niemanden zum [rechten] Glauben zwingen)".[17] Mit einer gleichnamigen Schrift legte er eine umfangreiche Untersuchung zum Recht auf Religionsfreiheit im Islam inklusive Austritt an, welche 2003 veröffentlicht wurde.[18] Als 2006 ein afghanischer Bürger zum Christentum konvertierte und im Zuge dessen eine politische Diskussion ausbrach, erlangte al-ʿAlwānīs Rechtsanschauung nochmals weitere Beachtung.[19] Fishman will aufgrund einiger der genannten Posi-

---

20/10/2001: www.aljazeera.net/NR/exeres/ADFD39B5-3F8F-48D8-8DA5-5D33A98AE20C.htm (eingesehen am 1-3-2010).

15 Siehe: Aš-Šarīʿā wa-l-Ḥayāt: Muṭālabat Amrīkīyya muslima bi Imāmat aṣ-Ṣalāt (Forderung einer amerikanischen Muslima zur Leitung des Gebets), 20/3/2005: www.aljazeera.net/NR/exeres/90BC8CEB-8454-4913-908A-8177D36C63A8.htm (eingesehen am 15-5-2010).

16 Siehe: Aš-Šarīʿā wa-l-Ḥayāt: Al-Islām fi l-Ġarb ka Šarīk ḥaḍārī (Der Islam im Westen als zivilisatorischer Partner), 17/8/2005: www.aljazeera.net/channel/archive/archive?ArchiveId=133108 (eingesehen am 15-5-2010). Vgl. Dazu auch: Parekh, Bhiku: European Liberalism and 'The Muslim Question', Amsterdam, 2008, S. 18. Dieses Umdenken haben mittlerweile etliche andere Gelehrte übernommen.

17 Paret, Rudi: Der Koran, Stuttgart, 10. Aufl. 2007, Sure 2: 256.

18 Al-ʿAlwānī, Ṭāha Ǧābir: Lā Ikrāha fi-d-Dīn.Iškāliyat ar-Ridda wa l-Murtaddīn min Ṣadr al-Islām ilāl-Yawm (Es gibt keinen Zwang im Glauben. Das Problem der Apostasie und der Apostaten vom Anbeginn des Islams bis zur Gegenwart), Herndon, 2006.

19 Siehe: Aš-Šarīʿā wa-l-Ḥayāt: Al-Ḥurriyya ad-dīniyya wa aš-Šarīʿā al-islāmiyya (Die Religionsfreiheit und das islamische Religionsgesetz), 6/4/2006: www.aljazeera.net/NR/exeres/2A39C6A6-09EE-4435-BD37-3960FB1C6114.htm (eingesehen am 15-5-2010). Diese Auffassung habe er nach eigenen Angaben

tionen in ihm eine „religious authority exemplary of moderate Islam." erkannt haben.[20]

Der Schlüssel zu diesen aparten Rechtsgutachten al-ʿAlwānīs und seiner innovativen theoretischen Überlegungen im Bereich des Rechts und der Rechtstheorie liegt in der ausgeprägten Anwendung der Rechtsneuschöpfung (*iǧtihād*), dessen Notwendigkeit er in vielen Büchern und Artikeln betont, damit die Kompabilität des islamischen Rechts mit der Moderne gewährleistet werden könne.[21] Dieser Ansatz ist fundamental und wird kombiniert mit einer kritischen Aufarbeitung der Quellen und einer Wiederbelebung der darauf aufbauenden, nach al-ʿAlwānī weitläufig vergessenen oder verdrängten Tradition. Dabei bemängelt der Rechtsgelehrte prononciert die Mentalität des Festhaltens am ungeprüften Übernehmen von Rechtsmeinungen (*taqlīd*), die systematische Vermeidung des *iǧtihād*[22] und etwas nuancierter die Absolutsetzung weit verbreiteter Traditionen und Lehrmeinungen. Gleichermaßen gibt er sich als ein in der Tradition verwurzelter Gelehrter[23], der zu neuen Fragen immer erst frühere Rechtsgutachten nachschlägt und sich mit anderen Rechtsgelehrten und Spezialisten berät. Taji-Farouki charakterisiert ihn als zu jenen reformorientierten Gelehrten zugehörig, die im späten zwanzigsten Jahrhundert in der muslimischen Welt auf großen Widerhall stießen:

---

schon 1963 im Irak vertreten. Siehe grundsätzlich dazu: Ucar, Bülent: Die Todesstrafe für Apostaten in der Scharia. Traditionelle Standpunkte und neuere Interpretationen zur Überwindung eines Paradigmas der Abgrenzung, in: Schmid, Hansjörg/ Renz, Andreas/ Sperber, Jutta/Terzi, Duran: Identität durch Differenz. Wechselseitige Abgrenzungen in Christentum und Islam, Regensburg, 2009, S. 227-44.

20 Fishman: Ideological Islam in the United States: 'Ijtihad' in the Thought of Dr. Taha Jabir al-Alwani, The Project for the Research of Islamist Movements (PRISM) Herzliya, Israel: www.e prism.org/images/IdeologicalIslam.pdf, S. 2. (eingesehen am 15-5-2010).

21 Vgl. Kamali, Mohammad Hashim: Methodological Issues in Islamic Jurisprudence, Arab Law Quarterly, Bd. 11, Nr. 1 (1996), S. 3-33.

22 Vgl. Al-ʿAlwānī: The Crisis of Fiqh and the Methodology of Ijtihād, The American Journal of Islamic Social Sciences 8, 1991, S. 332.

23 Vgl. Taji-Farouki, Suha: Modern Muslim intellectuals and the Qur'an, New York, 2004, S. 25 ff.

> „This is the voice of reform-minded Muslim intellectuals and academics and a smaller number of reform-minded ulama, whose divers contributions, put together, bear witness to important patterns of intellectual development and change in contemporary Islamic thought.“[24]

Der dezidierte Bezug auf traditionelle Quellen um Reformen mittels kritischen geistigen Bemühens (*iǧtihād*) zu verwirklichen, zeichnet den mit der Gründung der „Graduate School for Islamic and Social Studies“ und heutigen „Cordoba University“ institutionalisierten, neo-normativen Ansatz in der Jurisprudenz des Rechtstheoretikers aus:

> „Muslims were not giving up their fundamental identity, but a new and postmodern Islamic jurisprudence was in the making. The works of Jamal Badawi, Taha Jabir Alwani and many others helped bring out this transition by examining the nature of Islamic law (the *Sharia*) and redefining a number of traditional practices, including those associated with the role and status of women.“[25]

Kommt der *iǧtihād* in seiner reinen und ureigentlichen Form einmal zum Zug, muss seine notwendige und doch begrenzte erkenntnistheoretische Funktion nach al-ʿAlwānī in einem hermeneutischen Verhältnis zur Offenbarung gesetzt werden.[26]

Weiter noch strebt al-ʿAlwānī nicht bloß eine Re-Definition des islamischen Rechts an, sondern die sämtlichen Wissens, um es in der „Universalität des Islam“ (*ʿālamiyat al-islām*) integrieren zu können. Wesentliches Aktionsfeld ist ihm dabei das Projekt „Islamization of Knowledge“ (*islāmiyāt al-maʿrifa*), dem Versuch eines epistemologischen Gegenentwurfs zum als dominant empfundenen säkularisierten Wissenschaftsverständnis.[27] Dem Projekt geht die Annahme voraus,

---

24 Ebenda, S. 25/26.

25 Ba-Yunus, Ilyas/ Kone, Kassim: Muslims in the United States, Westport, Connecticut, 2006, S. IX.

26 Vgl. Fishman: Ideological Islam in the United States: 'Ijtihad' in the Thought of Dr. Taha Jabir al-Alwani, S. 2.

27 Siehe dazu: Schäbler, Birgit/ Stenberg, Leif: Globalization and the muslim World, Culture, Religion and Mondernity, New York, 2004. S. 93 – 113; Siehe auch: Euben, Roxane L.: Contingent Borders, Syncretic Perspectives: Globalization, Political Theory and Islamizing Knowledge, in: International Studies Review, 2002, S. 23-48; Davies, Merryl Wyn: Knowing One Another, Shaping an Islamic Anthropology, New York, 1988; sowie: Edipoglu, Kerim: Islamische

dass ein Faktor für die vielfältige Malaise der Muslime Ergebnis einer Bildungskrise sei, die von einem de-islamisierenden Erziehungssystem ausgeht.[28]

Nach al-ʿAlwānī tragen viele der Reformversuche, um dieser intellektuellen Krise Herr zu werden, westliche Charakterzüge statt genuin-islamische Gedankengänge (*manāhiǧ al-fikr*).[29] Eine Reform (*iṣlāḥ*) des Islams und Renaissance (*taǧdīd*) könne nicht anders als mit Mitteln islamischer Methodenlehren funktionieren.[30] Mit einer ganzen Reihe von Veröffentlichungen und Konferenzen warb er durch seine Netzwerke, insbesondere dem IIIT, für das Islamisierungs-Projekt. Damit lockte etliche Akademiker aus verschiedenen Ländern an und weckte daneben auch das Interesse anderer Institutionen und Regierungsorganisationen, deren Zielpublikum wiederum muslimische Laien sind:

> „Islamic anthropology is no more easily dismissed than any other "-ism"; it should be taken seriously because it addresses a wide audience, avows its ideological base, and invites critical discussion. At the same time the motivations of its proponents should be questioned. As noted above, the authors are primarily addressing a Muslim non-academic audience, presumably

---

Soziologie: Menschen- und Gesellschaftsbild, in: Zeitschrift für Religionswissenschaft 15, 2007, 131-153 und ebenfalls Edipoglu: Islamisierung der Soziologie oder Soziologisierung des Islam? Indigenisierungsansätze in Malaysia, Iran und der arabischen Welt, Dissertation, Tübingen 2006, beziehbar unter: http://deposit.d-nb.de/cgi-bin/dokserv?idn=978922379&dok_var=d1&dok_ext=pdf&filename=978922379.pdf (eingesehen am 15-5-2010).

28 Vgl. Internationales Institut für Islamisches Gedankengut (O.A.): Das Einbringen des Islam in das Wissen. Allgemeine Grundsätze und Arbeitsplan, Herndon, 1988, S. 16. Siehe auch den Beitrag al-ʿAlwānīs in: Aš-Šarīʿā wa-l-Ḥayāt: Azmat al-ʿUlūm al-islāmiyya (Die Krise der islamischen Wissenschaften), 7/10/2009: www.aljazeera.net/NR/exeres/2C3DBFD1-21AA-4F0C-9DCE-A81412C8A0DD.htm und Iṣlāḥ at-Taʿlīm ad-dīnī (Reform der Religionslehre), 7/12/2005: www.aljazeera.net/channel/archive/ar[illegible]ArchiveId=313009 (beides eingesehen am 15-5-2010).

29 Vgl. Al-ʿA[illegible] al-Fikr al-Islāmī, (Reform des islamischen Denkens), H[illegible]ginia, IIIT, 1990. S. 29.

[illegible]enda, S. 12 ff.

> even less familiar with recent developments in anthropology than they seem to be themselves."[31]

Weiter bekannt wurde der Gelehrte durch den Neologismus und das Konzept des islamischen Minderheitenrechts (*fiqh al-aqaliyyāt*), welches auf ihn zurückgeführt wird.[32] Durch die FCNA förderte er diese Idee institutionell durch speziell für muslimische Minderheiten in Nordamerika erstellte Gutachten. Diese mussten nach al-ʿAlwānī im Rahmen einer Jurisprudenz der Ausnahme- und Einzelfälle (*fiqh an-nawāzil*) erstellt werden, und die Rechtstheorie und Methodologie müsse sich darauf umstellen. Das Ergebnis der Modifizierung al-ʿAlwānīs wird von Jörg Schlabach wie folgt begriffen:

> „Zusammengefasst autorisiert al-ʿAlwānī eine Neubewertung von dem ungläubigen Gebiet als Land der Mission (*dār al-da'wa*) durch die heilsgeschichtliche Bedeutung der Universalität des Islam, eine Neukonnotierung des Begriffs *umma*, die Legitimierung von Interaktion als Mission (*da'wa*) und ein grundsätzlich freundliches Verhältnis zwischen Muslimen und Nicht-Muslimen."[33]

---

31 Richard, Tapper: „Islamic Anthropology" and the „Anthropology of Islam", Anthropological Quarterly, Bd. 68, Nr. 3, Anthropological Analysis and Islamic Texts (Jul., 1995), S. 191.

32 Fiqh al-aqaliyyāt besagt, dass für Muslime in der Minderheit ein Recht zu entwickeln ist, dass sich vom klassischen Recht unterscheidet, welches für die Mehrheitssituation geschaffen wurde. Siehe dazu: Schlabach, Jörg: Scharia im Westen. Muslime unter nicht-islamischer Herrschaft und die Entwicklung eines muslimischen Minderheitenrechts für Europa, Berlin, 2009, S. 66. Er nennt hier das Jahr 1994 als Beginn der Wende. Fishman sieht den groben Beginn schon in den 90er Jahren verortet, vgl. Fishman: Fiqh al-Aqalliyyāt: A Legal Theory for Muslim Minorities, Research Monographs on the Muslim World Series Nr. 1, Artikel Nr. 2, Oktober 2006: www.currenttrends.org/research/detail/fiqh-al-aqalliyyat-a-legal-theory-for-muslim-minorities. Al-ʿAlwānī selbst erklärt in einem Interview bei al-Jazeera, dass er bereits bei seinem ersten Besuch in den Staaten, nämlich 1976, anfing sich mit diesem Begriff und dem Thema zu beschäftigten, vgl.: Aš-Šarīʿā wa-l-Ḥayāt: Fiqh al-Aqaliyyāt (Das Minderheitenrecht) 3/10/2004: www.aljazeera.net/channel/archive/archive?ArchiveId=92788 (beides eingesehen am 16-5-2010).

33 Schlabach: Scharia im Westen, S. 140.

Auf Konferenzen und mit Publikationen[34] warb er weiter dafür und konnte damit weitere Gelehrte überzeugen. Prominentester Verfolger dieses Minderheitenrechts ist neben Yūsuf al-Qarāḍawi[35] auch der Intellektuelle Tariq Ramadan,[36] die sich beide offenbar auch von anderen Ideen al-ʿAlwānīs inspirieren ließen.[37] Obwohl viele Werke al-ʿAlwānī in verschiedene Sprachen aus dem Arabischen übersetzt worden sind, ist sein Bekanntheitsgrad im Vergleich zum „Global-Mufti"[38] Qarāḍawi und dem charismatischen Reformer Tariq Ramadan relativ gering. Beide haben Ideen al-ʿAlwānīs übernommen, weiterentwickelt, modifiziert und multipliziert. Allerdings liegt möglicherweise gerade darin ein Grund für die Effizienz seines Reformimpetus. Al-ʿAlwānī bleibt als Impulsgeber vergleichsweise verschont von der Verteidigung seiner Ideen gegenüber Kritikern. Dies übernehmen andere, die sie populär machen:

---

34 Hier insbesondere Al-ʿAlwānī: Towards a Fiqh für Minorities, The International Institute of Islamic Thought, Herndon, 2003.

35 Wie beim Thema des „Minderheitenrechts" (fiqh al-aqaliyyāt), folgte Qarāḍāwī den Publikationen al-ʿAlwānīs auch in Bereichen wie des „Meinungsstreits" (*iḫtilāf*) oder den „Zielen des Religionsgesetztes" (*maqāṣid*). Beide stehen in einem wechselseitigen Beratungsverhältnis zueinander.

36 Zum Reformtyp und Denken Ramadans und die Kontroverse um ihn vgl. Amann, Ludwig: Tariq Ramadan: Die konservative Reform, S. 23 – 34, in: Amirpur/Amann (Hg.): Der Islam am Wendepunkt, Freiburg, 2006.

37 Schlabach: Scharia im Westen, S. 155. Der von Ramadan getätigte Vorschlag des „kollektiven iǧtihāds", vgl. Ramadan, Tariq: Radikale Reform – Die Botschaft des Islam für die moderne Gesellschaft, München, 2009, S. 112 ff., mit gleichberechtigten Rechtsgelehrten und muslimischen Spezialisten aller wissenschaftlichen Disziplinen, kam bereits bei al-ʿAlwānī vor, auch wenn Ramadan weitere Akzentuierungen und Modifizierungen setzt. Vgl. Al-ʿAlwānī: Al-Iǧtihād wa at-Taqlīd fī al-Islām (Rechtsfortbildung und Rechtsnachahmung im Islam), Kairo, 1979, S. 137. Für weitere Parallelen siehe Fishman: Some Notes on Arabic Terminology as a Link Between Tariq Ramadan and Sheikh Dr. Taha Jabir al-Alwani, Founder of the Doctrine of „Muslim Minority Jurisprudence" (Fiqh al-Aqaliyyat al-Muslimah): www.e-prism.org/images/tariqfinal291203.doc (eingesehen am 17-5-2010).

38 Vgl. hierzu: Gräf, Bettina/ Skovgaard-Petersen, Jakob: The Global Mufti, The Phenomenon of Yusuf al-Qaradawi, London, 2008.

> „The scarcity of material on al-Alwani may be attributed to his relative anonymity in the Middle East – Islam's main theater of operations. This relative anonymity, however, is precisely what makes al-Alwani such an interesting research project. His activities as a religious authority in the biggest non-Islamic western country require him to apply the training he received at al-Azhar University in a different cultural milieu—the West—and thus his work includes innovative solutions to dilemmas, which do not arise in Muslim countries. Al-Alwani is a prolific writer who has published books on a variety of subjects in the areas of Law, Islamic legal tradition and Islamic thought; more specifically on the rights of the defendant, women's status, mixed marriages, finance, the stock market, Jihad, conflict resolution, democracy and other subjects.“[39]

Hinsichtlich des innermuslimischen Meinungsstreits (*iḫtilāf*) dürfte er heute durch die Kombination seiner traditionsfreundlichen- und kritischen Methode sowie durch die zahlreichen Netzwerke zu den profiliertesten und einflussreichsten Stimmen zählen.

3. Vom Streit islamischer Kulturen zur islamischen Streitkultur

Es mag nicht von ungefähr kommen, dass der Appell zu einer islamischen Streitkultur (*Ṯaqāfat al-Iḫtilāf*)[40] durch die Verwirklichung einer sie bedingender Verhaltensethik (*adab*) [41] gerade von ihm ausgeht. Aus seinem Lebensweg zwischen verschiedenen Kulturen und Gesellschaften sowie aus seinem Denken lassen sich mehrere plausible Erklärungen hierfür herleiten: Zu seinem Bestreben, zwischen Sunniten und Schiiten

---

39 Fishman: Ideological Islam in the United States: 'Ijtihad' in the Thought of Dr. Taha Jabir al-Alwani. Übersetzt von Tzemah Yoreh: www.e-prism.org/images/IdeologicalIslam.pdf, S. 4.

40 Vgl. Al-ʿAlwānī: Ṯaqāfat al-Iḫtilāf (Streitkultur), 19/11/2007: www.alwani.net/articles_view.php?id=29 (eingesehen am 19-5-2010).

41 Zur Entwicklung des spezifischen adab-Genres siehe: Bürger, Christoph: Tausendundeine Welt. Klassische arabische Literatur, S. 27, zur Begriffsgeschichte insgesamt siehe: Gabrieli, Francesco: Art. Adab, in EI^2 I. Sp. 175b-176a.

Frieden zu stiften, und seiner toleranten Haltung in dieser Hinsicht[42], mag seine Herkunft beigetragen haben. Im Irak hatten Schiiten und Sunniten eine lange Tradition der Koexistenz, die auch aus dem Erbe vieler Konflikte und ihrer Lehren hervorgegangen ist. In der entscheidenden heilsgeschichtlichen Auseinandersetzung nach der Ermordung ʿUtmāns zwischen den Befürwortern des vierten Kalifen ʿAlī und dem revoltierenden Statthalter Muʿāwiyya versucht er als Sunnit betont eine Muʿāwiyya-kritische, und damit vermittelnde Position einzunehmen.[43]

Neben dieser Prägung kommt den Erfahrungen al-ʿAlwānīs im Westen eine weitere wesentliche Rolle zu: Die Wende in der Wahrnehmung fernab der alten kategorialen Welteinteilung hat auch viele Muslime außerhalb der USA oder des Westens erreicht. Der Einfluss von im Westen entstandener islamischer Theorien auf das muslimische Denken in Gebieten mit muslimischer Mehrheitsbevölkerung und allgemein, ließe sich an zumindest folgendem Beispiel aufzeigen: In Anbetracht der Tatsache, dass die muslimische Gelehrsamkeit noch vor ca. einer Generation deutlich zurückhaltender war, was die Zulässigkeit des dauerhaften Lebens für Muslime in Westen betrifft,[44] zeigt, dass eine originelle Idee zum Minderheitenrecht wie die al-ʿAlwānīs, relativ schnell in der Welt zirkulieren, angenommen und weiter ausgebildet werden kann. Die Minderheitensituation im Westen berührt also unmittelbar das Verständnis vom Islam;

> „(…) as a concept, as a theory, as a system of values, as a theology and as an orthodoxy. This is a debate which has left to the collective responsibil-

42 Vgl. Nuṣratu n-Nabīyyi ṣalla Allāhu ʿaleyhi wa-sallam (Unterstützung des Propheten, Gottes Heil und Frieden seien mit ihm): 30/3/2006: www.aljazeera.net/channel/archive/archive?ArchiveId=330642

43 Vgl. Al-ʿAlwānī: Aṣ-Ṣulḥ wa faḍḍu al-munāzaʿāt fī š-Šarīʿā l-islāmiyya (Die Versöhnung und die Eindämmung von Streitereien im islamischen Religionsrecht) 9/8/2008: www.aljazeera.net/channel/archive/archive?ArchiveId=1160825 (zuletzt eingesehen am 17.5.2010). Allerdings bezieht er auch Position gegen Deutungen, die im Schiitentum vorkommen, vgl. S. 64.

44 Vgl. Hagelmann, Ludwig/ Khoury, Adel Th.: Dürfen Muslime auf Dauer in einem nicht-islamischen Land leben? Zu einer Dimension der Integration muslimischer Mitbürger in eine nicht-islamische Gesellschaftsordnung, Religionswissenschaftliche Studien Nr. 42, Würzburg, 1997.

ity of Muslim communities. (…) The history of Europe has become at least partly, Islamic history, and the history of Islam, European history."[45]

In der Minderheitensituation fällt eine in der Regel höhere Diversität der Islamverständnisse in einem Mikrokosmos konzentrierter zusammen und kollektive Herausforderungen als Minderheit bieten neben der gemeinsamen Religionszugehörigkeit weitere Motivation wechselseitiger Loyalität,[46] die eher vorrangig bleiben auch bei schwerwiegenden theologischen oder dogmatischen Differenzen. Im Minderheitenrecht werden außerdem die klassischen Autoritäten und Quellen in Frage gestellt, wodurch Kontroversen um Rechtsquellenlehre und positives Recht aufkommen.

Eine affirmative Haltung zum diskursiven Denken zeigt sich bei al-ʿAlwānī durch Verweis auf den geistigen Austausch zwischen den Überlegungen westlicher Philosophen wie Aristoteles[47] und Muslimen in der Frühzeit des Islams. Eine ähnliche Interaktion will er in der Moderne sehen.[48] Und so scheint es dienlich allen Kritiken altgedienter Konzepte und Methoden gegenüber eine allgemeine Sensibilisierung für zu tolerierende Debatten vorausgehen zu lassen.

Des Weiteren ist noch der *iǧtihād* als evolutionärer Arm des islamischen Rechts zu nennen. Der *iǧtihād*-orientierte Ansatz al-ʿAlwānīs macht unterschiedliche Meinungen nicht nur möglich, sondern auch notwendig. Eine produktive Kultur des *iǧtihād* braucht zwangsläufig eine konstruktive Kultur des *iḫtilāf*.[49] Der neo-normative Ansatz wird zwangsläufig auf andere Meinungen stoßen. Insbesondere der Anstoß an

---

45 Vgl. Allievi, Stefan/ Nielsen, Jørgen: Muslim Networks and Transnational Communities in and across Europe, Leiden, 2003, S. 25.

46 Vgl. Ebenda, S. 23.

47 Vgl. Al-ʿAlwānī: Usul al-Fiqh al Islami, Source Methodology in Islamic Jurisprudence (übersetzt von Yusuf Talal DeLorenzo), Herndon, IIIT, 1990, S. 2.

48 Vgl. As-Sunna an-Nabawiyya – Al-Mafhūm wa t-Taqdīs (Die prophetische Sunna, Verständnis und Verherrlichung), Teil 4: www.youtube.com/watch?v=8H-GuWWMvKk sowie Al-Qur'ān – Tartīl bi l-Maʿna wa l-ʿAmal (Der Koran: Leseweise mit Sinn und Einsatz), Teil 3: www.youtube.com/watch?v=pesu35uBo7I&NR=1 (beides eingesehen am 6-6-2010).

49 Siehe Al-ʿAlwānī: Ṯaqāfat al-Iḫtilāf.

salafitisch-wahhabitischen Lehrmeinungen[50] ist vorprogrammiert und ihm auch bewusst. Um eine Breitenwirkung zu erlangen, muss auch dieser oft als regressiv verstandenen Schule Rechnung getragen werden.

Als Nächstes wäre die Bildungs- und Mentalitätskrise zu nennen, die nach al-ʿAlwānī dem Erziehungssystem geschuldet ist. Dieses nämlich ist für ihn ein Mittel geworden um:

> „die Ummah zu teilen und ihr die Energie zu entziehen. In Wirklichkeit sollte Erziehung ein Mittel sein, Muslime zusammenzuführen und ihnen eine einheitliche kulturelle Perspektive zu bieten, welche sie in Richtung Fortschritt und Aufbau führt. Erziehung sollte Harmonie erzeugen (…)."[51]

Als eines der wichtigsten Ziele islamischer Bildungs- und Erziehungsinstitutionen nennt al-ʿAlwānī dementsprechend, „das Begrenzen von Gelegenheiten zum Streit, bevor es dazu kommt, und dessen Beendigung nach dem Aufkommen" (*taqlīl furaṣ an-nizāʿ qabl al-ḥudūṯ wa inḥaʾuh baʿda wuqūʿih*). Immer wieder fordert er demgemäß eigens hierfür angelegte Studien um Konflikte auf politischer, sozialer, familiärer Ebene und im Bereich der Theologie zu schlichten. Auch im Westen sei eine solche Notwendigkeit erkannt und eine entsprechende Disziplin, die

---

50 Der Unterschied zwischen Salafiyya und Wahhābiyya liegt in der Abweichung der ersten von den klassischen Rechtsschulen in Fragen des Rechts, während zweite in der Dogmatik einen Sonderweg geht, siehe: ISIM-Review, Nr. 21, Frühjahr 2008, S. 6/7. Allerdings ist ein Konglomerat beider Bewegungen zu beobachten. Die frühe wahhabitische Bewegung wurde anfangs intensiv von Anhängern der ḥanbalītischen Rechtsschule kritisiert, vgl. Peskes, Esther.: Muḥammad B. ʿAbdalwahhāb (1703-92) im Widerstreit, BTS, Bd. 56, Stuttgart, 1993, S. 78. Al-ʿAlwānī definiert den Salafismus als eine Bewegung, die immer dann zum Vorschein kommt, wenn die Muslime sich vom korrekten Verständnis der Altvorderen in der Religion entfernen, vgl. Al-ʿAlwānī: As-Salafiyya 16/6/2008: www.alwani.net/articles_view.php?id=40 (eingesehen am 30-5-2010). Al-ʿAlwānī möchte zudem auch eine Differenzierung zwischen der Salafiyya und regressiven Zeloten/Herodianern (*māḍāwīyūn*) verstanden wissen. Siehe: At-Taǧdīd (Die Erneuerung): www.youtube.com/watch?v=0Ce_mAns7g4&NR=1 (eingesehen am 6-6-2010).

51 Al-ʿAlwānī: Entwurf eines alternativen Kulturplanes, Internationales Institut für Islamisches Denken (übersetzt von Hanna Niemann und Fatima Grimm), Herndon, 1992, London, 1989, S. 5.

„Conflict Regulation" (öfter „Conflict Resolution" genannt) entwickelt worden.[52]

Wenngleich er für das diagnostizierte Tief der Muslime multikausale Ursachen ausmacht, begreift er das Problem der Uneinigkeit als maßgeblich und dessen Begleichung somit zur höchsten Priorität[53] nach dem Monotheismus.[54] Die *umma* als Kollektiv spielt in al-ʿAlwānīs Überlegungen eine entscheidende Rolle. Nach dem Zeitalter der Prophetie obliege es ihr, Zeugnis (*šahāda*) von Gott gegenüber den Menschen zu geben. Die Erneuerung des Religionsverständnis (*taǧdīd*) sei eine kollektive Verantwortung aller Muslime um es den Menschen zu jeder Zeit möglich zu machen zu glauben, und einzig durch ihre Gesamtheit zu verwirklichen. Wenn das Bewusstsein hierüber allerdings nur auf eine elitäre Gruppe beschränkt ist und nicht auf die Allgemeinheit übergeht, so sei auch dies der Bildungskrise geschuldet, die es nicht vermag, einen gewissen Bildungs- und Bewusstseinsstandart unter die Bevölkerung zu bringen. Al-ʿAlwānī charakterisiert die kollektive Verantwortung der *umma* als Schicksalsgemeinschaft, in seinen Worten und in Anlehnungen an islamische Quellentexte metaphorisch mit „Schiffskultur" (*ṯaqāfāt as-safīna*) ausdrückt.[55] Die ausstehende Reform (*iṣlāḥ*) geht für al-ʿAlwānī notwendigerweise mit der Versöhnung (*ṣulḥ*) unter den Muslimen einher.[56] Eine gewisse Geschlossenheit muss also vorausgesetzt werden können. Die weit verbreitete Überlieferung eines Ausspruchs des Propheten, wonach sich die Muslime in 73 Gruppen spalten werden

---

52 Siehe: Aṣ-Ṣulḥ wa faḍḍual-Munāzaʿāt fī š-Šarīʿā al-islāmiyya (Versöhnung und Eindämmung von Streitereien im islamischen Religionsrecht) 9/8/2008: www.aljazeera.net/channel/archive/archive?ArchiveId=1160825 (eingesehen am 17-5-2010).

53 Im methodischen Vorgehen al-ʿAlwānīs nimmt das Setzen und die Analyse von Prioritäten eine wichtige Rolle ein. Siehe: Al-ʿAlwānī: At-Taḍāmun wa Fiqh al-Awlawiyyāt (Solidarität und das Wissen um Prioritäten), 14/4/2008: www. alwani.net/articles_view.php?id=36 (eingesehen am 30-5-2010).

54 Siehe: Al-ʿAlwānī: Waḥdatu l-Umma (Die Einheit der Umma) 28/3/2009: www.alwani.net/articles_view.php?id=13 (eingesehen am 30-5-2010).

55 Vgl. At-Taǧdīd (Erneuerung), Teil 6: http://www.youtube.com/watch?v=0Ce_mAns7g4 (eingesehen am 6-6-2010).

56 Siehe: Al-ʿAlwānī: Aṣ-Ṣulḥ wa l-Iṣlāḥ (Versöhnung und Reform) 3/11/2008: www.alwani.net/articles_view.php?id=46 (eingesehen am 30-5-2010).

– einer Spaltung, welche die Schismata der Christen und Juden an Anzahl übertrifft – und unter denen es einzig eine rechtgeleitete Gruppe gäbe, die ins Paradies eintreten wird, hält al-ʿAlwānī sowohl aus überlieferungstechnischen, als auch aus inhaltlichen Gründen für unauthentisch.[57] Überhaupt seien alle Grabenkämpfe zwischen muslimischen Gruppierungen, die sich allesamt fortwährend auf eben diese Überlieferung berufen, vielmehr „don-quichotischer"[58] Manier.

Neben internen Ursachen für die Uneinigkeit, erklärt er auch externe Faktoren für mitverantwortlich; konkret die Aufteilung der muslimischen Welt durch das Sykes-Picot-Abkommen, wodurch sich mehrere postkoloniale Auseinandersetzungen einer einst gemeinschaftlicheren Welt ergeben habe. Entscheidend sei aber die Schwäche aufgrund von Teilung und Uneinigkeit, welche andere geradezu einlädt, sich in die Angelegenheiten der *umma* einzumischen.

Allen internen wie externen Faktoren könne jedenfalls lediglich mit einer Kultur der Toleranz (*ṯaqāfat at-tasāmuḥ*), des Streitens und des Schlichtens (*ṯaqāfat faḍḍ al-munāzāʿāt wa ṯaqāfāt faḍḍ al-iḫtilafāt*) begegnet werden, die auf Grundlage einer reichhaltigen Kultur- und Geistesgeschichte erforscht, weiter ausgebildet und gepflegt werden müsse. Der entsprechende Bildungsauftrag müsse dann vom Erziehungswesen umgesetzt werden.[59] Die anknüpfende Übersetzung des *Adab al-Iḫtilāf fī al-Islām* dokumentiert den tonangebenden Beitrag al-ʿAlwānīs hierzu.

---

57 Siehe: As-Sunna an-Nabawīyya – Al-Mafhūm wa t-Taqdīs (Die prophetische Sunna, Verständnis und Verherrlichung), Teil 4: www.youtube.com/watch?v=8H-GuWWMvKk&NR=1 (eingesehen am 6-6-2010). Zur häresiographischen Literatur, die sich dieser Tradition bedient siehe: Van Ess, Josef: Der Eine und das Andere. Beobachtungen an islamischen häresiographischen Texten, Bd. 1 u. 2, Berlin/ New York, 2011.

58 Siehe: Al-Qur'ān – Tartīl bi al-Maʿna wa l-ʿAmal (Der Koran: Lesweise mit Sinn und Einsatz), Teil 6: www.youtube.com/watch?v=tJkRYfoT4kQ&NR=1 (eingesehen am 6-6-2010).

59 Siehe: Aṣ-Ṣulḥ wa faḍḍu l-Munāzaʿāt fī š-Šarīʿā l-islāmiyya.

4. Das ökumenische Leitmotiv

Das Trachten nach der Erhaltung bzw. Wiederherstellung der Einheit in der muslimischen Religionsgemeinschaft (*umma*) ist deutlich das Hauptmotiv im Plädoyer für den „*Adab al-Iḫtilāf fī al-Islām*" (Verhaltensethik einer islamischen Streitkultur). Der Begriff „*umma*" taucht ganze 75 Mal auf. Für al-ʿAlwānī bildet diese Einheit ein Gebot von höchster Priorität und gar das wichtigste nach dem muslimischen Glaubensbekenntnis selbst.[60] Der *iḫtilāf* stellt infolgedessen auf der einen Seite ein Gefährdungspotential dar, andererseits ist er aber auch unvermeidlich. Dieser Ambivalenz zieht sich wie ein roter Faden durch das gesamte Werk hindurch. Al-ʿAlwānī ist sich dessen bewusst, wobei er den *iḫtilāf* im Sinne der Einheit zu regulieren sucht.

Der *iḫtilāf* soll nicht zur Spaltung führen. Vor dem Hintergrund solcher Aḥādīṯ wie dem oben bereits erwähnten (vermutlich apokryptischen) Ḥadīṯ von der Spaltung der *umma* in 73-Gruppen, bildete ein *iḫtilāf* oftmals Anlass zur Distanzierung. Al-ʿAlwānī betont hingegen nicht bloß die Schwäche in der Authentizität dieses Ḥadīṯs, sondern auch den für ihn sinnwidrigen Gehalt dieser Aussage.[61] Spaltung kann grundsätzlich weder gewollt, noch gut sein:

> „Die Umma hat sich gegen sich selbst gestellt, sie ist geteilt und zerstückelt in 50 oder mehr Nationalstaaten, getrennt durch künstlich errichtete Grenzen, durch welche Reibungen, Spannungen und Konfrontationen erzeugt und aufrecht erhalten werden, besonders unter den Nachbarstaaten. Keiner dieser Staaten hatte die Chance (…), eine Einheit zu werden, indem seine Bürger ihre Energien zum Aufbau und zur Entwicklung des Staates hätten einsetzen können. Erscheinungsformen von Disharmonie wie Sektierertum, Parteienklüngelei und Nationalismus sind so dominant geworden, dass sie zu einem Zustand ständiger Instabilität und Unsicherheit geführt haben."[62]

---

60 Vgl. S. 40, 41, dort der programmatische Satz: „Der Islam bekräftigt keine Sache so sehr wie das 'Bekenntnis zur Einheit [Gottes]' (kalimat at-tawḥīd) und der 'Vereinheitlichung der Bekenntnisse' (tawḥīd al-kalima)".

61 Vgl. Waḥdat al-Umma wa-taʿaddud as-Siyāsa (Die Einheit der Umma und der politische Pluralismus): http://www.aljazeera.net/channel/archive/archive?ArchiveId=366507 (eingesehen am 30.5.2010).

62 Al-ʿAlwānī: Entwurf eines alternativen Kulturplanes, London, 1989. S. 6.

Dass für ihn folglich sowohl die Einheit der *umma* als auch die Solidarität ihrer Anhänger aus der Instabilität herausführt, zeigt sich durch den Vergleich zweier Artikel, nämlich „*Mafhūm al-Umma wa-Wāqiʿuhā*" (*Bedeutung der umma und ihr [aktueller] Zustand*) und „*Waḥdat al-Umma*" (*Die Einheit der umma*), die zu einem Großteil identisch sind.[63]

Eine Befreiung vom Erbe des Kolonialismus, der nahezu alle muslimischen Länder unterjocht und für deren Unterentwicklung noch heute verantwortlich sei, könne nur durch Zusammenhalt und Solidarität untereinander gelingen. Ähnlich argumentierte al-ʿAlwānī bei einem Gastbeitrag in der Sendung „*Aš-Šarīʿa wa-l-Ḥayāt*" (*Das Religionsgesetz und das Leben*), bei der es um die Unterstützung des Propheten nach den gehässigen Karikaturen ging: Anstatt sich um Bosheiten und Anfeindungen einiger Nichtmuslime zu kümmern, solle man eher die Beleidigungen und Offensiven der Muslime untereinander behandeln und angehen.[64] Das Gefährdungspotential des *iḫtilāf*s unter den Muslimen für die Einheit der *umma* wird daher, nicht erst von unserem Autor, als ein ernstzunehmendes Problem gesehen:

> "Nous avons dit tout à l'heure qu'il signifiait à l'origine que l'unité de la communauté était une valeur. Ceci est très normal. Dans une société fondée sur la religion, l'acceptation des norms religieuses constitue le critère d'apparence à la société. La lutte politique qui s'y opera est menée très souvent au nom de la pureté religieuse. Le parti victorieux se considère comme le garant de l'unité de la communauté. Les vaincus sont des dissidents: on lance contre eus l'anathème. Sauvegarder l'unité contre tout danger de schisms, être du côté de l'ensemble, retourner à la communauté, voilà le premier devoir de tout musulman. Se séparer de la communauté, se révolter contre le pouvoir établi, c'est sortir des 'ahl as-sunna wal jamâʿa, c'est briser l'unité de l'umma des musulmans, c'est romprer l'Ijmâʿ de l'umma."[65]

---

63 Siehe: Mafhūm al-Umma wa-Wāqiʿuhā (Begriff der umma und ihr [aktueller] Zustand) 9/2/2009: http://www.alwani.net/articles_view.php?id=50 und Waḥdat al-Umma (Die Einheit der umma), 28/3/2009: www.alwani.net/articles_view.php?id=13 (beides eingesehen am 30.5.2010).

64 Siehe: Nuṣratu an-Nabīyyī ṣalla Allāhu 'aleyhi wa-sallam.

65 Mansour, Camille: L'Autorité dans la pensée musulmane, Le concept d'ijmâʿ (Consensus) et la problématique de l'autorité, Paris 1975, S. 33.

Da für al-ʿAlwānī wie zu Beginn erwähnt die Einheit der *umma* nach dem Glaubensbekenntnis den höchsten Stellenwert einnimmt, ist der *iḫtilāf* seine größte Gefahrenquelle. Zugleich ist er sich bewusst, dass diese nicht versiegen kann, für das Fortleben sogar unentbehrlich ist und daher nur kanalisiert werden kann und muss.

5. Die Rolle des fiqh in der iḫtilāf-Kultur

Gerade bei vielen elementaren Gemeinsamkeiten, können kleine Differenzen zu erheblichen Spannungen führen, ganz zu Schweigen von denen, die von größeren Divergenzen verursacht werden.[66] Einigungsprozesse mithilfe von Theorien religiöser Toleranz setzen daher, wie Frank Griffel anhand einer Theorie al-Ġazālīs im 11. Jahrhundert zeigen konnte, um eine gesellschaftliche Breitenwirkung zu erlangen, immer auch eine Einigung über das Nicht-Tolerierbare voraus.[67] Der Rahmen des Nicht-Tolerierbaren wird von al-ʿAlwānī maßgeblich durch den *fiqh* gesetzt, welcher nach Schacht, „the epitome of Islamic thougt, the most typical manifestation of the Islamic way of life, the core and kernel of Islam itself"[68] bildet. Insofern mag der Begriff der Orthopraxie noch eher als die Orthodoxie auch bei al-ʿAlwānī den gesetzten Rahmen beschreiben. Gemeinsame Handlungen und Lebensweisen, die rechtlich vorgeschrieben sind, überwiegen aufgrund dessen für die Bestimmung von Zugehörigkeiten zur Gemeinschaft.[69] Für al-ʿAlwānī umfassen der

---

66 Vgl. Kattan, Assaad Elias: Trennende Differenz versus versöhnende Synthese? Überlegungen zu einer weniger abgrenzenden Identitätsbestimmung, in: Sschmid, Hansjörg.: Identität durch Differenz? Wechselseitige Abgrenzungen in Christentum und Islam, Regensburg, 2009, S. 246. Das Phänomen, welches hier in Bezug auf den christlich-islamischen Dialog greift, wirkt gleichermaßen auch auf den intrareligiösen Dialog.

67 Vgl. Griffel, Frank: Apostasie und Toleranz im Islam, Die Entwicklung zu al-Ġazâlîs Urteil gegen die Philosophie und die Reaktionen der Philosophen, Boston, Köln, 2000, S. 8.

68 Schacht, Joseph: An Introduction to Islamic Law, London, 1964, S.1.

69 Von Grunebaum, G.E: Studien zum Kulturbild und Selbstverständnis des Islams, Zürich, Stuttgart, 1969, S. 16.

Islam und der *fiqh* jede Facette im Leben eines Muslims.[70] Dem Recht kommt dabei die Aufgabe zu, die Einheit einerseits zu bewahren und die Diversität andererseits zu gewährleisten.[71]

Der *fiqh* bietet sich als Rahmen also auch deshalb an, weil er schon relativ früh nicht *ein* göttliches Recht berechtigte, sondern *mehrere* äquivalente Rechtsmeinungen im Islam nebeneinander zuließ.[72] Die Rechtsschulen unterschieden sich in inhaltlichen Fragen, die zum Teil gravierende Auswirkungen haben konnten[73], die Grundsätze aber waren prinzipiell nicht wesentlich verschieden.[74] Die Systematik der Rechtsquellen als regulierender *iḫtilāf*-Diskurs wird bei al-ʿAlwānī beibehalten. Während das Recht vielmehr der Evidenz der Indizien und den Argumenten im Dienst der „Wahrheit" Vorrang gab, entwickelte sich die Theologie als spekulative dialektische scholastische Theologie anders, die Argumente standen im Dienst der eigenen Position. Theologische Auseinandersetzungen waren von daher schwerwiegender:

> „The fiqh itself is, to tell the truth, not one; but, if we restrict ourselves to its fundamental positive rules, divergences between the schools have sociological importance in only a restricted number of cases. When it is, on the contrary, a question of more extensive or higher teachings, which affect dogma or govern a general attitude, differences do appear, and sometimes a split occurs; opposite doctrines stand over against one another; a seemingly unique doctrine bears divergent meanings at various times and places."[75]

---

70 Fishman: Ideological Islam in the United States: "Ijtihad" in the Thought of Dr. Taha Jabir al-Alwani, S. 27.

71 Vgl. Schacht, Joseph: The Law, in: Von Grunebaum: Unity and Variety in Muslim Civilization, Chicago, 1967, S. 84.

72 Vgl. Ebenda, S. 76 und Walbridge, John: The Islamic Art of Asking Questions: ʿIlm al-Ikhtilāf and the Institutionalization of Disagreement, in: Islamic Studies, Bd. 41, 2002, S. 71.

73 Für ein anschauliches Beispiel der Tragweite unterschiedlicher Rechtsnormen aus dem Bereich des Eherechts siehe Coulson, Noel J.: Conflicts and Tensions in Islamic Jurisprudence, Chicago, 1969, S. 38.

74 Vgl. Hourani, Albert: Die Geschichte der arabischen Völker – Von den Anfängen des Islam bis zum Nahostkonflikt unserer Tage, Frankfurt, 2006, S. 208.

75 Von Grunebaum: The Problem: Unity in Diversity, in: Von Grunebaum: Unity and Variety in Muslim Civilization, Chicago, 1955, S. 53.

Meist sind es daher Beispiele aus dem Bereich des *fiqh*, die von al-ʿAlwānī in seinem Plädoyer für eine „Verhaltensethik einer islamischen Streitkultur“ herangezogen wurden. Einzige Ausnahme bildet die Nennung des muʿtazilītischen Gelehrten Wāṣil b. ʿAṭāʾ (gest. 131/748), dessen Aufeinandertreffen mit einer anderen Gruppierung er als Exempel für eine verfehlte Form des Umgangs mit *iḫtilāf* anführt.[76] Die Muʿtazila selbst findet sonst zwar auch eine kritische Erwähnung[77], die Priorität liegt jedoch in der Einheit oder zumindest in einem friedlichen *modus vivendi*.

Auch wenn al-ʿAlwānī die Deutung der Wesenseigenheiten Gottes selbst für unerlaubt erachtet[78] und sich dabei auf die Altvorderen (*salaf*) beruft, hält er nicht damit zurück zu erwähnen, dass es diesbezüglich auch einen *iḫtilāf* gibt. Trotz diesem traditionalistischen Bekenntnis zu einem von salafītischen Gruppierungen gerne aufgegriffenen Reizthema, scheinen salafītische Gruppierungen für al-ʿAlwānī nicht viel weniger problematisch zu sein, obwohl er dies nicht ausdrücklich benennt und nur gelegentlich andeutet.[79] Wenn er Ibn Taymiyya nennt, würdigt er ihn möglicherweise deswegen durch die Betitelung „*šayḫ al-islām*“, um so auch in diesem Milieu Akzeptanz zu finden:

> „Perhaps al-Alwani mentions Ibn Taymiyyah in order to gain acceptance in orthodox Islamic circles such as the Wahhabis of Saudi Arabia and orthodox Sunni Muslims elsewhere. In contrast to his acceptance of Ibn Taymiyyah's ideas, al-Alwani reserves many pages to attack and condemn some of Muhammad 'Abduh's modern ideas, and to disassociate himself from other likeminded thinkers. It is important for al-Alwani not to be seen as an innovator.“[80]

---

76 Siehe: S. 44.

77 Siehe: S. 120.

78 Siehe: S. 65.

79 Siehe: Kritik zur literalistischen Lesart auf S. 122/123 und deutlicher zu salafītischen Gruppierungen auf S. 157.

80 Fishman.: Ideological Islam in the United States: “Ijtihad” in the Thought of Dr. Taha Jabir al-Alwani, S. 12. Wobei die Vorannahme, dass Ibn Taymiyya selbst sowas wie ein geistiger Vater des Extremismus gewesen sei geprüft werden musst, siehe dazu: Michot, Yahya: Ibn Taymiyya. Against Extremism, Beirut, 2012.

Die klassisch-sunnitische Rechtsquellenlehre sowie die Generation des Propheten, die seiner Gefährten und deren Nachfolger, sowie die der sogenannten Rechtsschulgründer bilden das maßgebliche Referenzsystem bei al-ʿAlwānī.[81] Die klassischen Gelehrten gelten in ihrer Gesamtheit bei dem Maistream der Muslime nach wie vor als Autorität. Dieses Referenzssytem bildet die gemeinsame Basis mit den Argumentationsgegnern. Der Sinn für einen Meinungspluralismus wird durch den Rechtspluralismus geebnet, zugleich aber auch von ihm in Grenzen gehalten.

6. Vom fiqh- zum adab al-iḫtilāf

Al-ʿAlwānī nutzt den klassischen Rechtspluralismus, um allgemein einen *iḫtilāf* zu institutionalisieren. Offen bleibt, ob der Rechtspluralismus den äußersten Rahmen für den *iḫtilāf* bildet, oder ob dieser zur Sensibilisierung für einen darüber hinaus gehenden Pluralismus, zum Beispiel im *kalām*, dienen soll. Dafür gibt es keine expliziten Hinweise. Entscheidend scheinen ihm weniger einzelne Lehrbestimmungen oder Positionen, sondern vielmehr die allgemein kultivierenden Maßnahmen unter Muslimen. Eine regelrechte Moralisierung des *iḫtilāf*-Diskurses wird vollzogen. Der Rekurs auf klassische Autoritäten im Recht ist hierbei von großer Wichtigkeit: Deren Beispiele des guten Umgangs mit ihren damaligen Meinungsverschiedenheiten setzt al-ʿAlwānī als Norm für den rechten Umgang mit gegenwärtigen Kontroversen. Es handelt sich also um eine Verschiebung des Schwerpunkts vom Recht in die religiöse Ethik.

So kritisierte al-ʿAlwānī in seinem Werk durchgehend den Vorrang des Rechthabens vor der Wahrheitsfindung. Es geht ihm daher weniger schwerpunktmäßig um das Richtige, Unrichtige oder Gleichwertige im *fiqh*, sondern um die verwerflichen Auswirkungen, den die niederen Triebe (*hawā*)[82] in einem islamischen Diskurs ausrichten.

Der Appell zu einer Streitkultur zielt auf eine Wahrung des Gemeingefühls. Der *fiqh* als Referenzsystem für einen Pluralismus markiert gleichzeitig auch auf die Grenzen des Tolerablen: Alles muss zu-

---

81 Fishman: Ideological Islam in the United States: "Ijtihad" in the Thought of Dr. Taha Jabir al-Alwani, S. 8.

82 Siehe: S. 54-58/67/72/93/100/101/120/121/130/143/144/154/162/173.

gleich rechtlich legitimiert bzw. angefochten werden können. Das kann wie im Abschnitt über das Reformdenken al-ʿAlwānīs durchaus ein weiter Rahmen sein.

Ob es sich bei dem vorliegenden Werk von al-ʿAlwānī um das erste Werk mit *adab*-Akzentuierung handelt, ist ungewiss.[83] Sicher aber ist, dass es sich bei dieser Gattung um ein neues Genre innerhalb der *iḫtilāf*-Literatur handelt. Weitere Werke mit *adab*-Fokus folgten.[84] Neben der ethischen Ebene bleibt die substantielle Grenzziehung zwischen Tolerablem und Intolerablem ein Prozess.

Die Kultivierung des Diskurses stellt eine Voraussetzung dar, ersetzt aber nicht die Notwendigkeit einer tiefgreifenden, methodischen Weiterentwicklung des islamischen Rechts. Um das destruktive Potential des *iḫtilāf* einigermaßen zu hemmen und die notwendigen Prozesse zu

---

83 Ähnlichkten gibt es allenfalls in den spezifischen, und für Gewöhnlich am Ende stehenden adab-Kapiteln der Adab al-Baḥṯ wa l-Munāẓara-Werke zur Disputationskunst und den Regeln der Dialektik.

84 Beispielsweise „Adab al-Ḥiwār wa-Qawāʿid al-iḫtilāf" (Verhaltensethik in der Diskussion und Prinzipien der Streitkultur) vom saudischen Gelehrten und Sufi ʿUmar ʿAbd al-Kāmil. Das Datum der Veröffentlichung ist zwar unbekannt, aber es ist deutlich später verfasst worden wie aus dem Literaturverzeichnis zu erschließen ist: Das einzige moderne Werk, welches außer seinen eigenen in diesem erwähnt wird, enstammt Yūsuf al-Qaraḍāwī. Letzterer hat auch ein iḫtilāf-Werk verfasst, mit dem Titel „Aṣ-Ṣaḥwa al-islāmiyya bayna al-iḫtilāf al-mašrū' wa at-Tafarruq al-maḏmūm" (Das islamische Erwachen zwischen erlaubten Meinungsunterschieden und unerlaubter Spaltung, 1989). Großer Beliebtheit erfreuen sich auch gleichartige Unterrichtsreihen, wie die „Ǧāmiʿīat Maṣr lī ṯ-Ṯaqāfati wa al-Ḥiwār" (Ägyptischer Verein für Kultur und Dialog) des ägyptischen Juristen und ehemaligen Generalsekretärs der „International Union for Muslim Scholars" (IUMS) Muḥammad Salīm al-ʿAwā. Al-ʿAwā nennt die islamischen Gruppierungen „Denkschulen" (madāris fikrīyya) statt „Sekten" (firaq), bewertet sie alle grundsätzlich positiv und misst allen einen Wert in der Entwicklung der islamischen Kultur und Zivilisation bei. Bei ihm sind viele Parallelen zu al-ʿAlwānī zu finden. Eine systematische iḫtilāf-Theorie, die sowohl den adab als auch den fiqh vor dem Hintergrund moderner Probleme und Krisen zu umfassen versucht, geht von ʿIṣām al-Bašīr aus. Er leitet in Kuwait das „Globale Institut der Mittelposition" (Markaz al-ʿālamī li l-Waṣaṭiyyā). Im populären saudischen TV-Kanal „Iqrā" führte er eine Sendereihe zum *iḫtilāf* mit dem Titel „Die Gnade Gottes für die Welten" (Raḥmatu 'llāhi li l-ʿĀlamīn).

ermöglichen, zu fördern oder zu beschleunigen, scheint mir eine Verlagerung auf die ethische Dimension ohne eine damit einhergehende Abwertung des islamischen Rechts in diesen turbulenten Zeiten ein durchaus passabler Ansatz zu sein. Unter günstigen Umständen kann sich der konstruktive Charakter des *iḫtilāf* entfalten und im Bereich des Rechts mittels *iǧtihād* erblühen:

> „Aussi, après les trois premières missions assignées à l'ikhtilâf : arme de combat idéo-politique aus origines; puis réduction du doute religieux et admission limitée des diversités oscillant entre laxisme et rigorisme pour maintenir l'unité de l'Islam à l'époque classique; enfin choix statistique au début du reformisme – apparaît une quatrième conception, dynamique, de l'ikhtilâf. L'ikhtilâf est l'expression du bouillonnement intellectuel de la communauté, et de ce bouillonnement intellectuel (susceptible de réaliser, dans l'instant, de nouveaux diachronismes, car groupes sociaux et individus évoluent à des vitesses différentes) pourront surgir et s'imposer peu à peu les solutions futures nécessaires au devenir historique de l'Islam."[85]

Es macht daher durchaus Sinn, die lange Tradition des Meinungspluralismus und des Disputs in der arabisch-islamischen Kultur zu ergründen, um darauf aufzubauen. Mit seinem Ansatz verlagert al-ʿAlwānī theologische Probleme auf das Feld des ethischen Umgangs. Eine substantielle Auseinandersetzung mit neuzeitlichen Problemen blendet er damit zunächst aus. Nicht die Einigung auf rechtliche Bestimmungen zu aktuellen Fragen scheint das Ziel zu sein, sondern die Einmütigkeit über Umgangsregeln. Diese sind zumindest das Mittel, wenn nicht gar das Ziel selbst. Denn die Gelassenheit im Umgang mit anderen, gegensätzlichen Meinungen, ja geradezu ihre Forderung, kann sehr ertragreich sein. Diese Forderung war eine Eigenschaft, die Goethe Muslimen zuschrieb und die er bewunderte:

> „Sodann ihren Unterricht in der Philosophie beginnen die Mohammedaner mit der Lehre, dass nichts existiere, wovon sich nicht das Gegenteil sagen lasse; und so üben sie den Geist der Jugend, indem sie ihre Aufgaben darin bestehen lassen, von jeder aufgestellten Behauptung die entgegengesetzte Meinung zu finden und auszusprechen, woraus eine große Gewandtheit im Denken und Reden hervorgehen muß. Nun aber, nachdem von jedem aufgestellten Satze das Gegenteil behauptet worden, entsteht der Zweifel,

85 Berque, Jacques./ Charnay, Jean-Paul: L'ambivalence dans la culture arabe, Paris, 1967, S. 226.

welches denn von beiden das eigentlich Wahre sei. Im Zweifel aber ist kein Verharren, sondern er treibt den Geist zu näherer Untersuchung und Prüfung, woraus denn, wenn diese auf eine vollkommene Weise geschieht, die Gewissheit hervorgeht, welches das Ziel ist, worin der Mensch seine völlige Beruhigung findet. Sie sehen, dass dieser Lehre nichts fehlt und daß wir mit allen unsern Systemen nicht weiter sind und dass überhaupt niemand weiter gelangen kann".[86]

7. Eine Chance für Muslime im Westen

Muslimen bietet sich eine besondere Chance zur Kultivierung des *iḫtilāf*: Die rechtsstaatlichen Rahmenbedingungen erlauben es grundsätzlich, jeglichen *iḫtilāf* zu artikulieren. Dazu kommt die höhere Frequenz von Interferenzen, bedingt durch die mannigfaltigen Herkünfte und Traditionen, die aufeinandertreffen.[87] Der intrareligiöse Pluralismus manifestiert sich im Westen etwa in Form von größeren Zusammenkünften.[88] Hier wirkt im Kleinen und abgeschwächt ungefähr der gleiche Effekt wie beim Zusammentreffen vieler Muslime in Mekka bei der Pilgerfahrt. Aber nicht immer geht es harmonisch daher. Das beste Beispiel für Spannungen und ein gewisses Unbehagen ist vielleicht die Muslimen im Westen vertrauten alljährlichen Irritationen zu Beginn und/oder Ende des Fastenmonats Ramadan.[89]

Wenn es an einen inhaltlichen Input für eine innermuslimische Streitkultur mangelt, so kann al-ʿAlwānīs Plädoyer Substanz liefern, mit

86 Eckermann, Johann Peter.: Gespräche mit Goethe in den letzten Jahren seines Lebens, im folgenden zitiert aus: Mommsen, Katharina: Goethe und die arabische Welt, Frankfurt, I. Aufl., 1988, S. 252.

87 Allievi,/Nielsen: Muslim Networks and Transnational Communities in and across Europe, S. 23.

88 Ein Beispiel sei hier genannt: Die anlässlich eines Großevents verabschiebete Erklärung „*Pledge of Mutual Respect and Cooperation Between Sunni Muslim Scholars, Organizations, and Students of Sacred Knowledge*" wurde von 42 nahmhaften Gelehrten verschiedenster Couleur unterschrieben und im Internet mannigfach verbreitet.

89 Siehe: Dziri, Bacem: *Ein- und Aussichten am Horizont der Mondsichtungskontroverse*, in: Hikma, Journal of Islamic Theology and Religious Education, Vol. 5, Oktober 2012, S. 246-56.

der sich diesem Ziel nähernd kritisch und konstruktiv auseinandergesetzt werden kann. So wie anhand des Beispiels der Neukonzeptionierungen al-ʿAlwānīs gezeigt, vermögen innovative Ideen aus dem Westen relativ schnell länderübergreifend Funken schlagen. [90] Innerhalb Deutschlands kann sich dieser Esprit ähnlich schnell verbreiten.

[90] Vgl.: S. 20-22.

II. Verhaltensethik einer islamischen Streitkultur

1. Vorwort

Lob sei Gott, dem Herrn der Welten und Segen, und Heil sei auf unserem Gesandten Muhammad, dem Siegel des Prophetentums, und auf seiner Familie, seinen Gefährten und all jenen, die zu seiner Botschaft einladen und seiner Rechtleitung folgen bis hin zum Jüngsten Tag.

In unserer heutigen Zeit haben sich die Krankheiten in der islamischen *umma* bereits so weit vermehrt, verzweigt und verbreitet, dass sie zahlreiche Aspekte der Religion und des Lebens befallen haben. Doch das Sonderbare und Verwunderliche hierbei ist, dass die *umma* nicht aufhört, weiter zu leben. Jene Leiden und Schwächen führten sie – Lob sei Gott – trotz ihrer schwerwiegenden und folgenschweren Leiden und Schwächen nicht zum Aussterben.

Dabei waren doch nur einige [dieser Faktoren] für den Niedergang ganzer Zivilisationen und Völker verantwortlich, ohne dass weder ihre Vielzahl noch ihr Reichtum an Ressourcen sie davor bewahren konnte. Möglicherweise liegt der Grund für das Überleben dieser *umma* bis zum heutigen Tage – trotz ihrer Schwäche und Erschöpfung – in der Existenz der Schrift ihres Herrn, der Sunna ihres Gesandten ﷺ und der Abbitte der Tugendhaften unter ihren Anhängern, {*Gott konnte sie unmöglich bestrafen, während du (noch) unter ihnen weiltest. Er hätte sie auch nimmer bestraft, wenn sie (sich eines Besseren besonnen und) um Vergebung gebeten hätten* (*w. während sie um Vergebung baten*)} (*Al-Anfāl*: 33).

Vermutlich ist die gefährlichste aller Krankheiten, welche die *umma* befallen hat, das Leid des Meinungsunterschieds (*al-iḫtilāf*) beziehungsweise des Widerstreits (*al-muḫālafa*). Jenes ernsthafte und um sich greifende Leid, welches jedes Thema, jede Region und jede Gesellschaft erfasst hat, und das Denken, die Weltanschauung, die Vorstellung, die Meinung, den Geschmack, das Verhalten, das Benehmen, den Charakter, den Lebensstil, die Form des Miteinanders, die Art des Sprechens, die Hoffnungen, Ziele und Wünsche, sowohl nahe als auch ferne, in seinen grausamen und bösen Bann zog, [so lange] bis ihr dunkler Geist die Gemüter der Menschen belegte und die Atmosphäre in ein Betrübnis verwandelte, dessen Niederschlag auf raue Herzen fiel. So brachte es eine Gruppe von miteinander konkurrierenden und sich widerstreitenden Völkern hervor. Und als ob alles aus diesen Gesellschaften Hervorgekommene an Ge- und Verboten und an Ausbildung sie zur Meinungsverschiedenheit drängt und auf Konkurrenz und Zankerei abzielt!!

Wobei doch das genaue Gegenteil davon geboten ist; denn das Buch Gottes und die Sunna seines Gesandten ﷺ haben, nach der Bekenntnis *eines* Gottes (*tawḥīd*), auf keine Sache so viel Wert gelegt wie auf ihre Achtsamkeit gegenüber der Einheit der *umma*, und [respektive] die Befreiung von Meinungsverschiedenheiten zwischen ihren Angehörigen, die Behebung all dessen, was die Güte in den Beziehungen zwischen den Muslimen stört oder die Brüderlichkeit der Gläubigen verletzt. Und womöglich haben die islamischen Prinzipien keine Sache dermaßen verworfen – nach der Beigesellung Gottes (*širk*) – wie die Ablehnung gegenüber der Meinungsverschiedenheit der *umma* und ihrem Streit untereinander. Und sie [d.h. die islamischen Prinzipien] stiften zu keiner Angelegenheit – nach dem Glauben an Gott – [so sehr] wie zum Streben nach Einheit und zur Zusammenführung der Muslime. Die Gebote Gottes und seines Gesandten sind deutlich in ihrem Aufruf zur Einheit der Reihen (*waḥdat aṣ-ṣaff*), der Zusammenführung der Herzen, dem gegenseitigen Helfen bei den Engagements und der Zusammenarbeit bei den Bemühungen.

Der Islam bekräftigt keine Sache so sehr wie das „Bekenntnis zur Einheit [Gottes]" (*kalimat at-tawḥīd*) und der „Vereinheitlichung der Bekenntnisse" (*tawḥīd al-kalima*). Ersteres ruft zum Glauben an Gott auf, einem reinen und makellosen Glauben. Letztere [leitet zur] praktischen und vollständigen Spiegelung des ersten [in der Gesellschaft] an. So ist es denjenigen, deren Gott einer, deren Prophet einer, deren [Heilige] Schrift eins und deren Gebetsrichtung (*qibla*) eine und deren Sinn ihrer Erschaffung und Existenz einer ist, notwendigerweise unumgänglich, dass ihr Bekenntnis [ebenso] einheitlich ist. {*Gewiß, diese ist eure Gemeinschaft, eine einzige Gemeinschaft, und Ich bin euer Herr; so dient Mir!*} (*Al-Anbiyā'*: 92). Doch die Muslime ließen leider von der Bekenntnis zur Einheit [Gottes] (*kalimat at-tawḥīd*) ab und enthielten sich der Vereinheitlichung ihrer Bekenntnisse (*tawḥīd al-kalima*).

Insofern stellt dieses Buch einen Beitrag zur Verwirklichung des [richtigen] Bewusstseins dar und einen aufrichtigen Versuch, die Risse zu beheben und die Wurzeln der Krise auszuheilen. Und [es wurde geschrieben] um auf die Entfernung vom Glauben (*buʿd imānī*) in den Herzen der Muslime aufmerksam zu machen, nachdem seine Leitung (*ḥukm*) über unsere zwischenmenschlichen Beziehungen geschwunden ist und seine korrekte Ausrichtung aufgrund des falschen Verständnisses, der gefährlichen Streitereien und unter dem Druck [einiger] nichtislamischer Gesellschaften [verschwand]. Daher sind die Vergegenwärtigung dieser Ferne des Glaubens und die Verwirklichung eines gesunden Verständnisses die wirkliche Garantie für die Gesetzmäßigkeit (*li-šarīʿat*) unserer Beziehungen und die letzte Zuflucht, um unsere Streitereien zu bereinigen und die Versiegelung unserer Herzen aufzuheben. Die uns heute ereilenden Probleme liegen im Unvermögen, die praktischen Implikationen des Wissens zu verstehen, und in der Unfähigkeit, dessen [eigentliche] Ziele (*ġāyāt*) und Zwecke (*maqāsid*) zu erkennen. Gleichermaßen vermissen wir die richtige Orientierung und notwendige Leitung, die uns die Sicherheit gewähren und zur Erlangung des tatsächlichen Nutzens aus diesem Wissen (*ʿilm*) und jener Erkenntnis (*maʿrifa*) führen. Wir haben die Einsicht erlangt, doch wir entbehren ihrer Wesensinhalte; wir besitzen die Mittel, doch haben wir deren Sinn und Zweck [aus den Augen] verloren. Wie viel wir doch versäumten, während wir über Erlaubtes und Gewährtes, notwendige oder gebotene Dinge oder über gewaltige Ziele stritten. Die Kunst des Duellierens, Debattierens und des Streitens hingegen haben wir perfektioniert, wobei wir Umgangsform und Anstand vernachlässigten. Und so wurden wir zu leichter Beute und einer sich selbst zerfressenden [Gemeinschaft]. Die gegenseitigen Streitereien und Kämpfe bescherten uns ein Leben in Drangsal (*maʿīšatan ḍanka*) und ein erfolgloses Dasein, und die Situation endete mit der Schmach und dem Verwehen unserer Stärke (*ḏahāb ar-rīḥ*). Dies wird durch das Wort des Erhabenen bestätigt: {*und streitet nicht miteinander, sonst würdet ihr den Mut verlieren, und eure Kraft würde vergehen*} (*Al-Anfāl*: 46).

Gott, der Erhabene und Gepriesene berichtet und ermahnt uns anhand des Beispiels vorausgegangener Religionsgemeinschaften als Exempel. So machte Er uns die Art des Aufstiegs von Völkern deutlich, sowie den Aufbau von Zivilisationen, und Er machte uns die Ursachen für den Verfall und den Niedergang klar. Er warnte uns vor dem Verfall in das Übel der Spaltung, vor dem Leid des miteinander Haderns und der Degeneration in Parteinahmen: {*Und seid nicht unter jenen, die etwas anderem neben Ihm Göttlichkeit zuschreiben, [oder] unter jenen, welche die Einheit ihres Glaubens gespalten haben und Sekten geworden sind, jede Gruppe nur an dem sich erfreuend, was sie selbst [an Lehrmeinungen] bei sich hat*} (Ar-Rūm: 31-32).

So zählt die Zwietracht [zu den Dingen], die zur Spaltung und Auseinandersetzung führen, zu dem, was [wiederum] von der Rechtleitung des Propheten entfernt und die Zugehörigkeit zum Propheten ﷺ negiert: {*Gewiss, mit denjenigen, die ihre Religion [in verschiedene Gruppen] aufgeteilt haben und zu Parteien geworden sind, hast du nichts gemein*} (Al-Anʿām: 159).

Daher ist der Entwicklung der Schriftbesitzer (*ahl al-kitāb*) weder auf den Mangel ihres Wissens noch auf den Verlust der Erkenntnis zurück zu führen, sondern ihr Niedergang erfolgte, weil sie jenes Wissen und jene Erkenntnis dafür benutzen, um sich gegenseitig anzugreifen: {*Und diejenigen, die die Schrift erhalten haben, wurde – in gegenseitiger Auflehnung – erst uneins, nachdem das Wissen zu ihnen gekommen war*} (Āli ʿImrān: 19).

Haben wir denn das Übel der Schriftbesitzer geerbt, anstatt die Schrift zu erben? Und haben wir etwa, anstatt das Wissen und die Erkenntnis zu erben und uns an ihren Wesensmerkmalen auszurichten, die Versündigung geerbt? Streitereien, Übertretungen und die Spaltung der Religion gehören zu den Schwächen der Schriftbesitzer, welche der Grund für ihren Niedergang und das Aufheben (*nasḫ*) ihrer Religionen war. Ihre Geschichten blieben als Mittel zur Klarstellung [erhalten], als Lehre und Ermahnung für diejenigen, welche die Schrift und die Prophetie erbten.

Es ist unmöglich, dass die Bezugswelt der Muslime noch abgelöst oder abrogiert wird, da sie die Anhängerschaft der abschließenden göttlichen Botschaft bilden. Krankheiten führen gewiss nicht zum endgültigen Verlust des Körpers. Wenn es so weiter geht, wird die *umma* weiterhin im Zustand von Schwäche verweilen. Doch wenn sie [diese Krankheit] behandelt, verbessert sich ihre Situation. Sie wird Heilung erfahren, und es wird zur Renaissance (*nuhūḍ*) und zur Befreiung vor dem inneren Zerfressen kommen. Und dies ist eine Besonderheit [der Anhängerschaft] der letzten Offenbarung.

Meinungsunterschiede liegen im Auge des Betrachters. Die Einschätzungen von Sachverhalten und ihre Beurteilung sind gottgegebene (*fiṭrī*) und natürliche Prozesse, und sie tragen in großem Maße zu individuellen Differenzen bei. Eine Lebensgestaltung und der Aufbau eines sozialen Netzwerkes mit Menschen identischer Ansichten sind ausgeschlossen. In einem solchen Falle gäbe es keine Gelegenheit für Wechselspiele, Errungenschaften oder Gaben! Es liegt in der Natur der mentalen und praktischen Handlungen, dass diese unterschiedlicher und verschiedener Fertigkeiten und Fähigkeiten bedürfen. Die Weisheit des erhabenen Gottes sieht es vor, dass es zwischen den Menschen und ihren individuellen Unterschieden – seien sie veranlagt oder angeeignet – und den Handlungen im Leben Gesetzmäßigkeiten und Berührungspunkte gibt. Jedem fällt das leicht, wofür er geschaffen ist. Daher sind die Menschen unterschiedlich, und die Gläubigen sind in Rangstufen unterteilt. So gibt es unter ihnen solche, die sich selbst Leid zufügen, und solche, die an guten Taten sparen und [wiederum] solche, die in den guten Taten miteinander wetteifern: {*Und hätte dein Herr Seinen Willen erzwungen, wahrlich, Er hätte die Menschen alle zu einer einzigen Gemeinde gemacht; doch sie wollten nicht ablassen, uneins zu sein*} (*Hūd*: 118).

Es ist jedoch bedauerlich, dass sich Meinungsunterschiede bezüglich der Standpunkte von einer gesunden Erscheinung, die den muslimischen Verstand (*ʿaql*) mit produktiven Ansichten, einer tiefgehenden Hinterfragung, einer weiten Einsichtnahme in viele verschiedene Denkansätze und in unterschiedliche Blickwinkel, einer Sorgfalt in der Betrachtung und einer Quelle des Intellekts bereichert, bei den Muslimen im Zeitalter des Rückstands von all diesen positiven [Nutzen] hinweg zu einer schweren Krankheit und einem tödlichen Gift verwandelten. Dies führte zum Verschleiß, dem Abbröckeln, dem Auseinanderdriften, der Gegensätzlichkeit und der gegenseitigen Bekämpfung. Es ist so weit gekommen, dass es bei manchen Opponenten physischen Vernichtungen gab, während andere in ein [anderes] Extrem gingen, so dass sie nach einem traurigen Vergleich der Meinung waren, dass die Widersacher der Religion oder die Schriftbesitzer ihnen näher sind als diejenigen, die nicht ihren Meinungen folgen unter den muslimischen Geschwistern, obwohl sie sich in den Glaubensgrundlagen (*uṣūl al-ʿaqīda*) und der Reinheit des Bekenntnisses (*tawḥīd*) einig sind. Hierfür gibt es in der jüngeren und älteren Geschichte zahlreiche Beispiele. Es ist schade um die Energien der großartigen *umma*, die vergeudet werden, um das Feuer der Zwietracht (*fitan*) zu schüren und Streitigkeiten zu erhärten, was zur Schande führt. Und die Zuflucht ist bei Gott.

Oft ist der Mensch unfähig, sich eine ganzheitliche und ausgewogene Meinung über die Dinge zu bilden und eine umfassende und ausgeglichene Betrachtung hinsichtlich der vielen Dimensionen von Fragestellungen vorzunehmen. Sodann fokussiert sich sein Sinn auf einen kleinen Aspekt, den er dann aufbläht und vergrößert. Er verharrt darin und dehnt ihn so lange aus, bis er ihn einnimmt. Dann nimmt er den Hauptteil seiner Gedanken ein, bis es ihm nicht mehr möglich ist, eine andere Sache oder Person zu sehen, die ihm widerspricht. Anschließend macht er ihn zum entscheidenden Kriterium, wonach er seine Loyalität, Sympathie und Abneigung bemisst. Möglicherweise behilft er sich im Kampf gegen seine Opponenten, dann sogar durch Widersacher der Religion. Es wird von Wāṣil b. ʿAṭāʾ überliefert, dass er einer Gruppe von Leuten entgegenkam, die sie [ihn und seine Gefolgsleute] als Ḫawāriǧ wähnten. Wāṣil sagte darauf zu seinen Leuten:

> „*Überlasst mir die Angelegenheit, also zieht euch zurück und lasst mich mit ihnen allein.*" Sie nahmen die Gefahr wahr und antworteten: „*Es sei dir überlassen!*" Daraufhin trat er ihnen [d.h. den *Ḫawāriǧ*] gegenüber, die dann fragten: „*Was ist mit dir und deinen Leuten?*" Er sagte: „*[Wir sind] Götzendiener, ausgezogen, um das Wort Gottes zu hören und seine Gesetze* (*ḥudūd*) *zu erfahren.*" Sie sagten: „*Du hast unseren Schutz.*" Dann sagte er: „*So lehrt uns*!" So kam es also, dass sie ihnen ihre Regeln (*aḥkām*) unterrichteten. Hiernach sagte er [d.h. ʿAṭāʾ]: „*Ich und meine Leute nehmen [diese Lehren] an*", worauf sie antworteten: „*So schließt euch uns an, denn ihr seid unsere Brüder!*" Er entgegnete: „*Dies obliegt euch nicht. Gott der Gepriesene und Erhabene sprach:* {*Und wenn einer der Götzendiener dich um Schutz angeht, dann gewähre ihm Schutz, damit er das Wort Gottes hören kann! Hierauf laß ihn (unbehelligt) dahin gelangen, wo er in Sicherheit ist!*} *so lasst uns zur [unsrigen] Stätte ziehen.*" Daraufhin schauten sie [d.h.

die Ḫawāriğ] sich gegenseitig an und sprachen dann: „*Es ist euer [Recht]!*" Dann zogen sie allesamt weiter, bis sie in Sicherheit kamen.[91]

Das Ausmaß der Meinungsunterschiede (*al-iḫtilāf*) erreichte ein Stadium, in dem ein Götzendiener sich bei manchen islamischen Gruppierungen, die sich im Besitz der absoluten Wahrheit glaubten, sicherer fühlte als jene Muslime, die in ihren Ansichten und ihrer Rechtsneuschöpfung (*iğtihād*) in einzelnen Teilbereichen anderer Ansichten sind. Es ist so weit gekommen, dass es mit ihnen keinen Ausweg mehr gibt, um ihrem Schaden und ihrer Strafe zu entkommen, außer durch Inszenierung der Götzendienerei!!

Es sind die tollkühne Meinungsverschiedenheit und die dominante Laune, die sich entwickeln, übertreiben und ihre Gräben in die Herzen der Menschen vertiefen, dann die Kontrolle über ihre Sinne übernehmen und ihren Verstand beherrschen, bis dass ihr dabei die umfassenden Bedeutungen, die allgemeine Gesamtheit, die geteilte Basis und die islamischen Ziele, Zwecke und Grundregeln entgehen. So ruiniert der Betroffene sein Verständnis und seine Sicht, und er vergisst die Vorzüge des islamischen Charakters. Das Gleichgewicht gerät ins Wanken, die Anschauung vergeht, die Zeugnisse vermischen sich, die Prioritäten schwinden und Rede ohne Wissen sowie Rechtsgutachten (*fatāwā*) ohne Erleuchtung und Taten ohne Führung fallen leicht, und das Ausschließen aus dem Islam (*takfīr*) und die Beschuldigungen mehren sich. Und so verfällt dieser Kranke zu einer Identität mit blindem und tiefem Fanatismus, und die Welt um ihn herum wird dunkel, so dass er nicht im Stande ist, etwas anderes als eine tiefschwarze Dunkelheit zu sehen, die im Grunde nichts anderes ist als eine Spiegelung seiner dunklen Seele, deren Licht des Wissens erlosch und die sein Vermögen zur Besonnenheit bedeckt, {*und wem Gott kein Licht verschafft – für den ist kein Licht*}.

Womöglich kippen die rechtsschöpferischen Ansichten und die Rechtsschulen, deren Aufgabe [eigentlich] den Leuten der Einsicht und der Rechtsneuschöpfung (*iğtihād*) [obliegt], durch das Wirken von pöbelhaften Nachahmern und Anhängern des Mobs in intellektuelle Faktionalismen und einen politischen Fanatismus, welcher jene Verse

91 Al-Kāmil fī l-luġa wa-l-Adab li l-Murīd: 2/122.

und Überlieferungen (*aḥādīṯ*) hervorhebt, die ihrer Ideologie entsprechen. Sie verbiegen ihre Köpfe [dermaßen], dass jeder Vers und jede Überlieferung, die nicht mit der Ausrichtung ihrer intellektuellen Parteinahme übereinstimmen, entweder nicht angewendet werden oder als abrogiert gelten. Dann aber wird der Fanatismus zunehmen, und der Leitsatz aus der Zeit der Unwissenheit (*ǧāhiliyya*) kehrt zurück: „*Der Lügner [aus dem Stamm] der Rabīʿa ist mir lieber als der Aufrichtige [aus dem Stamm] der Muḍār.*"

Bereits die trefflichen Altvorderen (*as-salaf aṣ-ṣāliḥ*), möge Gott mit ihnen zufrieden sein, hatten Kontroversen, doch diese Meinungsverschiedenheiten waren kein Grund für ihre Trennung. Sie waren unterschiedlicher Ansichten, doch sie trennten sich nicht, denn die Einheit der Herzen, Absichten und Ziele war stärker, als dass irgendeine Sache sie antasten konnte. Sie befreiten sich von den persönlichen Schwächen, auch wenn einige von ihnen Verletzungen begingen. Und jener Mann, dessen Eintritt [in die Moschee] der Prophet – Gottes Segen und Heil seien auf ihm – seinen Gefährten voraussagte, und ihnen [vorher noch] mitteilte, dass dieser zu den Bewohnern des Paradieses gehört, und dessen Angelegenheit und Taten sie [d.h. die Gefährten] daraufhin untersuchten, wurde ihnen [durch den Propheten] klar, dass dieser nie zu Bett ging, ohne jeden Groll gegen irgendeinen Muslim aus seinem Herzen zu beseitigen... Doch was uns heute betrifft, so liegt das Übel in uns und unseren Herzen. Daher sind die meisten Isolierungsbestrebungen und die Hilfeleistungen und Aufrufe (*daʿwa*) hierzu bloß Ausdruck eines Selbstbetrugs und äußere Erscheinungsformen, die uns nicht sonderlich von anderen unterscheiden, doch Gott der Erhabene spricht: {*Und meidet die offenkundige und die geheime Sünde*} (*Al-Anʿām*: 120). Und die islamische Welt, nachdem sie ein einziges Reich gewesen war, welche ihre höchste Legitimität aus der Verbundenheit mit dem Buch Gottes und der Sunna Seines Gesandten bezog, besteht heute aus 87 Staaten oder noch mehr. Das [immense] Ausmaß ihrer Meinungsverschiedenheiten kennt allein Gott. Selbst in einem einzelnen Staat gibt es zahlreiche Gruppierungen. Und heute ist die wirkliche Situation mancher Akteure [für die Sache] des Islams, die zum Einsatz der Errettung ermächtigt wurden, nicht besser als die ihrer offiziellen Organisationen. Unsere Misere ist eine geistige Krise, und unser Problem ist ein ernsthafter Verfall.

Als die Geisteswelt der muslimischen *umma* gesund war und ihre grundsätzlich höchste Legitimation im Leben in der Schrift (*kitāb*) und der Sunna lag, vermochte sie es, die Botschaft zu tragen und eine Zivilisation aufzubauen – trotz der rauen Lebensumstände und der harten materiellen Verhältnisse. So ging die Drangsal mit der Erleichterung einher. Daher führt das Abschweifen vom Buch und von der Sunna zu Reibereien und Versagen. Gott sagte: *{Und gehorcht Allah und Seinem Gesandten und streitet euch nicht, damit ihr nicht kleinmütig werdet und eure Kraft euch verloren geht} (Al-Anfāl:*46*)*. Der Islam hat die Fraktionierung und die inneren Reibereien eingestellt, die Araber zur Vereinheitlichung der einen wahren Gottheit geführt und die unechten Gottheiten abgelöst, da jedem Stamm eine Gottheit zustand, dem er sich zuwandte.

Doch heute klagen die Muslime nicht über materiellen Mangel, schwere Lebensbedingungen oder eine Knappheit an Ressourcen, und sie gehören zu den konsumierenden Nationen, sei es an Ideen oder Lebensgütern. Ihre wirkliche Misere liegt in dem Verlust der allumfassenden Bedeutung ihres Glaubens, ihres geteilten Gewölbes und ihrer einheitlichen Ziele. So ist ihnen die große Legitimation aus ihrem Leben entschwunden, und ihre Struktur und ihr geistiger Zusammenhalt haben Schaden genommen.

Es gibt keinen Weg, der geistigen Misere, welche den muslimischen Intellekt befallen hat, und der sittlichen Krise, unter der das muslimische Benehmen leidet, zu entrinnen außer durch eine Behandlung der Wurzeln dieser geistigen Krise und einer Reform (*iṣlāḥ*) der intellektuellen Methoden. Eine Rückführung des Verstandes zu intellektueller Bildung ist notwendig sowie eine Erziehung zu abhanden gekommenen Prioritäten und der entsprechenden Ausbildung muslimischer Generationen. Und es gibt hierzu keinen anderen Weg als über eine Rückkehr [zu dem Geist] der ersten Generation unserer Altvorderen und zu ihrer Bindung an das Buch ihres Herrn und die Sunna ihres Gesandten ﷺ. Außerdem müssen Regeln und Grundsätze als Maßstab und zur Förderung der Meinungsbildung festgelegt, das intellektuelle Vorankommen gesichert und sowohl Wissen und dessen Moral als auch die Erkenntnis und deren Ethik miteinander verbunden werden. Ferner bedarf es der Entwicklung von Studien, welche die Einheit der *umma* sowie ihr gemeinsames Fundament, ihre Absicht und ihre Hauptziele bekräftigen, damit ihre Reihen sich schließen, ihre Front sich vereint, das Profil des Weges sich verdeutlicht und die Fortentwicklung sich systematisiert. So Gott will.

Von daher stellt dieses Buch einen bescheidenen Beitrag dar und einen Schritt auf dem Weg, so Gott will. Bei der Vorlage der dritten Auflage dieses Buches an die geschätzte Leserschaft sei mir erlaubt, auf die wichtigsten Reaktionen direkter Leserbriefe und Ansprachen, die ich seit der ersten Auflage empfangen habe, sowie auf Kritiken in Zeitungen oder bei Vorträgen hinzuweisen:

Die große Masse der Leserschaft begrüßte das Werk und erfreute sich seiner Rezeption. Viele nichtarabische Muslime waren darauf bedacht, dieses Buch in ihre Sprache zu übersetzen und zu verlegen, und es wurde jedem gewährt, der es wollte. Bisher sind bereits Übersetzungen in drei Sprachen erschienen.

Eine Gruppe von bedachten und sich der Tiefe der Problemstellungen bewussten [Lesern] wünschte sich, dass dieses Werk auf die islamische Realität einwirke. Sie analysierte die zeitgenössischen Meinungsunterschiede, die innerhalb einer lokalen Gruppe entstanden, die wiederum später zu 93 unabhängigen Gruppen in diversen Ländern wurde. Grund ist, dass die Unachtsamkeit (*ġafla*), die Erinnerungsschwäche und die diversen Ziele sich derart auswirken, dass besonnene Stimmen nicht durchzudringen vermögen und die ermatteten und vergrämten Herzen nicht erreicht werden. Und wenngleich ich sehr erfreut darüber bin, dass dieser Wunsch nach Verständigung, das Übereinkommen (*ittifāq*) und die Befreiung von den Auswirkungen der Meinungsunterschiede in diesem Ausmaß bei den Muslimen Anklang findet, bin ich immer noch besorgt über die Ignoranz der Unwissenden, das Plagiat der Fanatiker, die Aufruhr der Starrsinnigen und die Machenschaften der Intriganten. Für eine Umsetzung der Inhalte dieses Buches in die Realität und eine offene und kritische Darstellung einer jeden zeitgenössischen Gruppierung ist die islamische Gesellschaft nach meiner Ansicht noch nicht bereit. Dahingegen sollte die muslimische Jugend zur Art und Weise einer mündigen Diskussionskultur befähigt werden. Die Verbreitung eines solchen Verständnisses darüber ist der Garant für die Vorbereitung der Gesellschaft für solche Vorhaben, so Gott will.

Eine weitere aufrichtige Gruppe [von Lesern] wünschte sich, dass das Buch größer und umfassender wäre, um einige weitere Beispiele der Ethik des rechten Umgangs mit Meinungsverschiedenheiten und um weitere Modelle anderer muslimischer Rechtsschulen kennen zu lernen. Das ist richtig, und vielleicht gelingt uns dies durch die Hilfe Gottes in einer zukünftigen Auflage. Das vorliegende Werk erhebt keinen Anspruch darauf, eine umfassende Untersuchung zum Thema Diskussionskultur zu sein, sondern soll den Fokus anhand von ausgewählten Beispielen auf eine notwendige Ethik im Falle von Meinungsverschiedenheiten lenken.

Eine nächste aufrichtige Gruppe [von Lesern] schlug vor, das Buch und den rechten Umgang mit Meinungsunterschieden aus seinem rechtlichen und akademischen Charakter heraus allen anderen Teilen der Gesellschaft zugänglich zu machen. Seien es jene, die zu den Reihen des Islam gehören, oder jenen, die sich zu den modernen Reformern zählen oder gezählt werden. Besonders sind diejenigen Gruppen gemeint, die dem Islam nicht den Krieg erklären und ihn als eine der grundlegenden Komponenten der Gesellschaft betrachten. Alles, wozu sie aufrufen, ist die Integration der *umma* in das Zeitalter, in dem sie leben, und das Schaffen von Fortschritt in einem staatlichen Rahmen mit dem Glauben, dass der Islam und andere Bestandteile der *umma* ihn umfassen. Und ich finde, dass dies tatsächlich wahr ist und dass Anstrengungen auf diesem Feld notwendig sind. Durch die Kenntnis um des rechten Umgangs beim Meinungsstreit, das Bewusstsein aller Bevölkerungsschichten über seine Grundsätze und die Erziehung der Kinder, diese zu pflegen und weiterzugeben, werden innerhalb der umma viele bisher verschwendete Energien freigesetzt. Der muslimische Intellekt wird sich, sobald er sich seiner zivilisatorischen Rolle bewusst ist, um die Wiedergewinnung der entfremdeten Kinder der *umma* bemühen. Die muslimischen Aktivisten (*islamiyyūn*) tragen die Verantwortung für die Schaffung einer gesunden Basis, um die Einheit und Unversehrtheit der *umma* wiederzuerlangen, um kulturelle Impulsgeber zu stärken und den zivilisatorischen Aufbau im jeweiligen Land zu fördern. Zwischen Leben und Tod liegt ein Augenblick. Wenn also die Entschlossenheit aufrichtig ist, dann liegt nichts zwischen uns und der Wiedergewinnung unserer Kinder und Angehörigen aus den Klauen des Teufels. An diesem Tag freuen sich die Gläubigen über den Sieg Gottes, und die Lügner werden verlieren.

Und dann ist da noch eine – nach meinem Kenntnisstand – sehr spärliche Schar, die die Veröffentlichung solcher Bücher verurteilte und sagte, dass es Muslimen nicht schicklich sei, unterschiedlicher Meinung zu sein, und dass es im Falle von Kontroversen unter ihnen angebracht sei, sich auf das Verbieten (*taḥrīm*) und der Erklärung ihrer Beschaffenheit als Unglaube (*kufr*) zu konzentrieren, den es mit allen Mitteln zu bekämpfen gilt. Doch dass wir über dessen [d.h. des Meinungsunterschieds] Kultivierung diskutieren, führe zur [unerlaubten] Verwurzelung des Meinungsunterschieds und seiner Anerkennung. Und ich weiß nicht, was ich an dieser Stelle zu ihnen sagen kann, außer dass ich mich darüber wundere, dass die Unkenntnis eines Menschen einen solchen Grad an Verleugnung und Ignoranz elementarer Grundwahrheiten erreichen kann. Ich erinnere mich an die Betrübnis des Imām ʿAlī, Gottes Wohlgefallen sei auf ihm, als er sagte: „Nie debattierte ich mit einem Gelehrten, ohne dass ich siegreich war, und nie debattierte ich mit einem Unwissenden, ohne dass er siegreich war." Jedenfalls bitte ich Gott, den Erhabenen und Gepriesenen, darum, diese Gruppe sowie auch uns zu dem, was wahr und richtig ist, recht zu leiten.

Es ist eine Freude für das Internationale Institut für Islamisches Denken, dieses Buch im Rahmen der Serie „Zu einer islamischeren Kultur" in einer neuen Auflage herauszugeben, um der Nachfrage nachzukommen und eine Lücke zu schließen. Vielleicht werden manche der geschätzten Professoren, die sich an dem, was wir hier andeuten, erfreuen, die Ansätze durch Mitwirkung vertiefen und durch das, was der Autor ausgelassen hat, zur Etablierung einer soliden Grundlage für die Diskussion eine Ethik des Meinungsstreits beitragen. Und Gott leitet zu einem ebnen Weg.

Ṭāha Ǧābir al-ʿAlwāni
Washington, im Šaʿbān 1407
Februar 1987

2. Das Spektrum des iḫtilāf

2.1. Bedeutungen von al-iḫtilāf, ḫilāf und ʿilm al-ḫilāf

Der Meinungsunterschied (*al-iḫtilāf*) und der Widerstreit (*al-muḫālafa*) bedeuten, dass jede Person in Taten oder Äußerungen einen vom jeweils anderen abweichenden Weg geht. Die Meinungsverschiedenheit (*al-ḫilāf*) ist allgemeiner gefasst als die Gegensätzlichkeit (*aḍ-ḍidd*), da zwar alle Opponenten verschiedener Meinung sind, doch nicht alle, die unterschiedliche Meinungen vertreten, sind auch zwangsläufig Opponenten. Als sich die Meinungsunterschiede der Menschen bezüglich ihrer Aussagen häuften und es zu Streitereien kam, löste dies Rivalitäten und Konflikte aus.

Der Erhabene spricht: {*Dann aber wurden die Gruppen untereinander uneins* (*iḫtalafa*) ...} (Maryam: 37), {*Doch sie wollten nicht davon ablassen, uneins* (*muḫtalifīn*) *zu sein*} (Hūd: 118), {*Wahrlich, ihr seid in eine widersprüchliche* (*muḫtalif*) *Rede verwickelt*} (Aḏ-Ḏāriyāt: 8), {Wahrlich, *am Tage der Auferstehung wird dein Herr zwischen ihnen darüber entscheiden, worüber sie uneins* (*yaḫtalifūn*) *waren*} (Yūnus: 93). In diesem Sinne lässt sich sagen, dass mit *al-ḫilāf* und *al-iḫtilāf* eine absolute Differenz bezüglich der Rede, Meinung, Position oder Einstellung gemeint sein kann.

Aus der Perspektiveder islamischen Rechtslehre bezeichnet die Disziplin und Wissenschaft des „*ʿilm al-ḫilāf*" eine Spezialisierung in Bezug auf die Unterschiede der verschiedenen Denk- und Rechtsschulen. Diese befähigt die Anhänger einer Rechtsschule (*maḏhab*) dazu, den Ableitungen ihres Rechtsschulgründers (*imām*) treu zu bleiben und alle widersprechenden Einwände abzuwehren, ohne dabei direkt auf einen Hinweis (*dalīl*) zurückgreifen zu müssen. Denn würde ein Anhänger die Verteidigung auf einen Beleg zurück führen, so wäre er ein Jurist (*muǧtahid*) auf dem Gebiet der juristischen Methodenlehre, der eine Rechtsfortbildung (*iǧtihād*) betreiben kann. Dagegen obliegt es einem Anhänger bei einem *ḫilāf* prinzipiell nicht, die Grundlagen der islamischen Rechtswissenschaft zu untersuchen, da er per Definition dem nicht gerecht werden kann. Es genügt ihm in diesem Fall, an den Lehren seines Imāms fest zu halten, der wiederum in den Augen des Anhängers zur juristischen Beurteilung legitimiert ist. Dies ist ausreichend für die

Bestätigung (*iṯbāt*) eines Urteils, ebenso wie das Rechtsurteil seines Imāms für ihn als Beweis (*ḥuǧǧa*) genügt.

2.2. *Al-ǧadal oder ʿilm al-ǧadal*

Wenn einer der Kontrahenten auf seine Position beharrt, oder gar beide, und sie diese gegen die andere durchsetzen wollen, um damit Dritte davon zu überzeugen oder um sich ihre Ansichten gegenseitig vorzuhalten, dann wurden diese Versuche „*ǧadal*" (Disput) genannt. In der Linguistik bezeichnet der Begriff „*eine konkurrierende und auf Überlegenheit abzielende Gesprächsweise.*" Der etymologische Ursprung stammt von dem Ausdruck „*ǧadalatu l-ḥabl*" (ich zog an einem Strick fest). So versucht also jeder Kontrahent, sein Gegenüber durch *ǧadal* festzubinden.

Was „*ʿilm al-ǧadal*" (die Dialektik) betrifft, so ist dies die Wissenschaft des Debattierens auf Grundlage von Belegen und der Ausarbeitung der stichhaltigsten juristischen Argumente.[92] Manche Gelehrte bezeichneten sie auch als

> eine Wissenschaft, die es ermöglicht, jede Position zu bewähren, so falsch sie auch sein mag, und jede Position zu verwehren, so wahr sie auch sein mag.[93]

Letzteres impliziert, dass *ilm al-ǧadal* keine Wissenschaft ist, die sich auf bestimmte rechtliche Belege stützt, sondern dass sie eine Fertigkeit ist, die sich eine Person selbst dann aneignen kann, wenn sie nichts von der Schrift (*kitāb*), der Tradition (Sunna) oder anderen Quellen versteht.

2.3. *Aš-Šiqāq*

Wenn sich der Streit zwischen den Disputanten weiter verhärtet, und ein jeder darauf erpicht ist, zu triumphieren, anstatt die Wahrheit gelten zu lassen und dem Richtigen Klarheit zu verschaffen, und es schwer fällt, dass es zwischen den beiden zu einer Verständigung oder Einigung kommt, so wird diese Situation *šiqāq* (Zwiespältigkeit) genannt. Hier

92 Siehe: Miftāḥ as-Saʿādah, 2/599, Dār al-Kutub al-Ḥadīṯah, Ägypten, al-Ǧurǧānī, At-Taʿrīfāt, 66, Aleppo.

93 Ebenda.

liegt der etymologische Ursprung darin, dass ein jeder sich in einem anderen Erdgraben (*šaqq*) befindet, sodass sie beide auf keinem gemeinsamen Boden mehr stehen. In der Offenbarung heißt es: {*Und wenn ihr ein [ernsthaftes] Zerwürfnis (šiqāq) zwischen beiden befürchtet*} (*An-Nisā'*: 35), und damit ist eine heftige Meinungsverschiedenheit gemeint, auf die ein Streit folgt, welcher dazu führt, dass beide getrennte Wege gehen. So auch die Rede des Erhabenen: {*So sind sie eben nur in Opposition geraten*} (*Al-Baqara*: 137).

2.4. Zulässige und unzulässige Formen des iḫtilāf

Der göttliche Wille des erhabenen Schöpfers war es, die Menschen mit Verstand und klarer Vernunft sowie mit verschiedenen Sprachen, Hautfarben, Wahrnehmungen und Ideen zu erschaffen. All dies trägt zur Vielfalt bei, die sich in unterschiedlichsten Formen ausdrückt. Genauso wie die Verschiedenheit (*iḫtilāf*) unserer Sprachen, Hautfarben und Erscheinungen zu den Zeichen (*āyāt*) Gottes gehören, so gehört auch die Verschiedenheit unserer Ideen und deren Ergebnis zu den Zeichen des erhabenen Gottes. Dies sind Zeichen Seiner allmächtigen Schöpferkraft. Die Gestaltung der Welt, die Schönheit des Daseins und die Möglichkeit, leben zu können; nichts davon wäre gegeben, wenn die Menschen in jeder Hinsicht identisch wären. Einem jeden fällt das leicht, wozu er geschaffen ist: *{Und hätte dein Herr es gewollt, so hätte Er die Menschen alle zu einer einzigen Gemeinschaft gemacht; doch sie wollten nicht davon ablassen, uneins zu sein. Ausgenommen davon sind jene, derer dein Herr Sich erbarmt hat, und dazu hat Er sie geschaffen} (Hūd: 118-119).*

Die Meinungsverschiedenheiten, die zwischen den Altvorderen der *umma* hervortraten und es immer noch tun, sind ein Teil dieses natürlichen Phänomens, vorausgesetzt, dass die Meinungsverschiedenheiten ihre Grenzen nicht überschreiten, und dass sie an die ethischen Normen (*ādāb*) gebunden werden, so sind sie eine positive Erscheinung mit großem Nutzen.

2.4.1. Einige Nutzen des zulässigen iḫtilāf

Wie erwähnt, sofern die Grenzen des *iḫtilāf* gewahrt bleiben und die Menschen sich an seine ethischen Regeln halten, entstehen folgende Nutzenaspekte:

a.) Wenn die Absichten aufrichtig sind, entwickelt sich ein Bewusstsein für verschiedenen Aspekte und Interpretationen möglicher Beweisaufnahmen.
b.) Die Meinungsverschiedenheit übt den Intellekt darin, seine geistige Vitalität zu generieren, und fördert die gegenseitige Befruchtung von Ideen. Es eröffnen sich weitere Möglichkeiten denkbarer Hypothesen, zu denen die verschiedenen Denker gelangen können.
c.) Bei der Problembewältigung bietet sich eine Vielzahl von Lösungen an, wobei man sich derer bedienen kann, die am günstigsten erscheint. Dies steht im Einklang mit der erleichternden Natur dieser Religion, die immer den Aspekt der Umsetzung ins tägliche Leben der Menschen berücksichtigt.

Diese und andere Vorteile können realisiert werden, wenn der *iḫtilāf* innerhalb seiner Grenzen bleibt und durch die ethischen Normen reguliert wird. Wenn diese Normen nicht eingehalten werden, wird es zu *ǧadal* und *šiqāq* kommen. Deren Auswirkungen haben ein negatives und böses Ende. Es entstehen Risse in der *umma*, wobei die bereits vorhandenen Fragmentierungen mehr als genug sind. Auf diese Weise gerät der *iḫtilāf* von einer konstruktiven zu einer destruktiven Kraft.

2.5. Kategorien des ḫilāf und seine Motive

Erstens: Ḫilāf aus niederen Beweggründen (*hawā*): *Ḫilāf* kann aus egoistischen Trieben hervorgehen, um psychologische Befriedigung zu erlangen oder persönliche Endzwecke zu erreichen. Sie kann ferner dem Wunsch entspringen, das eigene Verständnis, Wissen oder Klugheit zu vorzuführen. Diese Art des *ḫilāf* ist in all seinen Ausprägungen und Erscheinungsformen unzulässig. Denn niedere Gelüste unterdrücken den Sinn für die Wahrheit, und sie bringen nichts Gutes hervor. Sie verführten z.B. den Satan zum Unglauben.

Gott spricht: {*War es nicht so, dass jedes Mal, wenn euch ein Gesandter etwas überbrachte, was euren Neigungen nicht entsprach, ihr euch hochmütig verhieltet, indem ihr eine Gruppe der Lüge bezichtigt habt und andere erschlugt?*} (Al-Baqara: 87).

Die niederen Gelüste (*hawā.* pl. *ahwā'*) brachten viele Ungerechte vom Recht ab: {*Darum folgt nicht den persönlichen Neigungen, auf dass ihr gerecht handeln könnt*} (An-Nisā': 135). Niedre Gelüste führten zur Abweichung bei den Irregeleiteten: {*Sprich: „Ich folge euren niederen Gelüsten nicht; ich würde sonst wahrlich fehlgeleitet und wäre nicht unter den Rechtgeleiteten“*} (Al-An'ām: 56). Niedere Gelüste stehen dem Wissen entgegen und löschen es aus; sie bedecken die Wahrheit, fördern das Übel und leiten fehl: {*Und folge nicht deinen niederen Gelüsten, damit sie dich nicht vom Weg Gottes abirren lassen*} (*Ṣād*: 26), {*Und wenn die Wahrheit sich nach ihren persönlichen Neigungen gerichtet hätte; wahrlich, Himmel und Erde und [alle] ihre Bewohner, wären dem Unheil verfallen*} (*Mu'minūn*: 71), {*Viele führen wahrlich in ihrem Unverstand [andere] durch ihre Neigungen in die Irre*} (*Al-An'ām*: 119).

Die Ausprägungen niederer Gelüste sind vielfältig, und sie haben etliche Verzweigungen. In ihrer Gesamtheit lassen sie sich auf den Egoismus und den Narzissmus zurückführen. Diese niederen Gelüste bringen viele Verfehlungen und Abweichungen mit sich. Eine Person verfängt sich nicht in diesem Netz der Verfehlungen, ohne dass jede Untat und Abweichung eine gewisse Attraktivität auf sie ausübt, und so verweilt sie solange im Irrtum, bis das Wahre für sie falsch wird und das Falsche für sie wahr erscheint. Möge Gott davor Zuflucht gewähren! Einige Streitigkeiten zwischen den Gruppierungen, Sekten und den Anhängern unerlaubter Neuerungen (*bida'*) sind auf den Würgegriff dieser niederen Gelüste zurückzuführen. Durch Gottes Gnade und Fürsorge für seine Geschöpfe kann sich eine Person bewusst werden, wie sehr ihre Meinungen, Ideen und Überzeugungen auf niederen Gelüsten basieren, bevor sie sich völlig in ihren Fallstricken verfängt. Gott zündet die Lichter im Herzen an, so dass dem Menschen die Unwahrheiten dieser Meinungen, Ideen und Überzeugungen deutlich werden; ohnehin hatten sie [an sich] nie wirklichen Bestand gehabt. Vielmehr sind es Illusionen, die von den niederen Gelüsten und dem Ego ausgemalt und ausgeschmückt werden, wobei sie in Wirklichkeit abstoßend sind. Sie haben keinen Bestand außer in der Vorstellung derer, die davon geplagt sind.

Um herauszufinden, wie sehr sich niedere Gelüste auf die eigenen Anschauung auswirken, gibt es verschiedene Wege. Einige sind extern, andere verlaufen intern:

a.) Die externen Zugänge, um zu ermitteln, ob niedere Gelüste hinter der Anschauung stehen, sind im Hinblick auf Meinungsunterschiede all jene, die einer augenfälligen (*ṣarīḥ*) Aussage aus der Schrift oder der Sunna entgegengesetzt sind. Von einer Person, die von sich behauptet einen Sinn für Wahrheitsliebe zu haben, kann nicht erwartet werden, dass sie hinsichtlich einer Idee irrt, die dem Buch Gottes und der Tradition seines Propheten ﷺ widerspricht.

   Niedere Willkür hinter den Anschauungen lässt sich auch dann erkennen, wenn diese mit dem gesunden Menschenverstand kollidiert, den die Menschen als Maßstab akzeptieren. Dies sind beispielsweise Ansichten, die dazu auffordern, etwas anderes als Gott anzubeten, eine andere Normgebung als die *šari'a* zu legitimieren, Unzucht (*zinā*) für erlaubt zu erklären oder das Lügen zu loben, und die zur Verschwendung anstiften. Einer solchen Idee kann keine andere Quelle als eine niedre Neigung zugrunde liegen, und zu einer solchen ruft niemand anderes als ein böser Satan auf.

b.) Interne Zugänge, um [selbst] aufzudecken, ob eine eigene Stellungnahme auf niederen Neigungen beruht, werden nicht nur dadurch ermittelt, dass die Quellen der Idee reflektiert und ergründet wird, sondern auch dadurch, dass hinterfragt wird, *warum* eine [bestimmte] Idee angenommen und eine andere damit ausgeschlossen wird. Wie etwa beeinflussen die gegebenen Umstände eine Ideennahme? Und ändert sie sich, wenn sich die Umstände auch ändern? Gibt es irgendwelche Formen des Drucks, die einen Menschen zu einem bestimmten Kurs verleiten, ohne dass er es merkt? Schließlich ist die Idee selbst auf ihre Substanz hin zu analysieren. Wenn sie unsicher und instabil erscheint, unkontrolliert, je nach Gefühlslage zwischen Stärke und Schwäche schwankt, dann sei gewiss, dass es ein Resultat niederer Gelüste ist. Suche deine Zuflucht bei Gott, dem Hörenden und Allwissenden, und danke Ihm dafür, dass Er dich das Wahre erkennen ließ, bevor dich niederen Gelüste gefesselt hätten.

Zweitens, ein *ḫilāf* aus [reiner] Wahrheitsliebe: *ḫilāf* kann auch auftreten, ohne dass das Ego tatsächlich dahinter steht oder die niederen Gelüste Einfluss üben. Solcher *ḫilāf* wird durch Wahrheitsliebe motiviert, durch Wissen angespornt, durch den Verstand und vom Glauben (*imān*) eingefordert. So ist die Meinungsverschiedenheit der Glaubensanhänger zu Anhängern anderen Glaubens, den Polytheisten und Heuchlern [hinsichtlich des Glaubens selbst] obligatorisch und keinem gläubigen Muslim steht es zu, davon abzurücken oder zu deren Nivellierung aufzufordern. Diese Verschiedenheit bleibt durch den Glauben und die Wahrung der Wahrheit notwendig.

Gleiches gilt für die Meinungsverschiedenheit zwischen dem Muslim und den Anhängern anderer Weltanschauungen wie dem Judentum, Christentum, Atheismus, Polytheismus und dem Kommunismus. Allerdings sollte der Meinungsunterschied zwischen ihnen nicht verhindern, dass Hindernisse beim wechselseitigen Verständnis beseitigt werden, damit die Menschen scharenweise in die Religion Gottes eintreten können und aufhören zu einem anderen Glauben, dem Polytheismus, der Spalterei und Heuchelei, den schlechten Charaktereigenschaften, dem Atheismus, den unerlaubten Neuerungen oder der Förderung anderer schädlicher Überzeugungen aufzurufen.

Drittens, ein *ḫilāf* aus übertriebener Hin- und Her-Argumentiererei: Hier geht es um [typische] Positionen aus dem Bereich des Fallrechts (*furūʿ al-fiqh*), bei denen es nicht zur abschließenden Klärung zugunsten einer [abschließenden] Position kommt. Die wechselseitige Überlagerung von Rechtsmeinungen hat diverse Ursachen, zu denen wir später noch kommen werden. Beispielhaft für diese Kategorie ist der *iḫtilāf* in den Antworten der Gelehrten auf die Frage, ob der Zustand ritueller Reinheit (*wuḍūʾ*) durch eine blutende Wunde oder das Erbrechen aufgehoben wird. Weitere Beispiele sind Meinungsunterschiede in den Fragen, ob der Qurʾān beim rituellen Pflichtgebet (*ṣalāt*) hinter dem Imām mitrezitiert wird, ob vor der Rezitation der Eröffnenden (*al-fātiḥa*) mit der Erwähnung Gottes des Barmherzigen, des Allerbarmers (*basmala*), begonnen wird, oder ob das „*āmīn*" nach dem Gebet laut oder leise ausgesprochen wird. Solcherlei *iḫtilāf* kann irreführend sein, denn es ist hierbei möglich, dass sich niedere Gelüste im Gewand der Gottesfurcht (*taqwā*) zeigen, dass sich Vermutungen für Wissen ausgeben, Unwahrscheinliches sich über Wahrscheinliches erhebt und Abzuweisendes über Zulässiges. Solcherlei *iḫtilāf* ist unvermeidlich, wenn nicht auf vereinbarte Grundprinzipien des *iḫtilāf* und einer Ethik (*ādāb*), die ihn reguliert, zurückgegriffen wird. Anderenfalls käme es zu *šiqāq*, Streit und Schwäche sowie zum Abgleiten von der Stufe der Gottesfurcht in den Abgrund der niederen Gelüste. Die Schleusen des Chaos würden geöffnet, und der Satan würde erscheinen.

2.6. Über das Übel des iḫtilāf

Trotz dem bisher Gesagten, ist es so, dass die [früheren] Gelehrten von dem *iḫtilāf* und all seinen Ausdrucksformen gewarnt haben und betonten, dass dieser gemieden werden muss. Ibn Masʿūd, Gottes Wohlgefallen sei auf ihm, sagte: „*Der ḫilāf ist ein Übel.*“[94] Und as-Subkī, Gott möge sich seiner erbarmen, sagte:

> Wahrlich, Barmherzigkeit erfordert das Vermeiden des iḫtilāf. Denn Gott, der Erhabene, spricht: {*Aber sie waren sich uneinig (iḫtilāfū): Unter ihnen gab es manche, die glaubten und andere, die ungläubig waren*} (Al-Baqara: 253). Und so auch in der Sunna: 'Wahrlich, die Kinder Israels gingen an ihren vielen Fragerein und an ihrem iḫtilāf mit ihren Propheten zugrunde.'[95]

Verse und Überlieferungen gibt es in diesem [Sinne] viele. As-Subkī, Gott möge sich seiner erbarmen, hat in der [zuvor genannten] dritten Kategorie „*Ḫilāf* aus dem übertriebenen Hin- und Her-Argumentieren“ drei Arten differenziert:

> Der *iḫtilāf* ist dreierlei: Solche in den Grundlagen (*uṣūl*) und darauf wird im Qurʾān hingewiesen. Sie sind zweifellos eine unerlaubte Neuerung (*bidʿa*) und eine Irreführung (*ḍalāl*) ist. Der zweite betrifft das Abweichler-

---

94 Siehe: Ibn Qutayba: Taʾwīl Muḫtalaf al-Ḥadīṯ, S. 22; Al-ʿAwāsim min al-Qawāsim, S. 78; Al-Mahṣūl, 2/Qaf/1/480.

95 Der vollständige Ḥadīṯ wird von Abū Hurayra überliefert: „Lasst davon ab mich in dem zu befragen, was euch offen gelassen habe, denn diejenigen, die vor euch waren, gingen durch ihre [überflüssigen] Fragen und ihren iḫtilāf mit ihren Propheten zugrunde. Wenn ich euch etwas verbiete, davon haltet euch fern, und von dem, was ich euch aufgetragen habe, führt aus, so viel ihr vermöget.“ Überliefert bei Aḥmad in seinem Musnad und von Muslim, an-Nasāʾī und Ibn Māǧah.

> tum und die Kriegstreiberei, und er ist ebenfalls verboten (*ḥarām*), weil das Wohlergehen (*maṣlaḥa*) hierdurch verloren geht. Die dritte Sorte vollzieht sich im Fallrecht (*furū'*), also dem *iḫtilāf* bezüglich Erlaubtem (*ḥalāl*) und Verbotenem (*ḥarām*) und dergleichen.[96]

Er kommt dann zu der Schlussfolgerung, dass eine Einigung (*ittifāq*) in allen drei Bereichen besser ist als *iḫtilāf*. Er [d.h. as-Subkī], Gott möge sich seiner erbarmen, verwies auch auf die Einstellung von Ibn Ḥazm, der den *iḫtilāf* in diesen Bereichen ebenso missbilligte. Ibn Ḥazm sah im *iḫtilāf* keinerlei Form der Barmherzigkeit, vielmehr sah er in ihm in seiner Gänze eine Strafe.

Um den Schaden des *iḫtilāf* und seine Gefahr gut nachvollziehen zu können, genügt dass der Prophet Aaron (*Hārūn*), Gottes Heil sei auf ihm, den *iḫtilāf* als größte Gefahr überhaupt sah, gar noch gefährlicher als die Anbetung von Götzen. Als as-Sāmirī seinem Volk ein goldenes Kalb brachte und ihm sagte: *{Das ist euer Gott und der Gott Mose}* (*Ṭāhā*: 88), verharrte er still und wartete lieber auf die Rückkehr seines Bruders Moses (*Mūsā*), Gottes Heil sei auf ihm. Als Moses dann zurückkam und sah, wie das Volk das Kalb anbetete, wandte er sich mit scharfem Tadel seinem Bruder zu, der ihm entschuldigend antwortete: *{Oh Sohn meiner Mutter, pack mich nicht am Bart und nicht am Kopf. Ich fürchtete, du würdest sagen: „Du hast unter den Kindern Israels Zwietracht gestiftet und mein Wort nicht beachtet“}* (*Ṭāhā*: 94). Er entschuldigte sich also wegen seiner Sorge, dass sein Engreifen Spaltung und *iḫtilāf* unter seinem Volk hätte aufkommen lassen, und begründete so seine Unterlassung eines vehementen Eingriffs.

3. Iḫtilāf im Zeitalter des Gesandten ﷺ

Solch ein *iḫtilāf*, wie er zuvor erwähnt wurde, konnte sich zu Lebzeiten des Gesandten ﷺ nicht ereignen, denn der Gesandte Gottes ﷺ war in Übereinkunft aller die letzte Autorität, zu die jede Frage zurückgeführt wurde. Zu ihm wurden alle Auseinandersetzungen in jeder Sache zurückgebracht und er leitete sie [d.h. seine Anhänger] aus jeder Zwangslage heraus. Wenn die Gefährten (*ṣaḥāba*), Gottes Wohlgefallen

---

96 Siehe: Al-Ibhāğ [fī Šarḥ al-Mihāğ], 3/13.

sei auf ihnen, untereinander in einer Sache einen *iḫtilāf* hatten, so brachten sie ihn zu ihm ﷺ und er verdeutlichte ihnen die Wahrheit und machte ihnen den Weg zur Rechtleitung deutlich. Allein unter denjenigen, die sich weit weg von *al-Madīna l-munawwara* befanden, konnte ein *iḫtilāf* aufkommen. Unter ihnen kam es z.B. zu einem *iḫtilāf* bei der Auslegung (*tafsīr*) dessen, was sie vom Qur᾽ān oder von der Sunna des Gesandten ﷺ und ihrer Umsetzung in ihren jeweiligen Situationen wussten. Möglicherweise gab es auch manchmal keinen [autoritative] Aussage (*naṣṣ*), sodass durch ihre eigenen Rechtsfortbildungen (*iğtihād*) zu einem *iḫtilāf* kamen. Sobald jene [Gefährten] nach *al-Madīna* zurückkamen und den Gesandten ﷺ trafen, legten sie ihm ﷺ das vor, was sie von den ihnen bekannten Aussagen verstanden hatten oder wozu sie nach ihrer eigenen Rechtsfortbildung in einer Sachfrage gelangt waren. Wenn er ﷺ dann eines ihrer Urteile bekräftigte, wurde es für sie verbindlich, denn es wurde damit zu einem Teil seiner Sunna. Wenn er ihnen dabei das Richtige und Wahre verdeutlichte, waren sie mit seinem Urteil (*ḥukm*) zufrieden und sie befolgten es. Der *ḫilāf* wurde somit aufgehoben.

Einige solcher Begebenheiten sind die folgenden: Al-Buḫārī und Muslim überliefern, dass der Prophet ﷺ am Tag der „Aḥzab" sprach:

> Keiner von euch verrichtet das Nachmittagsgebet (*ʿaṣr*), außer in Banū Qurayẓa!" Als die Zeit für das Gebet anbrach und sie immer noch unterwegs waren, sagten einige: „Wir beten nicht, bevor wir ankommen!", und sie meinten damit Banū Qurayẓa. Die anderen sagten: „Doch, wir beten, denn dies war damit nicht gemeint!" Im Anschluss erwähnten sie den Vorfall dem Propheten ﷺ gegenüber, und er wies keinen unter ihnen zurecht.[97]

Aus dieser edlen Überlieferung wurde deutlich, dass die Gefährten in ihrem Verständnis über das korrekte Verrichten des Nachmittaggebets in zwei Lager geteilt waren: Eine Gruppe folgte der wörtlichen Bedeutung (*ẓāhir al-lafḍ*), der expliziten (*munāṭaq*) Deutung oder, wie die hanāfitischen *uṣūl*-Gelehrten sagen würden, der Ausdrücklichkeit des Textbe-

---

97 Siehe: Saḥīḥ al-Buḫārī in dem Kommentar von Fatḥ al-Bārī, 7/313; Iršād as-Sārī wa 'l-ʿĪny, 8/254; Matn al-Buḫārī, 5/47 im Kitāb al-Maġāzī; empfohlen wird das Nachschlagen im Kapitel über das Gebet bei Angst (ṣalātu 'l-ḫawf); Muslim im Kitāb aṣ-Ṣalat.

legs (*ʿibārat an-naṣṣ*). Die andere Gruppe leitete aus dem Textbeleg die Bedeutung (*maʿnā*) ab, die sie entnommen hatten. Der Fakt, dass der Gesandte Gottes ﷺ beide [Varianten] billigte, zeigt, dass beide Methoden und Positionen legitim sind.

Dem Muslim ist es somit möglich, sich sowohl nach der wörtlichen Bedeutung als auch nach den abgeleiteten Bedeutungen (*istinbāṭ*) eines Textbelegs zu richten. Niemand, der sich darum richtig bemüht, darf getadelt werden, wenn er für diese Art der Bemühung befähigt ist. Die zweite Gruppe der Gefährten (r) verstand es so, dass der Gesandte ﷺ sie dazu bewegen wollte, ihr Ziel schnell zu erreichen, nämlich schon zur Gebetszeit am Nachmittag. Daher gingen sie auch davon aus, dass das Verrichten des Gebets vor der Ankunft in Banū Qurayẓa nicht dem Befehl des Gesandten Gottes ﷺ widerspricht, solange das Gebet ihre Ankunft nicht verzögerte.

Es ist beunruhigend, zu erfahren, dass Ibn al-Qayyim (ra) über den *iḫtilāf* mancher Gelehrter berichtete, die versucht haben, zu zeigen, welche der beiden Gruppen sich besser verhielt. Einige sagten, es sei besser gewesen, das Gebet unterwegs zu verrichten, denn diese erlangten den Vorzug des Gebets zum Anbruch seiner Zeit, und das Verrichten des Gebets zu seiner Zeit wurde ebenso vom Gesandten Gottes ﷺ aufgetragen. Andere sagten, es sei besser gewesen, es zu verzögern und es in Banū Qurayẓa zu verrichten.[98]

Ich meine jedoch, dass, nachdem der Gesandte Gottes ﷺ selbst gegen keine der beiden Gruppen etwas einwandte, es den Rechtsgelehrten (*fuqahāʾ*), Gott möge sich ihrer erbarmen, obliegt, diese Tatsache als eine Sunna des Gesandten Gottes ﷺ anzunehmen, ohne sich in eine Sache zu verwickeln, derer er ﷺ sich entledigt hat.

Ein ähnliches Beispiel ist die Überlieferung von Abū Dāwūd und al-Ḥākim über den Ḥadīṯ des ʿAmr b. al-ʿĀṣ, der sagte:

> In einer kalten Nacht während der Schlacht von Ḏāt as-Salāsil,[99] hatte ich einen feuchten Traum. Ich fürchtete, dass ich sterben würde, wenn ich eine rituelle Ganzkörperwaschung (*ġusl*) vornehme. Also habe ich die rituelle Waschung mit der Erde vollzogen (*tayammum*) und ich betete am Morgen

---

98 Ibn al-Qayyim in seinem Buch Iʿlām al-Muwaqqiʿīn.

99 Ein Ort an der syrischen Küste.

mit meinen Gefährten [als Imām vor]. Dies wurde dem Propheten ﷺ gegenüber erwähnt, und er fragte: 'Oh ʿAmr, hast du etwa mit deinem Gefährten gebetet, während du in einem Zustand größerer ritueller Unreinheit (*ǧunub*) warst?' Dann erwähnte ich {*Und tötet euch nicht selbst. Gott ist gewiss barmherzig mit euch*} (An-Nisāʾ: 29). Da lachte der Gesandte ﷺ und sagte nichts.[100]

3.1. Die Arten der Deutung (taʾwīl)

An dieser Stelle ist es nicht sinnvoll, auf alles einzugehen, worüber die Gefährten zur Zeit des Gesandten ﷺ und nach ihm einen *iḫtilāf* hatten. Außerdem werden wir nicht auf jedes Detail eingehen, zu dem die einen dem Wortlaut und die anderen einer Reflexion seiner Bedeutung und der sich vielen daraus ergebenen Interpretationsmöglichkeiten nachgingen. Dies wäre ein langwieriges Unterfangen, das den Rahmen dieses Werkes sprengen und viele Bände füllen würde. Die Gefährten (r) haben all diese Geschehnisse verstanden und wussten, dass die Religion Leichtigkeit (*yusr*) mit sich bringt und dass die Gesetze beiden Ansätzen und Methoden gegenüber offen genug sind…

Kompetente Rechtsfortbilder (*muǧtahidūn*) und qualifizierte Juristen (*fuqahāʾ*) sind mühsam darum bestrebt, die allgemeinen Prinzipien der Offenbarungsordnung (*šariʿa*) heraus zu stellen und ihre Zwecke (*maqāsid*) zu ermitteln. Manchmal nehmen sie die wortwörtliche Bedeutung der Texte an, und manchmal ist es das, was hinter der wortwörtlichen [Bedeutung] steht. Dies wird Deutung (*taʾwīl*) genannt. Und es erscheint angebracht [an dieser Stelle], die verschiedenen Arten der Deutung und ihre Bedingungen näher zu beleuchten.

3.1.1. Deutung klar nahe liegender Art (taʾwīl qarīb)

Wenn die Bedeutung dem Text leicht entnommen werden kann, dann ist dies eine offensichtliche Deutung. So entspricht die Spende aus der Waisenkasse an andere als an die Waisen, oder die Verschwendung der Spende, „*ihrem Verzehr*", und all dies ist gleichsam verboten, wie aus

---

100 Siehe: Sunan von Abū Dāwūd, Ḥadīṯ 334; Saḥīḥ al-Buḫārī in dem Kommentar von Fatḥ al-Bārī, 1/385; Nayl al-Awṭār, 1/423.

dem Qur'ān hervorgeht: {*Wahrlich, diejenigen, die der Waisen Gut ungerecht aufzehren, die zehren [in Wirklichkeit] Feuer in ihre Bäuche auf...*} (*An-Nisā'*: 10). Ein weiteres Beispiel ist die Erachtung des Urinierens in ein Gefäß und das Schütten [des Inhalts] in abgestandenes Wasser als gleichbedeutend mit dem direkten Urinieren in das Wasser. Der Gesandte ﷺ hat dies untersagt: „*Keiner von euch darf in abgestandenes Wasser urinieren, und sich dann damit waschen.*"[101] Beides wird gleichermaßen als Verschmutzung betrachtet.

3.1.2. Deutung schwer zu erfassender Art (ta'wīl ba'īd)

Hierbei ist ein höheres Maß an Nachdenken über die Substanz des Textes gefordert, um ihn auszulegen. Beispielhaft ist die Ableitung (*istinbāṭ*) von Ibn 'Abbās (r) aus den folgenden Versen, die besagen sollen, dass die Mindestdauer des Austragens bei der Schwangerschaft sechs Monate beträgt: {*Und ihn zu tragen und ihn zu entwöhnen, erfordert dreißig Monate*} (*Al-Aḥqāf*: 10) im Zusammenhang mit: {*Und die Mütter stillen ihre Kinder zwei volle Jahre. [Das gilt] für die, die das Stillen vollenden wollen*} (*Al-Baqara*: 233).

Ein weiteres Beispiel für eine solche Deutung ist die Beweisführung von Imām aš-Šāfi'ī aus dem folgenden Koranvers, dass der Konsens (*iǧmā'*) als Grundlage für ein Urteil gültig ist: {*Wer aber dem Gesandten entgegenwirkt, nachdem die Rechtleitung klar geworden ist, und einem anderen Weg als dem der Gläubigen folgt, werden Wir dem zukehren, dem er sich zugekehrt hat, und ihn der Hölle aussetzen, und (wie) böse ist der Ausgang*} (An-Nisā': 115).

In gleicher Weise haben die *uṣūl*-Gelehrten aus dem Wort Gottes: {*So zieht die Lehre daraus, oh, die ihr Einsicht besitzt*} (Al-Ḥašr: 2) den Schluss gezogen, dass die Analogie (*qiyās*) als eine rechtliche Beweisquelle anzusehen ist.

Solche Schlusszüge, auch wenn sie leicht erscheinen mögen, ergeben sich nicht ohne intensives Nachdenken, scharfes Hinsehen und sehr viel kritische Forschung. Den meisten Menschen fällt dies nicht leicht.

101 Überliefert bei Buḫārī und Muslim laut Ǧāmi' aṣ-Ṣaġīr, 2/501; ebenso überliefert bei Abū Dawūd, an-Nasā'ī, Aḥmad, at-Tirmiḏī und Ibn Māǧah laut Fatḥ al-Kabīr, 3/302.

3.1.3. Deutung fern liegender Art (ta'wīl mustab'ad)

Hierzu gehören Deutungen, die nicht dem Wortlaut des Texts an sich entnommen werden können, sodass für sie keine [anerkannte] Art von Hinweis vorliegt. Dies gilt z.B. für die Deutung mancher aus dem Wort des erhabenen Gottes: {*Und als Wegzeichen. Und mit Hilfe der Sterne werden sie geleitet*} (*An-Naḥl*: 16), und ihrer Erklärung, hier sei mit „Stern" der Gesandte ﷺ gemeint und mit „Wegzeichen" die Imāme. Oder des erhabenen Gotteswort: {*Aber die Zeichen und die Warnungen werden den Leuten, die nicht glauben, nicht nützen*} (*Yūnus*: 101) mit der Erklärung ausgelegt, dass mit „*Zeichen*" die Imāme und mit „*Warnungen*" die Propheten gemeint seien. Andere wiederum legten das Gotteswort: {*Wonach fragen sie sich? Nach der gewaltigen Kunde*} (*An-Naba'*: 1-2) mit dem Imām ʿAlī, Gottes Wohlgefallen auf ihm, aus und interpretieren, dass er „*die gewaltige Kunde*" sei.[102]

3.2. Die Grundregeln der Deutung

Hiernach wird klar, dass die Deutung neben dem Vermögen über ein tiefes Nachdenken auch eines hinführenden Indikators bedarf. Andernfalls ist es sicherer, der wortwörtlichen Bedeutung zu folgen. Eine Deutung ist nur in den Bereichen neuer Rechtsfindung (*umūr iǧtihadiyya*) gestattet; in Glaubensfragen (*ʿaqīda*) hingegen ist dafür kein Raum. Hier ist es notwendig, dem genauen Wortlaut zu folgen und die offensichtliche Bedeutung anzunehmen, die durch den Text vorgegeben ist. Dies ist immer der sicherste Weg, und es ist der Standpunkt der Altvorderen (*salaf*), Gottes Wohlgefallen sei auf ihnen.

Wenn es hingegen einer Deutung bedarf, ist eine Analyse von Text und Kontext unerlässlich, bei der alle relevanten sprachlichen Bedeutungen berücksichtigt werden und die von den Zwecken (*maqāṣid*) der *šarīʿa* gestützt und deren Prinzipien und Disziplinen getragen wird. Deshalb gehört das Urteil, sei es nach der expliziten Bedeutung des Textes oder nach der Analyse um das darin enthaltene Prinzip, zu den wichtigsten Arten der juristischen Rechtsfindung (*al-iǧtihād al-fiqhī*) und der

---

102 Siehe: Usūl al-Kāfī, 1/216.

gesetzlichen Einordnung, die nach der erhabenen Rede geboten sind: *{So zieht die Lehre daraus, oh die ihr Einsicht besitzt}* (*Al-Ḥašr*: 2).

Ibn ʿAbbās, Gottes Wohlgefallen sei auf ihm und seinem Vater, erwähnte in seiner Erklärung über die Regeln und Bedingungen der Exegese (*tafsīr*) vier Gesichtspunkte:

- das Verständnis der Araber für ihre Rede
- das nicht durch Unwissenheit zu Entschuldigende
- das unter Gelehrten allgemein Bekannte
- das allein Gott bekannte

Daraus lässt sich nun erkennen, dass es eine enge Verbindung zwischen der Exegese (*tafsīr*) und der Deutung (*taʾwīl*) gibt. In vielen Versen des weisen Gesetzgebers werden sie synonym gebraucht. So etwa in: {*Aber niemand kennt ihre Deutung (taʾwīl) außer Gott. Und diejenigen, die im Wissen fest gegründet sind, sagen „Wir glauben daran*"} (*Āli ʿImrān*: 7).

Die meisten Exegeten sind der Ansicht, dass „Deutung" (*taʾwīl*) hier mit „Exegese" (*tafsīr*) und „Erläuterung" (*bayān*) umschrieben wird. Zu ihnen gehört auch aṭ-Ṭabarī, der dies auf Ibn ʿAbbās (r) und andere Altvordere zurückführt und überliefert.

Ebenso verhält es sich mit dem Gebet des Gesandten صلى الله عليه وسلم für Ibn ʿAbbās (r): *„Oh Gott, gib ihm tiefes Verständnis (fiqh) in der Religion und lehre ihn die Deutung (taʾwīl)*", indem er *„taʾwīl*" für *„tafsīr*" und *„bayān*" benutzt. Einige Gelehrte wie ar-Rāġib al-Isfahānī sagen, dass *tafsīr* allgemeiner ist als *taʾwīl*. Er weist in seinem *Mufradāt* darauf hin, dass *tafsīr* meist benutzt wird, wenn es um die Erklärung und Erläuterung von Begriffen geht, wohingegen *taʾwīl* meistens für ganze Bedeutungen und Sätze verwendet wird. Weiterhin verweist er auch darauf, dass *taʾwīl* größtenteils für die Gewinnung von Bedeutungen aus den beiden Quellen, Qurʾān und Sunna, verwendet wird, während *tafsīr* auch für andere Texte gebraucht wird.

Diese enge Verbindung zwischen den beiden Begriffen in Bezug auf Qurʾān und Sunna könnte es uns ermöglichen, die Regeln des *tafsīr*, die von Spezialisten entwickelt wurden, auch für den *taʾwīl* zu verwenden. Es gibt keinen Zweifel daran, dass im Qurʾān Dinge erwähnt werden, deren Wissen Gott allein vorbehalten ist, z.B. das wahre Wissen über die Namen und Eigenschaften, über Details des Verborgenen (*al-ġayb*) und dergleichen… Es gibt auch andere Dinge, welche Er seinem Propheten ﷺ offenbarte und die für ihn speziell gedacht sind. Niemandem steht es zu, in diesen Dingen *tafsīr* oder *ta'wīl* zu betreiben. Die Grenzen dessen, was zu behandeln ist, befinden sich im Rahmen [der Inhalte] von Qur'ān und Sunna.

Es gibt noch eine dritte Themenkategorie, die mit Wissenschaften zusammenhängt, die Gott den Propheten ﷺ gelehrt hat, und die Er ihm geboten hat, sie weiter zu lehren. Diese Kategorie umfasst zwei Arten: Die erste besteht aus einer Wissenschaft, die keine Vertiefung erlaubt außer durch das Hören von Überlieferungen, z.B. die Offenbarungsanlässe (*sabab an-nuzūl*), Abrogierendes und Abrogiertes (*an-nāsiḫ wa'l-mansūḫ*) und anderes. Die zweite Kategorie betrifft alles, was aus Einsicht und Beweisführung hervorgeht. Auch diesbezüglich sind die Spezialisten in zwei Lager geteilt: Eine Gruppe hatte Meinungsverschiedenheiten über die Zulässigkeit eines *ta'wīl* in den Namen und Eigenschaften Gottes. Die Position der Altvorderen war, dass dies nicht gestattet sei, und diese Position ist richtig. Die zweite Gruppe war sich einig, dass es erlaubt sei und dass dies die Ableitung von Gesetzesurteilen aus den einzelnen Indikatoren beinhaltet. Dies wurde „*al-fiqh*" genannt.

Die Gelehrten haben für *ta'wīl* und *tafsīr* gewisse Voraussetzungen definiert, nämlich

1.) dass sie keine nach den Grundregeln der sprachlichen Rede und der Verwendungspraxis der Araber explizite Aussage aufheben
2.) keinem qur'ānischen Text widersprechen
3.) keinem Prinzip widersprechen, das vom Konsens der Gelehrten und der Imāme getragen ist
4.) dass es notwendig ist, den Zweck eines Textes hinsichtlich der Offenbarungsanlässe zu berücksichtigen

Die falschen und unhaltbaren Arten des *ta'wīl* können wie folgt aufgelistet werden:

1.) *ta'wīl* und *tafsīr* durch Personen, die dafür nicht kompetent genug sind, und weder über eine ausreichende Kenntnis des Arabischen und der Grammatik verfügen, noch für sonst eine andere Notwendigkeit des *ta'wīl* qualifiziert sind

2.) *ta'wīl* der mehrdeutigen Verse des Korans (*al-mutašābihāt*) ohne eine korrekte Überlieferungskette
3.) *ta'wīl*, dessen Natur Übel verbreitende Methodologien hervorruft und die den expliziten Aussagen der Schrift und der Sunna sowie dem Konsens der Muslime widersprechen
4.) *ta'wīl*, der den Zweck des Gesetzgebers ohne jeglichen Beweis angibt
5.) *ta'wīl*, der auf niedren Gelüsten (*hawā*) beruht, wie den der Baṭiniyya und anderer [Sekten].

All diese Formen des ta'wīl sind unzulässig und fallen unter die zuvor erwähnte Rubrik der „Deutung fern liegender Art" (*ta'wīl mustab'ad*).

3.3. Die Rechtsneufinder unter den Gefährten

In Anbetracht der Bedeutsamkeit der Rechtsneufindung (*iǧtihād*) und ihrer Gefahren sowie ihrer Konsequenzen wurde sie unter den Gefährten des Gesandten ﷺ nur von denjenigen ausgeübt, die dazu imstande waren. Wenn es jemand anderes praktizierte und sich dabei irrte, tadelte es der Gesandte ﷺ.

Abū Dawūd und ad-Dāraquṭnī überliefern von Ǧābir, dass dieser sagte:

> Wir waren auf einer Reise unterwegs, bei der sich ein Mann unter uns durch einen Stein am Kopf verletzte und dann später einen feuchten Traum hatte. Er fragte seine Gefährten, ob es ihm ausnahmsweise erlaubt sei, seine rituelle Reinheit durch Erde (*tayammum*) wiederherzustellen. Sie antworteten: 'Wir finden, dass du keine Ausnahmeregelung brauchst und dass es dir möglich ist, dich mit Wasser zu waschen'. So wusch er sich und starb daran. Als wir vor den Gesandten ﷺ traten, wurde ihm davon berichtet. Er ﷺ sagte darauf: 'Sie haben ihn getötet, möge Gott sie töten! Warum fragen sie denn nicht, wenn sie es nicht wissen? Für diejenigen, die nicht wissen, liegt die Heilung im Fragen. Es hätte ihm genügt, sich mit Erde rituell zu reinigen und sich mit einem Lappen – und hieran zweifelte der Überlieferer – eine Kompression oder einen Verband anzulegen und dann darüber zu streichen und den restlichen Körper mit Wasser zu waschen...[103]

---

103 Siehe: Abu Dawūd, Sunan, Ḥadīṯ 336; auch übermittelt durch Ibn Māǧah, Ḥadīṯ 572 und verifiziert von Ibn as-Sukn, siehe Nayl al-Awṭār, 1/323.

Der Gesandte hat hier diejenigen Gefährten nicht entschuldigt, die eine Rechtsprechung (*fatwā*) gegeben haben. Stattdessen verwies er sie scharf für die Erstellung einer rechtsverbindlichen Entscheidung ohne Wissen. Er betrachtete sie als Mörder ihres Bruders im Glauben. Darüber hinaus machte er deutlich, dass es denjenigen, die wie sie unwissend und unbeholfen waren, zu fragen obliegt, anstatt eilig ein Urteil zu geben. Das, worauf der Gesandte ﷺ hinwies, entspricht dem gewaltigen Qur᾿ān, in dem es heißt: {*So fragt die Leute der Ermahnung, wenn ihr etwas nicht wisst*} (*An-Naḥl*: 43).

Imām Aḥmad, al-Buḫārī, Muslim, an-Nasā᾿ī, Abū Dawūd und aṭ-Ṭabarī überliefern von Usāma b. Zayd, dass dieser sagte:

> Der Gesandte Gottes ﷺ schickte uns auf eine militärische Expedition, und wir gerieten unter Beschuss durch [den Stamm] Ǧuhayna. Ich erwischte einen von ihnen, und dieser sagte dann: 'Es gibt keine Gottheit außer einen Gott', aber ich erstach ihn. Dies beunruhigte mich sehr, und ich hatte es gegenüber dem Gesandten ﷺ erwähnt. Da sagte der Gesandte ﷺ: 'Sagte er 'Es gibt keine Gottheit außer einen Gott' und du hast ihn getötet!? Ich sagte: 'Oh Gesandter Gottes, er sagte es nur aus Angst vor der Waffe!' Er sagte: 'Hast du etwa sein Herz geöffnet, um zu wissen ob er dies aus diesem Grund gesagt hat oder nicht? Wer wird auf deiner Seite stehen am Tag des Jüngsten Gerichts gegen [seine Aussage] 'Es gibt keine Gottheit außer einen Gott'?' Und er hörte nicht auf, dies zu wiederholen, bis ich mir wünschte, bis vor diesem Tag kein Muslim gewesen zu sein.“[104]

In der ersten Überlieferung missbilligte der Gesandte ﷺ das Urteil der Gefährten, welches sie auf Grundlage allgemeiner Bestimmungen des obligatorischen Verwendens von Wasser und unter Außerachtlassung seiner spezifischen Situation erhoben. Dabei haben sie nicht das Wort Gottes beachtet: {*Und wenn ihr krank seid oder auf einer Reise oder jemand von euch von der Notdurft zurückkommt oder wenn ihr Frauen berührt habt und kein Wasser findet, so wendet euch dem guten Erdboden zu und streicht euch damit über das Gesicht und die Hände. Gott will euch keine Bedrängnis auferlegen, sondern Er will euch reinigen*} (Al-Ma᾿ida: 6).

Doch sie fragten nicht, und sie waren nicht Leute von Kenntnis. Bei der Überlieferung des Usāma, so scheint es, als ob er, Gottes Wohlgefal-

---

104 Es wurde in verschiedenen Versionen überliefert, siehe al-Buḫārī, 7/398.

len sei auf ihm, aus seinem Verständnis des folgenden Verses handelte: {... *Aber nicht mehr nützen konnte ihnen ihr Glaube, als sie Unsere Gewalt sagen* ...} (*Ġāfir*: 85). Er betrachtete diesen Vers so, als würde er den Nutzen sowohl im Dies- wie auch im Jenseits verneinen, und als ob er allgemein für beides und nicht speziell für das Jenseits gelte. So scheint die wörtliche Bedeutung dieses edlen Verses zu sein, und vielleicht ist dies auch der Grund, warum der Gesandte ﷺ ihn [d.h. Usāma] so heftig dafür kritisierte.

Dies waren Beispiele aus den Rechtsurteilen der Gefährten, die der Gesandte ﷺ nicht bekräftigte.[105] Die Menschen suchten bei ihm ﷺ um Urteile in den Ereignissen, die sie durchlebten, und er gab sie ihnen, und die Angelegenheiten wurden ihm vorgetragen, und er regelte sie.[106] Wenn er etwas Gutes sah, dann erklärte er es für gut und lobte ihre Macher. Sah er etwas Verwerfliches, dann missbilligte er es. Die Gefährten (r) lernten daraus und berichteten untereinander davon, und so wurde es verbreitet. Manchmal hatten sie verschiedene Ansichten, doch sie diskutierten sachlich darüber und ließen weder Streit, Zwiespalt (*šiqāq*) noch wechselseitige böse Anschuldigungen zu. Dies war so, weil sie immer wieder zum Buch Gottes und dem Gesandten ﷺ zurückkamen. Jedem Meinungsunterschied (*ḫilāf*) bereiteten sie ein Ende, ohne dass eine Spur der Verstimmung übrig blieb, die das Band der Geschwisterlichkeit unter ihnen schwächte.

3.4. Die Warnung des Propheten und seiner Gefährten vor dem iḫtilāf

Der Gesandte ﷺ war sich dessen bewusst, dass das Fortbestehen dieser *umma* an die Geschlossenheit der Herzen geknüpft ist, die in der Liebe zu Gott zusammengekommen waren, und dass ihr Ende in der Zerrissenheit der Herzen liegt. Daher warnte er davor, dass zu seiner Zeit ein *ḫilāf* aufkommt: „*Seid nicht uneinig, damit Zwietracht sich nicht in eure Herzen findet*" (*la-taḫtalifū fa taḫtalifa Qulūbukum*).[107] Die edlen Gefährten (r) sahen, dass nichts Gutes im *ḫilāf* liegt, sowie es aus

---

105 Ibn Ḥazm hat eine ganze Reihe von Urteilen aufgezeichnet, die nicht vom Gesandten ﷺ bestätigt wurden. Siehe: Al-Iḥkām, 6/84-5 und 2/126-7.

106 Siehe: Ḥuǧǧatullāh al-bāliġa, 1/298.

107 Siehe: Ǧāmiʿ aṣ-Ṣaġīr, 2/494.

der Aussage von Ibn Masʿūd (r) hervorgeht: *„Der ḫilāf ist ein Übel.*“ Daher erstickte der Gesandte ﷺ jeden [üblen] *ḫilāf* im Keim, bevor er sich weiter entwickelte. Über ʿAbdullāh b. ʿUmar wird überliefert, dass er berichtete:

> Eines Tages ging ich zum Gesandten ﷺ während der Mittagsruhe. [Als ich dort war], hörte er die Stimme zweier Männer, die über einen Vers miteinander stritten. Dann ging der Gesandte ﷺ hinaus, und in seinem Gesicht war Wut zu erkennen. Dann sagte er ﷺ: 'Wahrlich, diejenigen, die vor euch waren, gingen an ihren Meinungsunterschieden über die Schrift zugrunde.'[108]

Und von an-Nazzāl b. Sabra wird überliefert, dass er sagte:

> Ich hörte ʿAbdullāh b. Masʿūd sagen: 'Ich hörte einen Mann einen Vers rezitieren, den ich beim Gesandten ﷺ anders gehört hatte. Also nahm ich ihn bei der Hand und führte ihn zum Gesandten ﷺ, welcher dann sagte: 'Beide haben gut gehandelt'.

Šuʿba sagte:

> Ich glaube, er ﷺ sagte [ferner]: 'Verstrickt euch nicht in Meinungsverschiedenheiten, denn diejenigen, die vor euch waren, verstrickten sich in Meinungsverschiedenheiten und gingen zugrunde.'[109]

Hier lehrte der Gesandte ﷺ die Gefährten und diejenigen, die nach ihnen kommen, die schlimmen Folgen des *iḫtilāf* und warnte sie davor. Der Gesandte ﷺ pflegte, auch den Gefährten (r) die wichtige Ethik vom Umgang mit *iḫtilāf* zu lehren, besonders bei der Rezitation des Qurʾān. Laut einer authentischen Überlieferung sagte er ihnen: *Lest den Qurʾān, solange eure Herzen vereint sind, doch wenn es zu einem iḫtilāf kommt, dann hört auf!*.[110] Im Falle von Meinungsverschiedenheiten über die verschiedenen Arten der Rezitation oder über die beabsichtigte Bedeutung eines seiner Verse forderte der Gesandte ﷺ sie auf, sich vom Qurʾān zu entfernen, solange bis die Gemüter sich beruhigen und die

---

108 Siehe: Al-Iḥkām fi Uṣūl al-Aḥkām von Ibn Ḥazm, 5/66.

109 Siehe: Al-Iḥkām fi Uṣūl al-Aḥkām von Ibn Ḥazm, und siehe bei al-Buḫārī im Kapitel „Von der Abscheulichkeit des Iḫtilāf“ 13/289, und im Kapitel „Die Herabsendung des Qurʾān in sieben Lesearten“, 9/22-36.

110 Überliefert von al-Buḫārī, Muslim, von Aḥmad im Musnad, An-Nasāʾī im Ǧāmiʿ aṣ-Ṣaġīr, 1/86; Fatḥ al-Kabīr, 1/218.

erbitterte Argumentation erlischt, die zu Streitereien und Zwietracht (*šiqāq*) führt. Wenn aber die Herzen vereint sind und der aufrichtige Wunsch nach dem Verstehen obsiegt, können sie mit der Lesung fortfahren und über die Verse der Schrift nachdenken und reflektieren.

Auch der edle Qur᾽ān selbst ermahnte die Gefährten, sich manchmal auf die Verhaltensethik des *iḫtilāf* zu besinnen, wenn er unter ihnen aufgetreten sein sollte. Über ʿAbdullāh b. Zubayr wird berichtet, dass er sagte:

> Die beiden Auserwählten hätten sich fast selbst ruiniert – Abū Bakr und ʿUmar, Gottes Wohlgefallen sei auf ihnen beiden. Sie erhoben ihre Stimme, während sie beim Propheten ﷺ waren, als eine Delegation der Banū Tamīm zu ihnen kam. Einer der beiden empfahl ᾽Arqaʿ b. Ḥābis [als Leiter der Delegation], während der andere auf Al-Qaʿqāʿ b. Maʿbad b. Zarāra verwies. Darauf sagte Abū Bakr zu ʿUmar: 'Du willst mir bloß widersprechen' und ʿUmar antwortete: 'Ich wollte dir nicht bloß widersprechen', und ihre Stimmen wurden dabei immer lauter. Da sandte Gott folgenden Vers herab: {*Oh, die ihr glaubt, erhebt eure Stimme nicht über die Stimme des Propheten ...*} (Al-Ḥuǧurāt: 2).“ Ibn Zubayr sagte: „Nach diesem Tag hat ʿUmar niemals mehr den Gesandten ﷺ etwas hören lassen, ohne dass dieser ihn gebeten hätte, seine Stimme zu erhöhen.[111]

3.5. *Auffallende Merkmale der Ethik des iḫtilāf im prophetischen Zeitalter*

Im Hinblick auf das bisher Dargelegte können wir die Merkmale der „*Verhaltensethik des iḫtilāf*“ in dieser Epoche wie folgt zusammenfassen:

1.) Die Gefährten (r) versuchten, so weit wie möglich einen *iḫtilāf* zu vermeiden. Sie warfen nicht viele Diskussionen über Fallfragen (*farʿiyyāt*) auf, sondern behandelten alle Vorfälle mit prophetischer Aufsicht. In aller Regel führte diese Art des Umgangs dazu, dass nicht viel Spielraum für Dispute gegeben wurde, geschweige denn für Streit oder Zwietracht.
2.) Kam es doch zu einem *iḫtilāf* trotz der Versuche, ihn zu vermeiden, führten sie die Streitfrage schnell auf das Buch Gottes und den Gesandten ﷺ zurück, so dass kein *ḫilāf* aufkeimte.

---

111 Überliefert bei al-Buḫārī, siehe Fatḥ al-Bārī, 8/66,454 und 13/235.

3.) Das Urteil Gottes und Seines Gesandten ﷺ wurde bereitwillig und schnell akzeptiert, und sie zeigten dahingehend vollständigen Gehorsam.
4.) Der Gesandte ﷺ zeigte in vielen Fällen, die offen für Deutungen waren, das Richtige auf. Alle trugen die Einstellung, dass die Meinung ihrer Brüder ebenso richtig sein könnte, wie sie es von ihrer eigenen vermuteten. Diese Einstellung sorgte dafür, dass der gegenseitige Respekt gewahrt wurde und dass eine Engstirnigkeit in Bezug auf die eigene Meinung ausblieb.
5.) Das Sich-Verpflichten zur Gottesfurcht und die Ablehnung niederer Gelüste, um die Wahrheit als einziges Anliegen des *iḫtilāf* gelten zu lassen. Es spielte keine Rolle, ob die Wahrheit durch den eigenen Mund oder durch den Mund eines Bruders kam.
6.) Das Einhalten der islamischen Ethik durch eine höfliche und freundliche Sprache und das Vermeiden von verletzenden Worten. Und dabei war jeder bereit, dem anderen aufmerksam zuzuhören.
7.) Schmeichelei vermieden sie so weit wie nur möglich. Sie investierten großes Maß an Anstrengung, um ein Problem sachlich gerecht zu untersuchen. Jeder, der anderer Meinung war, wurde ernst genommen und respektiert und als Person durch sein Gegenüber akzeptiert. Die einem als besser erscheinende Position wurde stets in den Vordergrund gerückt.

Dies sind die auffälligsten Merkmale einer „*Verhaltensethik des iḫtilāf*“, die genannt werden können. Sie sind aus den *iḫtilāf*-Ereignissen herauskristallisiert, die sich im Zeitalter der Offenbarung zugetragen haben.

4. Iḫtilāf im Zeitalter der Gefährten

Einige muslimische Autoren haben im Laufe der Geschichte versucht, die Generation der Gefährten (r) und ihre Epoche in einer solchen Art und Weise zu beschreiben, dass die Allgemeinheit zu der Ansicht gelangt, dass diese Generation nicht bloß einzigartig ist, sondern auch unnachahmlich. Und dies ist ein Affront gegen den Islam, der nicht weniger schwerwiegend ist als die Behauptung dieser Irregeleiteten, dass die Erneuerung des Lebens im Lichte der Schrift Gottes und der Sunna Seines Gesandten ﷺ nach der Epoche der Gefährten (r) ein unmögliches

Wagnis darstelle. Alles Streben danach sei daher sinnlos. Auf diese Weise entziehen sie den Menschen, die sich ein Leben im Lichte der bewahrenden *šarīʿa* weiterhin wünscht jegliche Hoffnung.

Die Gefährten (r) waren eine Gemeinschaft (*umma*), die durch das Buch Gottes und der Sunna Seines Gesandten ﷺ geformt wurde. Beide Quellen stehen uns zur Verfügung, und sie beide sind nach wie vor in der Lage, zu jeder Zeit und an jedem Ort eine gottgewidmete Gemeinschaft (*umma rabbāniyya*) zu bilden, sofern sie als Methode (*manhaǧ*) und Weg genommen werden und mit ihnen in gleicher Weise umgegangen wird, wie es die Gefährten (r) zu tun pflegten. Diese Eigenschaft wird ihnen bis zum Jüngsten Tag eigen sein. Die Behauptung, eine solche Generation wie die erste könne nicht wieder aufgestellt werden, schreibt dem Buch Gottes und der Sunna Seines Gesandten ein gewisses Maß an Unvermögen zu. Dieser Versuch zielt auch darauf ab, dass ihre Wirkung auf das Leben der Menschen besonderen Umständen zu verdanken gewesen sei. Zu unserer Zeit seien diese Bedingungen jedoch durch neuere Lebensordnungen überwunden worden. Solcherlei Argumentationen führen letztlich zur offenen Ablehnung des Islam (*kufr*).

Die Gefährten des Gesandten ﷺ waren tatsächlich in vielen Dingen verschiedener Meinung. Wenn solch ein *iḫtilāf* selbst zur Zeit des Gesandten ﷺ aufkam, auch wenn er nicht länger andauerte, sobald er ihn ﷺ erreicht hatte, wie könnte es dann nur sein, dass sie nach ihm nicht mehr zu verschiedenen Meinungen finden? Sie waren wirklich verschiedener Meinungen, doch ihr *iḫtilāf* hatte berechtigte Gründe, und es umgab ihn eine Verhaltensethik. Zu den Dingen, in denen sie unterschiedlicher Meinungen waren, gehörten auch ganz wesentliche Fragen.

4.1 Nach dem Ableben des Gesandten ﷺ

Der erste *iḫtilāf* tauchte gleich nach dem Ableben des Gesandten auf, bei dem es um die Wirklichkeit seines ﷺ Ablebens ging. ʿUmar b. al-Ḫaṭṭāb (r) bestand darauf, dass der Gesandte ﷺ nicht gestorben sei. Er sah diese Nachricht als ein Gerücht der Heuchler, denen er drohte, sie dafür zu bestrafen. Also kam Abū Bakr und verlas den Menschen die Worte Gottes: {*Und Muḥammad ist nur ein Gesandter; all die [anderen] Gesandten sind vor ihm dahingegangen: Wenn er denn stirbt oder getötet wird, werdet ihr umkehren auf euren Fersen? Aber wer auf seinen Fersen umkehrt, der kann Gott in keiner Weise schaden – während Gott allen vergelten wird, die [Ihm] dankbar sind*} (Āli ʿImrān: 144), sowie auch: {*Doch, wahrlich, du wirst bestimmt sterben [oh Muḥammad], und, wahrlich, auch sie werden bestimmt sterben*} (Az-Zumar: 30).

Daraufhin fiel das Schwert aus ʿUmars Hand und er fiel zu Boden. Er erkannte den Abschied des Gesandten ﷺ und das Ende der Offenbarung an. Und über die Verse, die Abū Bakr vorgetragen hatte, sagte er: *„Bei Gott, es erscheint mir so, als hätte ich sie zuvor niemals gelesen gehabt.“*[112]

Ibn ʿAbbās (r) überliefert, dass ʿUmar b. al-Ḫaṭṭāb (r), als dieser im Amt des Kalifen (*ḫilāfa*) war, ihm sagte:

> „Oh Ibn ʿAbbās, weißt du, was mich zu meinen Aussagen bewog, als der Gesandte ﷺ von uns verschied?“ „Ich sagte: 'Ich weiß es nicht, oh Führer der Gläubigen, du weißt es besser'.“ „Er sagte dann: 'Bei Gott, was mich dazu bewog war, dass ich diesen Vers zu rezitieren pflegte: {*Und also haben wir gewollt, dass ihr eine Gemeinschaft des Mittelweges seid, auf dass ihr (mit eurem Leben) Zeugnis für die Wahrheit vor aller Menschheit geben würdet und dass der Gesandte Zeugnis dafür vor euch gegeben möge*} (Al-Baqara: 143).

Bei Gott, ich habe gedacht, dass der Gesandte ﷺ bei seiner Gemeinschaft verweilen wird, bis dass er Zeugnis über die letzten ihrer Taten ablegt. Dies bewog mich zu sagen, was ich sagte.'“[113] Es scheint so, dass er (r) aus diesen edlen Versen eine eigene Auslegung (*iǧtahada*) entwickelte und daraus verstand, dass dieses Zeugnis für das Diesseits gilt und dass dies wiederum die Präsenz des Gesandten ﷺ bis zum Ende der *umma* bedingt.

---

112 Siehe: Al-Iḥkām, 2/125; den Tafsīr von Ibn Kaṯīr, 4/52; Tafsīr von at-Ṭabarī, 24/302; Sīra von Ibn Hišām, 2/655.

113 Sīra von Ibn Hišām, 2/661-666; es wird auch überliefert, dass er sich ähnlich äußerte, als er Abū Bakr in der Moschee des Gesandten den Treueschwur (bayʿa) leistete.

4.2. Iḫtilāf über das Begräbnis des Gesandten ﷺ

Des Weiteren waren sie unterschiedlicher Meinung, was den Ort betraf, an dem der Gesandte ﷺ beerdigt werden sollte. Einer sagte: „*Wir sollten ihn in seiner Moschee begraben!*" Ein anderer meinte: „*Wir sollten ihn besser neben seinen Gefährten begraben!*" *Abū Bakr* (r) sagte dann: „*Ich hörte den Gesandten Gottes* ﷺ *sagen: 'Kein Prophet ist verstorben, ohne dass er dort begraben wurde, wo er starb.'*" Daraufhin wurde das Bett, auf dem der Prophet starb, hochgehoben, und es wurde für ihn ﷺ darunter gegraben.[114] Auch dies war eine entscheidende Frage, bei der es zu einem *iḫtilāf* gekommen war und der Meinungsunterschied wurde durch den einfachen Rückgriff auf die Schrift und die Sunna gelöst.

4.3. Iḫtilāf über die Nachfolge des Gesandten ﷺ

Dann hatten sie noch einen *iḫtilāf* darüber, wer von ihnen die Nachfolge (*ḫilāfa*) innehaben sollte. Sollte er aus den Reihen der mekkanischen Auswanderer (*Muhāǧirūn*) sein oder von den Helfern aus Medina (*Anṣār*)? Es gab auch einen *iḫtilāf* über die Natur des Nachfolgeamtes. Sollte es einer Person anvertraut werden oder mehreren? Sollten ihm die gleichen Vorrechte eingeräumt werden wie dem Gesandten Gottes ﷺ als Richter und Führer der Muslime oder sollte es eine andere und geringere Stellung einnehmen?

Ibn Isḥāq überliefert:

> Nachdem der Gesandte Gottes ﷺ verstarb, versammelte sich eine Gruppe von den Anṣār um Sa'd b. 'Ubāda in einem Lager [des Stamms] der Banū Sā'ida. 'Alī b. Abī Ṭālib, az-Zubayr b. 'Awām und Ṭalḥa b. 'Ubaydullāh versammelten sich im Haus von Fāṭima. Die restlichen Muhāǧirūn versammelten sich bei Abū Bakr, bei ihnen war auch Usayd b. Ḥuḏayr aus [dem Stamm] der Banū 'Abd al-Ašhal.[115]

Ein ungeheuerlicher Bürgerkrieg (*fitna*) bahnte sich an. Und wenn er sich zugetragen hätte, dann wäre dies keine sehr außergewöhnliche Sache. Eine solche Leere, wie es die großartige Persönlichkeit des Gesand-

114 Ebenda, und bei At-Tirmiḏī, Sunan, 1018.

115 Siehe: Sīra von Ibn Hišām, 2/656.

ten Gottes ﷺ in einer Gemeinschaft mit einem Propheten als Führer hinterlassen hatte, kann nicht leicht gefüllt werden. Unter ihren Mitgliedern gab es Leute, denen es wie ʿUmar in diesen Umständen unmöglich vorkam, an seinen Tod zu glauben. Jeder einzelne in der Gemeinschaft liebte ihn ﷺ mehr als sich selbst. Sie waren diejenigen, die abperlende Wassertropfen aus seiner rituellen Gebetswaschung aufzufangen versuchten, bevor diese auf den Boden fielen. Und kein Tropfen konnte fallen, ohne dass er auf einer ihrer Hände landete. Keine Gemeinschaft dieser Welt liebte ihren Propheten und Führer so sehr, wie diese Gemeinschaft der Gefährten (r) den Gesandten Gottes ﷺ liebte. Aus der Fülle der Liebe und des Respekts ihm gegenüber, vermochte, trotz seiner äußersten Bescheidenheit [d.h. der des Gesandten], es keiner, ihm lange und tief in die Augen zu schauen.

Als der Schock über sein ﷺ Ableben sie traf, waren sie kurz davor, den Verstand zu verlieren, und es ist in der Tat auch so gewesen, und daran ist nichts Ungewöhnliches. Es war die liebevolle Pflege des Gesandten ﷺ, die ihnen ein Leben voller Würde und ein glückliches Jenseits sicherte. Und dennoch haben sie das Leid der Schmerzen und die Qual der Trennung überwunden, indem sie sich dem Wort Gottes zuwandten: {*Und Muḥammad ist nur ein Gesandter; all die [anderen] Gesandten sind vor ihm dahingegangen: Wenn er denn stirbt oder getötet wird, werdet ihr umkehren auf euren Fersen? Aber wer auf seinen Fersen umkehrt, der kann Gott in keiner Weise schaden – während Gott allen vergelten wird, die [Ihm] dankbar sind*} (Āli ʿImrān: 144).

Dann trösteten sie sich und richteten ihre Bemühungen auf die Lösung des Problems und die Bewahrung der göttlichen Offenbarung (*risāla*) ohne einen Grund für Zwietracht (*fitna*).

Freilich gab es viele augenscheinliche Hinweise darauf, dass die Führung an Abū Bakr (r) und dann an ʿUmar gehen würde. Keiner unter den Muslimen hätte den Anspruch gehabt, sich ihnen gegenüber zu erheben. Abū Bakr war der Vertreter (*wazīr*) des Gesandten ﷺ, sein Freund und Gefährte, sein Begleiter während der Auswanderung (*hiǧra*) und Vater seiner Lieblingsfrau. Er war derjenige, der ihn in keiner einzigen wichtigen Situation verlassen hatte.

Und ʿUmar (r), wer war er? Seine Annahme des Islam war eine Würde für die Muslime, und dessen Auswanderung war für die Götzendiener eine Quelle der Ehrfurcht. Seiner Meinung wurde oftmals vom Herrn der Welten [durch den Qur'ān] Recht gegeben... Wie zahlreich sind solche Überlieferungen wie: „Der Gesandte ﷺ kam, und bei ihm waren Abū Bakr und ʿUmar" oder „Der Gesandte ﷺ ging fort, und bei ihm waren Abū Bakr und ʿUmar" oder „Der Gesandte ﷺ ging zu einer Schlacht, und bei ihm waren Abū Bakr und ʿUmar."

All dies erleichterte womöglich jene Katastrophe, die Herzen und Beine zum Beben brachte. Unter solchen Umständen können die Gefühle des Verlustes jedoch die Stärken und Tugenden überwiegen und leicht zu einem Zustand führen, der schwer zu kontrollieren ist. Doch die Menschen, die unter der Obhut der prophetischen Erziehung standen, beherrschten sich durch ihre allumfassende Ethik..., sei es in Situationen der Übereinkunft (*ittifāq*), des *iḫtilāf* oder jeder anderen Lebenssituation. Diese Ethik sicherte vor allen zu erwartenden Gefahren den Erhalt der Offenbarung, die Einheit der *umma* sowie die Fortführung aller Angelegenheiten in gleicher Weise, wie sie zu Lebzeiten des Gesandten ﷺ gehandhabt wurden.

Es wird überliefert, dass jemand zu Abū Bakr und ʿUmar kam und sagte:

> Eine bestimmte Gruppe der Anṣār sind mit Saʿd b. ʿUbāda zu der Versammlung des Lagers der Banū Sāʿida gegangen. Wenn euch die Angelegenheiten der umma betreffen, dann beeilt euch, bevor ihre Sache außer Kontrolle gerät." Diese Nachricht erreichte Abū Bakr und ʿUmar zu einem Zeitpunkt, an dem der Gesandte ﷺ noch nicht beerdigt worden war. ʿUmar sagte: „Ich sprach zu Abū Bakr: 'Gehen wir zu unseren Brüdern aus dem Kreis der Anṣār, um zu sehen, was sie wollen.'

ʿUmar berichtete, was als nächstes geschah. Er sagte:

> „Die Anṣār wichen von uns und versammelten sich mit den Angesehensten unter ihnen im Lager der Banū Sāʿida. Also beschlossen wir, uns ihnen anzuschließen, bis wir [auf dem Weg] auf zwei rechtschaffene Männer trafen, die uns erzählten, was das Volk im Sinn hatte. Sie sagten: 'Wo wollt ihr hin, oh Leute der Muhāǧirūn?' Wir sagten: 'Wir wollen zu unseren Brüdern aus dem Kreis der Anṣār'. Sie antworteten: 'Ihr solltet euch ihnen nicht nähern, oh Leute der Muhāǧirūn, entscheidet eure Angelegenheit selbst.' Ich sagte: 'Bei Gott, wir werden sicher zu ihnen gehen!' Also gingen wir weiter, bis wir sie am Lager der Banū Sāʿida antrafen. Plötzlich stand ein verhüllter Mann hinter uns. Ich fragte: 'Wer ist dieser Mann?' Sie antworteten:

'Sa'd b. 'Ubāda!' Ich fragte weiter: 'Was ist los mit ihm?' Sie sagten: 'Krank [ist er]' Wir setzten uns, um ihrem Redner zuzuhören... Dann erwähnte dieser die Verdienste der Anṣār und sagte [Dinge], die daraufhin deuteten, dass sie es eher verdienten, die Nachfolge des Gesandten Gottes ﷺ anzutreten als andere."

Und an dieser Stelle bedarf es einer Pause, um zu überlegen: Die *Anṣār* sind die Einheimischen, und sie waren in der absoluten Mehrheit, wie es heute heißt. Sie waren es, die Zuflucht gewährten und Unterstützung boten, und jene, {*die von ihnen ihre Bleibe in diesem Bereich und im Glauben hatten*} (*Al-Ḥašr*: 9). Sie öffneten ihre Herzen, bevor sie ihre Häuser öffneten. Es gibt keinen unter den *Anṣār*, der keinen *Muhāǧir* zum Bruder nahm und ihm einen großen Vorzug gab. Und wenn es in der Angelegenheit der Nachfolge eine explizite Aussage aus dem Qur'ān oder der Sunna des Gesandten ﷺ gegeben hätte, wäre die Sache durch Erwähnung und Rechtsprechung gelöst, und der *ḫilāf* wäre erledigt. Aber es gab nichts dergleichen. Also blieb nichts übrig außer einer Lösung durch Weisheit, Erfahrung, der Verhaltensethik des *iḫtilāf* und einer vernünftigen und ruhigen Diskussion, um die Krise zu bewältigen. Und dies waren auch die Gedanken von 'Umar. 'Umar fuhr fort:

Als er aufhörte – also der Redner, war ich geneigt, etwas zu sagen, also bereitete ich mich gut auf eine Rede vor, die mir gefallen hat. Doch da sagte Abū Bakr: 'Sachte, oh 'Umar'. Ich wollte ihn nicht verärgern, also sprach er, und er war wissender als ich und klüger. Und bei Gott, bei seiner intuitiven Rede ließ er kein einziges Wort aus, das mir während meiner innerlichen Vorbereitung auch gefallen hatte, wobei er es auch oder noch besser ausdrückte. Dann schwieg er. Zu seinen Worten gehörte folgendes: 'Was auch immer ihr Gutes über euch sagt, ihr verdient es wahrlich'. Er lobte sie für ihren Beitrag zu ihrer Religion und für ihre Brüder unter den Muhāǧirūn. Und er nannte ihre Vorzüge und Tugenden, selbst solche, die ihre eigenen Redner nicht erwähnten. Dann begann er die Angelegenheit aus dem Zusammenhang zu nehmen, in den ihr Redner es gebracht hatte. Er betonte, dass die Angelegenheit nicht allein auf Medina begrenzt war und dass an diesem Tage die gesamte arabische Halbinsel im Schatten des Islam stand und dass, selbst wenn es den Muhāǧirūn, die in Medina lebten, möglich sei, die Nachfolge ihren Brüdern aus den Kreisen der Anṣār zu überlassen und ihren Vorzug anzuerkennen, die übrigen Araber nur einer Nachfolge aus [einem mekkanischen Stamm] der Qurayš zustimmen würden. Und wenn die Stimmen nicht vereint werden, dann wird es der Offenbarung nicht bestimmt sein, die Grenzen zu überwinden und sich außerhalb der Halbinsel zu verbreiten. Also erfordert es das Gemeininteresse (*maṣlaḥa*), der Einladung zum Islam (*daʿwā*) zu folgen, so dass die Nachfolge aus den Qurayš kommt, damit die Offenbarung weiter getragen wird, die Stimmen vereint werden, die Herzen sich zusammenfinden und der Islam sich weiter ausbreitet. Dann gab er ihnen die Wahl zwischen zwei Qurayšīten, an deren Vorzügen niemand zweifelte: ʿUmar und Abū ʿUbayda. Und er hielt sich selbst aus der Sache heraus.

ʿUmar (r) sagte dazu:

> „Nichts habe ich an seiner Rede verabscheut außer dieser Sache, nämlich seine Wahl zugunsten von ʿUmar und Abū ʿUbayda. Bei Gott, es war mir lieber gewesen, mein Haupt abzuschlagen, als über ein Volk zu herrschen, unter denen Abū Bakr ist, und nur die Tatsache, dass es mich der Sünde näher gebracht hätte, hielt mich davon ab...

Darauf stand ein anderer Redner der Anṣār auf, der wieder versuchte, die Angelegenheit in den Zusammenhang zu bringen, der vom ersten Redner gesetzt worden war. Er sagte: „*Von uns ein Führer und von euch einer, oh Leute der Qurayš!*" ʿUmar berichtet weiter:

> Daraufhin wurde viel geredet, und die Stimmen wurden so laut, dass ich einen iḫtilāf[116] befürchtete." Also sagte ich: „Gib mir deine Hand, oh Abū Bakr." Dann gab er mir seine Hand, und ich leistete ihm den Treueschwur, dann folgten die Muhāǧirūn und dann die Anṣār.[117] Beinahe wäre Saʿd b. ʿUbāda (r), der Kandidat der Anṣār, von dem Ansturm getötet worden: „Die Menschen drängten darauf, Abū Bakr den Treueeid zu leisten, und dabei hätten sie Saʿd b. ʿUbāda beinahe getötet, weil sie nicht auf ihn achteten.[118]

Auf diese Weise gelang es den Gefährten (r) des Propheten, diesen *ḫilāf* zu schlichten, ohne dass eine Spur von Groll in den Herzen zurückblieb. Und die Stimme der Muslime wurde geeint um die Botschaft der Wahrheit weiterzutragen, bis zu dem Ausmaß, den Gott bestimmte.

---

116 Hier ist Streit und Zwietracht gemeint.

117 Siehe: Sīra von Ibn Hišām, 2/656-661.

118 Siehe: ebenda.

4.4. Iḫtilāf über die die Bekämpfung der zakāt-Gegner

In dieser Frage liegt die vierte folgenreiche Entscheidung, in der die Gefährten einen *iḫtilāf* hatten. Und wieder waren sie durch die Aufrichtigkeit und Ethik des iḫtilāf in der Lage, diese Krise zu überwinden. Nachdem Abū Bakr der Treueschwur als Nachfolger des Gesandten ﷺ geleistet wurde, wandten sich einige neu in den Islam eingetretene Stämme wieder von ihm ab. Einige behaupteten sogar, Propheten zu sein, wie der Lügner Musaylima und andere neben ihm. Andere Stämme weigerten sich, das Gebet zu verrichten und die *zakāt*-Abgabe zu entrichten, und wieder andere verweigerten nur die Zahlung der *zakāt*. Der Grund für diese Verweigerung war bei einigen der Hochmut und die Überheblichkeit, die *zakāt* an Abū Bakr (r) zu zahlen. Einigen flüsterte der Satan eine üble Auslegung ein, und sie behaupteten, dass die *zakāt* auf Grundlage der *šarīʿa* an niemand anderen als den Gesandten ﷺ gezahlt werden dürfe. Denn er allein sei derjenige, der zu ihrer Entnahme verpflichtet worden sei und der sie dadurch im Gegenzug reinige und läutere. Und sie beriefen sich auf das Wort Gottes: {*[Darum, oh Prophet] nimm jenen [Teil] von ihren Besitztümern, der um Gottes Willen dargeboten wird, auf dass du sie dadurch reinigen und sie an Reinheit wachsen lassen mögest, und bete für sie: siehe, dein Gebet wird für sie [eine Quelle der] Beruhigung sein – denn Gott ist allhörend, allwissend*} (At-Tawba: 103).

Doch damit haben die *zakāt*-Gegner vergessen oder ignoriert, dass mit dieser Ansprache nicht die Person des Gesandten ﷺ als solche angesprochen war, sondern dass sie sich auf dessen Eigenschaft als Richter und Führer bezog, und dass diese sich dann auch auf den nachfolgenden Führer bezieht. Denn die Entnahme der *zakāt* und deren Ausgabe für diejenigen, die dazu berechtigt sind, ist genauso ein inhärentes Element des muslimischen Gemeinwesens wie die Umsetzung des Strafgesetzes und dergleichen. Diese Verantwortung überträgt sich im Namen der *umma* auf die Führer nach dem Gesandten Gottes ﷺ.

Außerdem beinhaltet der Treueschwur eines jeden Muslims, der diesen dem Gesandten Gottes ﷺ leistete, das Verrichten des Gebets und die Entrichtung der *zakāt*, ohne dass es einen Grund für eine Trennung zwischen diesen beiden gibt. Aus seinem Bestreben, die Weiterentwicklung des Islams zu fördern, entschied sich der erste Kalif Abū Bakr (r) dazu, die Gegner zu bekämpfen und sie zur Reue, zum Entrichten der *zakāt*, zur Rückkehr zum Islam und zur Einhaltung aller aus dem Treueschwur zum Gesandten Gottes ﷺ hervorgegangenen Bestimmungen zu bewegen.[119] Nach der Entscheidung des ersten Kalifen kam es zu einem *iḫtilāf* zwischen ihm und ʿUmar, der instinktiv die Bekämpfung der *zakāt*-Gegner für unzulässig erachtete.

> Abū Hurayra (r) berichtet: Als der Gesandte Gottes ﷺ verstarb und Abū Bakr (r) sein Nachfolger wurde, fielen einige der Araber wieder vom Islam ab. ʿUmar sagte: 'Wie kannst du die Menschen bekämpfen, da doch der Gesandte ﷺ sagte: 'Mir wurde aufgetragen, die Menschen zu bekämpfen, bis sie 'Es gibt keine Gottheit außer Gott' sprechen'. Und wer diese Worte spricht, dessen Leben und Eigentum sind vor mir sicher außer dem, was rechtens ist, und ihre Abrechnung ist Gott überlassen"? Da entgegnete Abū Bakr: 'Bei Gott, ich werde jeden bekämpfen, der das Gebet und die zakāt voneinander trennt. Und die zakāt ist ein Recht auf den Besitz. Bei Gott, wenn sie mir auch nur eine kleine Ziege verweigern, die sie an den Gesandten ﷺ ausgezahlt hätten, würde ich sie dafür bekämpfen.' ʿUmar sagte: 'Bei Gott, es war niemand anderes als Gott, der Abū Bakr (r) die Brust öffnete für den Kampf, und ich merkte, dass es die Wahrheit war.'[120]

Und Ibn Zayd überliefert: „*Das Gebet und die zakāt wurden beide und gemeinsam aufgetragen, und es gab keine Trennung zwischen ihnen.*" Er rezitierte: {*Doch wenn sie bereuen und sich an das Gebet machen und die zakāt entrichten, werden sie eure Brüder im Glauben*} (At-Tawba: 9). Daher lehnte Abū Bakr es ab, das Gebet ohne die *zakāt* zu akzeptieren. Möge Gott sich der Seele des Abū Bakr erbarmen, was für ein tiefes Verständnis er doch hatte! Er zeigte damit seine Entschlossenheit, gegen diejenigen zu kämpfen, die zwischen dem Gebet und der *zakāt* getrennt haben."[121]

Die Ursache des *ḫilāf* zwischen Abū Bakr (r) und ʿUmar (r) lag darin, dass ʿUmar und andere, die mit dabeistanden, der wortwörtlichen Bedeutung des erwähnten Ḥadīṯ folgten, wodurch sie zu der Auffassung gelangten, dass der bloße Eintritt in den Islam – durch das Aussprechen

---

119 Siehe: Saḥīḥ al-Buḫārī in dem Kommentar von Fatḥ al-Bārī, 3/212.

120 Ebenda, 3/211.

121 Für Details in der Debatte zwischen Abū Bakr und ʿUmar und der Stellungnahme der Gelehrten zu diesem Thema siehe Nayl al-Awṭār, 4/175 ff.

des Glaubensbekenntnisses – hinreichend sei für die Unantastbarkeit von Leben und Eigentum und dass eine Bekämpfung verboten sei. Doch Abū Bakr (r) hielt an der Bedingung des Gesandten ﷺ, *„außer dem, was Rechtens ist“* fest. Er erachtete die *zakāt* als ein Recht auf den Besitz, bei dessen Nichtentrichtung die Unversehrtheit des Lebens und des Vermögens entfällt. Weiterhin sah er in den meisten Versen der Schrift und den Aussprüchen des Gesandten ﷺ eine untrennbare Zusammengehörigkeit von Gebet und *zakāt*.

Da sie sich darin einig waren, dass die Verweigerung des Pflichtgebets und die Ansprüche auf das Prophetentum ein Beweis für den Austritt aus den Islam darstellten, so müsste die Verweigerung der *zakāt* ebenso als ein Rückschritt gewertet werden, deren Gegner zu bekämpfen sind. Auf diese Weise konnte Abū Bakr (r) die restlichen Gefährten von der Richtigkeit seiner Rechtsfindung (*iǧtihād*) in Bezug auf die obligatorische Bekämpfung der *zakāt*-Gegner überzeugen.[122] Sie erachteten sie als Abtrünnige (*murtaddūn*), solange sie nicht in Reue umkehrten, das Gebet verrichteten und die *Zakāt* entrichteten. Und damit hob sich der *ḫilāf* in dieser kritischen Frage auf und man einigte sich auf die Bekämpfung der *zakāt*-Gegner, sowie sie sich auf die Bekämpfung der völlig Abtrünnigen einigten, außerdem auf die Bewahrung des Islam vor den bösartigen Versuchen, sich ihm Säule für Säule zu entledigen, nachdem versucht wurde, ihn als Ganzes endgültig zu beseitigen. Ohne diesen Standpunkt des ersten Kalifen Abū Bakr (r), und später der Gefährten, wäre dem Islam nicht dieser Wert zugekommen, er wäre auf Mekka und Medina beschränkt geblieben und der Glaubensabfall hätte zu Bürgerkriegen auf der gesamten Halbinsel geführt.

4.5. Iḫtilāf der Gefährten in rechtlichen Fragen

Sehen wir von den schwerwiegenden Entscheidungen ab und wenden uns rechtlichen Fragen zu, dann erkennen wir die eindrucksvolle Ethik des iḫtilāf und den gegenseitigen Respekt der Gelehrten. Neben dem bereits erwähnten *iḫtilāf* zwischen Abū Bakr (r) und ʿUmar (r) waren sie auch unterschiedlicher Ansicht bezüglich der Kriegsgefangenschaft der

122 Siehe: Tafsīr von aṭ-Ṭabarī, 10/62.

Abgefallenen. Abū Bakr (r) entschied sich für die Gefangenschaft ihrer Frauen im Gegensatz zu ʿUmar, der dieses Urteil von Abū Bakr (r) während seiner eigenen Zeit als Kalif rückgängig machte. Er gab die Frauen alle an ihre Familien zurück außer denjenigen unter ihnen, die bereits in ein Verhältnis der Leibeigenschaft geboren worden waren. Zu ihnen gehörten Ḫawla b. Ǧaʿfar al-Ḥanafiyya (r) und Umm Muḥammad b. ʿAlī (r).

Sie hatten auch einen *iḫtilāf* bezüglich des eroberten Landes: Anders als Abū Bakr war ʿUmar nicht für eine Aufteilung, sondern für deren Stiftung (*waqf*). Ein weiterer *iḫtilāf* betraf die Verteilung von Geldern an die Muslime. Während Abū Bakr alle gleichstellte, machte ʿUmar Unterschiede bei seiner Verteilung.

ʿUmar ernannte für sich keinen Nachfolger, während Abū Bakr ihn [d.h. ʿUmar] zum Nachfolger ernannt hatte. Des Weiteren gab es zwischen ihnen in vielen anderen rechtlichen Fragen einen *iḫtilāf*.[123] Doch der *ḫilāf* mehrte bei ihnen nichts als die brüderliche Liebe. Als Abū Bakr (r) ʿUmar (r) zum Nachfolger ernannte, sagten einige Muslime zu ihm:

> Was wirst du deinem Herrn erwidern, wenn Er dich fragt, warum du ʿUmar zum Nachfolger erklärst, obwohl du von seiner Härte weißt?“ Er sagte: „Ich werde antworten: Oh mein Herr, ich habe den besten unter ihnen zum Nachfolger ernannt.[124]

Und als einer zu ʿUmar sprach:

> Du bist besser als Abū Bakr!“ weinte ʿUmar und sagte: „Bei Gott, eine Nacht von Abū Bakr ist besser als ʿUmar und die Familie von ʿUmar![125]

Dies waren *iḫtilāf*-Beispiele dieser beiden Größen. In den Ansichten gab es einen *iḫtilāf*, aber nicht in den Herzen, denn ihre Angesichter wandten sich gen Himmel und wurden nicht vom Staub des Diesseits getrübt.

---

123 Siehe: Al-Iḥkām, 6/86.

124 Siehe: Ṭabaqāt von Ibn Saʿd, 3/199; Al-Kāmil, 2/292.

125 Siehe: Ḥayāt aṣ-Ṣaḥāba, 1/646.

4.6. Iḫtilāf zwischen ʿUmar und ʿAlī

Es gab einen *iḫtilāf* zwischen ʿUmar (r) und ʿAlī (r), der sich jedoch im Rahmen der Ethik des *iḫtilāf* zutrug:

> Einmal sandte ʿUmar (r) nach einer Frau, deren Mann abwesend war. Da Männer ihr Haus betraten, missbilligte er dies und sandte jemanden [um sie zu rufen]. Also wurde sie aufgerufen: „ʿUmar ruft dich!" Sie sagte: „Oh, wehe mir, was ist mit ʿUmar, [dass er mich sehen will]?" Und als sie dann auf dem Weg [zu ihm] war, bekam sie solch eine Angst, dass ihre Wehen einsetzten. Sie ging in ein Haus und gebar ihr Kind. Der Säugling schrie zweimal auf und starb dann. ʿUmar konsultierte die Gefährten des Propheten ﷺ. Einige von ihnen wiesen ihn darauf hin, dass er keine Schuld trage und dass er [in der Verantwortung] für Erziehung und Fürsorge stehe. ʿAlī (r) hingegen schwieg. ʿUmar wandte sich ihm zu und fragte: „Was sagst du dazu?" Er sagte: „Wenn sie das, was sie gesagt haben, auch wirklich meinen, dann ist ihre Meinung falsch. Und wenn sie das sagten, um dich zufriedenzustellen, dann haben sie dich nicht gut beraten. Meine Meinung ist, dass dir eine Entschädigungszahlung für das Kind obliegt, denn du hast sie erschrocken, und sie gebar ihr Kind wegen dir!." Darauf ordnete ʿUmar an, die Entschädigungszahlung an sein Volk zu verteilen.[126]

So befolgte ʿUmar (r) ʿAlī (r) und setzte es ohne jeden Groll gegen sich um, obwohl er [also ʿUmar] der Führer der Gläubigen war. Die Meinung anderer war für ihn vielmehr eine Hilfe.

4.7. Iḫtilāf zwischen ʿUmar und ʿAbdullāh b. Masʿūd

ʿAbdullāh b. Masʿūd war einer der Gefährten des Gesandten Gottes ﷺ, die mit dem Buch Gottes am vertrautesten waren und einer der kompetentesten in Bezug auf die Sunna des Gesandten Gottes ﷺ. Viele der Gefährten betrachteten ihn sogar als Teil der Familie des Propheten (*ahl al-bayt*), denn er war sehr oft bei ihm. Abū Mūsa al-Ašʿarī sagte:

> Es gab eine Zeit, da dachten wir, ʿAbdullāh b. Masʿūd und seine Mutter gehörten zur Familie des Propheten, da sie oft zu ihm hineingingen und viel mit ihm zusammen waren.[127]

---

126 Überliefert bei Muslim, 1282; bei Abū Dawūd, An-Nasāʾī, Ibn Ḥibbān und anderen, siehe von al-ʿAlwānī: Al-Maḥsūl, 2/Qaf1/76, Qaf2/377.

127 Überliefert bei Muslim, Siehe auch: Al-Iḥkām, 6/63.

Und Abū Mas'ūd al-Badrī zeigte auf 'Abdullāh b. Mas'ūd, nachdem er ihn sah, und sagte:

> Der Gesandte Gottes ﷺ hat niemanden hinter sich gelassen, der wissender ist über das, was Gott herabsandte, außer diesen, der sich nähert!

Und Abū Mūsa sagte:

> Dieser Mann pflegte [beim Propheten] anwesend zu sein, während wir abwesend waren. Und er bekam die Erlaubnis, einzutreten, während wir draußen warteten.[128]

Und 'Umar war für sein tiefes Verständnis und seine großen Fähigkeiten bekannt. Oft war Ibn Mas'ūd einer der von 'Umar für bestimmte Aufgaben ausgewählten Männer. Ibn Mas'ūd stimmte in vielen Rechtsfindungen (*iǧtihād*) mit denen von 'Umar überein. Die Historiker der islamischen Rechtsprechung sehen in ihm sogar denjenigen Gefährten, der am allermeisten von 'Umar geprägt war. In ihrer Rechtsfindung (*iǧtihād*) und in ihrer Methodik rechtlicher Ableitung waren sie sich sehr ähnlich. In wahrscheinlich vielen Fällen rekurrierte Ibn Mas'ūd die Lehrmeinungen (*maḏhab*) von 'Umar wie z.B. in Fragen der Erbteilung vom Großvater auf die Brüder. Er entschied sich mal zu einem Drittel und mal zu einem Sechstel.[129]

Und dennoch hatten sie auch in vielen Fragen einen *iḫtilāf*. Ibn Mas'ūd faltete seine Hände während des Stehens im Gebet übereinander, während er es ablehnte, sie auf die Knie zu legen. 'Umar hingegen machte dies, lehnte jedoch das Übereinanderfalten der Hände ab. Und Ibn Mas'ūd war der Meinung, dass wenn ein Mann zu seiner Frau „*Du bist für mich verboten!*" sagt, dies einer rechtmäßig vollendeten Scheidung gleichkommt. 'Umar meinte aber, dass dies noch keine endgültige Scheidung sei. Ibn Mas'ūd sagte über einen Mann, der mit einer Frau Ehebruch begeht und sie danach heiratet, dass beide dann immer noch Ehebrecher blieben, und dass die Ehe ungültig sei. 'Umar hingegen sah das nicht so. Nach ihm war der Anfang zwar Unzucht, doch am Ende ist es eine gültige Heirat.[130]

---

128 Ebenda.

129 Siehe rur Darlegung der Einzelheiten: Al-Iḥkām, 1/61.

130 Ebenda, 1/61, mit der Darlegung weiterer Einzelheiten.

In seinem Werk „*I'lām al-Muwaqqi'īn*" erläutert Ibn al-Qayyim, dass Ibn Mas'ūd (r) sich in bis zu hundert rechtlichen Fragestellungen von 'Umar unterschied. Vier von ihnen hat er beschrieben.[131] Trotzdem schwächte ihr *iḫtilāf* weder ihre gegenseitige Liebe noch ihren Respekt und ihre Verbundenheit:

> Einmal kamen zwei Männer zu Ibn Mas'ūd, von denen einer den Qur'ān bei 'Umar b. al-Ḫaṭṭāb lernte und der andere [den Qur'ān] von einem anderen Gefährten gelernt hatte. Da sagte derjenige, der von 'Umar gelernt hatte: „*Ich bin von 'Umar b. al-Ḫaṭṭāb unterrichtet worden.*" Da weinte Ibn Mas'ūd und sagte: „*Trage vor, wie 'Umar es dich lehrte, denn er ist wahrlich eine Festung für den Islam. Wenn die Menschen in diese Festung treten, verlassen sie diese nicht mehr. Doch als er ermordet wurde, begann die Festung zu bröckeln.*"[132]

Als eines Tages Ibn Mas'ūd zu 'Umar kam, während dieser auf dem Boden saß, sagte er: „*[Es kommt] eine Burg voll Einsicht und Wissen!*", in einer anderen Überlieferung: „*Eine Burg voll Wissen, welches den Leuten von Al-Qādisiyya zugute kommt.*"[133] Auf diese Weise sah 'Umar (r) den Ibn Mas'ūd (r). Der *iḫtilāf* zwischen ihnen, in den genannten Fragen stärkte ihren gegenseitigen Respekt nur mehr. Aus diesen Ereignissen ist ein Modell abzuleiten, das zeigt, wie wir mit der Problematik unterschiedlicher Meinungen umgehen sollen.

4.8. Iḫtilāf zwischen Ibn 'Abbās und Zayd b. Ṯābit

Um noch mehr von der Ethik des *iḫtilāf* zwischen den Gefährten (r) zu erfahren, werden nun einige weitere Fälle von *ḫilāf* aufgezeigt: Ibn 'Abbās war wie Abū Bakr (r) und viele andere Gefährte der Auffassung, dass der Großvater einer verstorbenen Person die ganze Erbschaft unter Ausschluss der Brüder und Schwestern erhalten sollte. Dies beruhte auf der Annahme, dass er genauso wie der Vater zu behandeln ist. Andere Gefährten aber, wie z.B. Zayd b. Ṯābit, 'Alī b. Abī Ṭālib, Ibn Mas'ūd und eine Gruppe unter den Gefährten (r), entschieden, dass das Gut zwischen dem Großvater und den Kindern des Verstorbenen verteilt werden

---

131 Siehe: I'lām al-Muwaqqi'īn, 2/218.

132 Siehe: Al-Iḥkām, 6/61.

133 Siehe: Ṭabaqāt von Ibn Sa'd, 3/161; Ḥayāt aṣ-Ṣaḥāba, 3/791.

und der Großvater sie nicht vom Erbe ausschließen sollte. Eines Tages sagte Ibn ʿAbbās:

> Hat denn Zayd keine Furcht vor Gott? Setzt er in der Erbschaft denn den Enkel mit dem Sohn gleich, während er den Großvater nicht mit dem Vater gleichsetzt?" Er fügte hinzu: „Ich wünsche mir, dass ich mich mit denjenigen, die sich von mir in dieser Meinung unterscheiden, treffen kann und wir unsere Hände auf die Ecke [der Kaʿba] legen, und den Fluch Gottes auf diejenigen aussprechen, die lügen...[134]

Durch eine solche Erwähnung des *iḫtilāf* in rechtlichen Fragestellungen unter den Gefährten wird nicht bezweckt, den *iḫtilāf* zu vertiefen und ihn zum Grundsatz zu machen: vielmehr soll es unser Augenmerk auf eine Ethik richten, auf deren Grundlage wir unseren rechtlichen *iḫtilāf* lösen, damit wir gute Umgangsformen mit den Menschen pflegen. Ibn ʿAbbās (r) war, wie hier gezeigt wurde, sehr zuversichtlich, was die Richtigkeit seiner Rechtsfindung (*iǧtihād*) betraf. Er war der Meinung, dass die Rechtsfindung von Zayd zu einem solchen Ausmaß falsch war. Doch als er eines Tages Zayd b. Ṯābit auf einem Pferd reiten sah, nahm er die Zügel und führte ihn als Geste des Respekts. Da sagte Zayd: „*Tue das nicht, oh Vetter des Gesandten Gottes* ﷺ." Da sagte Ibn ʿAbbās: „*Wir wurden angewiesen, unsere Gelehrten und Ältesten auf diese Weise zu behandeln.*" Zayd erwiderte dann: „*Zeige mir deine Hand!*" Dann hob Ibn ʿAbbās sie hervor, Zayd küsste sie und sagte: „*So wurden wir angewiesen, die Familie unseres Gesandten zu behandeln.*"[135] Als Zayd starb, sagte Ibn ʿAbbās: „*So wird das Wissen vergehen.*"[136] In einer Version des Bayhaqī in seinem „*Sunan al-Kubrā*" soll er gesagt haben: „*So vergeht Wissen. Und heute wurde immenses Wissen begraben.*"[137] ʿUmar pflegte es, Ibn ʿAbbās und andere Gelehrte der *Muhāǧirūn* und *Anṣār*, die an der Schlacht von Bar teilgenommen hatten, zu gewichtigen Problemen einzuladen.[138]

Würden wir in der Tat versuchen, den *ḫilāf* der Gefährten in Rechtsfragen und im Verhalten bei der Darlegung ihrer jeweiligen Positionen

---

134 Al-ʿAlwānī: Al-Maḥsūl, 2/Qaf2/76, 2/Qaf1/181.

135 Kanz al-ʿUmmāl, 7/37; Ḥayāt aṣ-Ṣaḥāba, 3/30.

136 Iʿlām al-Muwaqqiʿīn, 1/18.

137 Bayḥaqī: Sunan, 6/211; Al-Maḥsūl, 2/Qaf2/77.

138 Muṣnaf ʿAbd Ar-Razzāq: 11/28, Nr. 30489; Al-Maḥsūl, 2/Qaf1/217 ff.

nachzugehen, so könnten wir damit Bände füllen. An dieser Stelle ist das nicht möglich. Es sollen hier vielmehr nur einige Beispiele gezeigt werden, an denen wir jene Art des ethischen Verhaltens ablesen können, zu der die Generation der Gefährten (r) erzogen wurde. Es zeigt den Grad ihrer Bindung an die Ethik des *iḫtilāf*.

Als das Schicksal mit dem Vorwissen Gottes seinen Lauf nahm, ereigneten sich große Konflikte, und zwischen den Gefährten ist vieles vorgefallen. Die Angelegenheiten sind mit all ihren Ursachen allein Sache Gottes, der mit Seinem Wissen alle Geschehnisse überblickt. Als sich diese [Konflikte] ereigneten und sie untereinander die Schwerter gezogen hatten, vergaßen die Gefährten Gottes ﷺ dennoch nicht die Tugendhaften unter sich. Und die ernsten Ereignisse und Kämpfe ließen sie auch nicht die Bevorzugten unter sich vergessen. Über den Führer der Gläubigen ʿAlī b. Abī Ṭālib berichtet Marwān b. al-Ḥakam:

> Ich habe noch nie jemanden gesehen, der bei einem Sieg edler gewesen ist als ʿAlī. Am Tag der Kamelschlacht war er [nach unserer Niederlage] nichts anderes als unser Beschützer. Er ließ einen seiner Leute kommen und ausrufen, dass keiner der Verwundeten liquidiert werden dürfe.[139]

Bei einer anderen Gelegenheit ging ʿImrān b. Talḥa nach der Kamelschlacht zu ʿAlī b. Abī Ṭālib hinein. Er begrüßte ihn, ließ ihn Platz nehmen und sagte:

> Ich hoffe, dass Gott mich und deinen Vater zu denjenigen zählt, von denen Er sagte: {*Und Wir werden [bis dahin] hinweggenommen haben, was immer an unwürdigen Gedanken oder Gefühlen in ihren Brüsten [noch vorhanden] gewesen sein mag, [und sie werden ruhen] als Brüder, einander gegenüber [in Liebe] auf Thronen der Glückseligkeit*} (Al-Ḥiǧr: 47) Dann begann er, sich bei ihm über jeden einzelnen aus der Familie von Talḥa zu erkundigen...: „Oh, Sohn meines Bruders, wie geht es der Soundso, wie geht es soundso? “ Einige der Anwesenden, die nicht zu denen gehörten, die mit der Ehre des Gefährtentums um den Gesandten Gottes ﷺ beglückt wurden, und nicht erfahren konnten, was es heißt, wenn ein Mensch zum Gefährtentum des Gesandten Gottes ﷺ gehört, waren erstaunt. Da sagten zwei Männer, die im Blickfeld saßen: „Gott ist gerechter als dies, gestern hast du sie getötet und heute sollt ihr Brüder im Paradies sein?“ Da zürnte der Imām ʿAlī und sagte zu beiden: „Steht auf und geht so weit raus

---

139 Ḥayāt aṣ-Ṣaḥāba, 3/12.

> in Gottes Land, wie ihr nur könnt! Wer ist es denn, [wer dieser Beschreibung aus dem Vers entspricht,] wenn nicht Talḥa und ich? Wer denn?![140]

Einige von ihnen fragten ʿAlī, ob diejenigen, die gegen ihn in der Kamelschlacht kämpften, Polytheisten seien. Da antwortete er (r):

> Vor der Vielgötterei sind sie geflohen!" Es wurde gefragt: „Sind es denn Heuchler?" Er antwortete: „Wahrlich, die Heuchler erinnern sich nur selten an Gott." Dann wurde gefragt: „Was sind sie dann?" Er, möge Gott sein Antlitz, ehren: „Sie sind unsere Brüder, die eine Ungerechtigkeit an uns begangen haben."[141]

Und einer von ihnen sprach schlecht von der Mutter der Gläubigen, ʿĀʾiša (r), in der Anwesenheit von ʿAmmār b. Yāsir, der am Tage der Kamelschlacht nicht an ihrer Seite stand, wie bekannt ist, und er [ʿAlī] sagte:

> Sei still, Großmäuliger, Schändlicher! Beleidigst du etwa die Geliebte des Gesandten ﷺ? Ich bezeuge, dass sie die Frau des Propheten ﷺ im Paradies ist! Unsere Mutter ʿĀʾiša ist ihren Weg gegangen, und wir wissen, dass sie die Frau des Propheten ﷺ im Diesseits wie im Jenseits ist. Doch Gott prüfte uns durch sie, um zu sehen, ob wir Ihm oder ihr gehorchen.[142]

4.9. Ibn ʿAbbās Auseinandersetzung mit den Ḫawāriǧ

Die Diskussionen zwischen Ibn ʿAbbās und den Ḫawāriǧ sind sehr lehrreich, nicht nur in Bezug auf das Wissen und Können des Ibn ʿAbbās, sondern auch wegen seines Mutes und seiner Entschlossenheit, den *iḫtilāf* durch einen Appell an die Vernunft und in erster Linie an den Qurʾān und die Sunna zu lösen.

Ibn ʿAbbās (r) berichtet, dass ʿAlī b. Abī Ṭālib (r) angeordnet hatte: „*Bekämpft sie [d.h. die Ḫawāriǧ] nicht, solange sie nicht vom Glauben abgefallen sind. Sie werden vom Glauben abfallen!*" Ibn ʿAbbās sagte: „*Oh Führer der Gläubigen! Suche Hilfe im Gebet. Ich möchte zu den Ḫawāriǧ gehen, hören, was sie zu sagen haben und mit ihnen sprechen.*" „*Ich mache mir Sorgen wegen ihrer Reaktion auf dich*", sagte ʿAlī. Im Vertrauen auf seine eigene friedfertige Natur, die dafür bekannt

---

140 Siehe: Ṭabaqāt von Ibn Saʿd, 3/224; Ḥayāt aṣ-Ṣaḥāba, 3/13.

141 Überliefert bei Al-Bayḥaqī in seinen Sunan, 8/173.

142 Ebenda und bei Kanz al-ʿUmmāl, 7/166; Ḥayāt aṣ-Ṣaḥāba, 3/13.

war, dass sie keinen Schaden hinzufügt, zog Ibn ʿAbbās (r) seine besten jemenitischen Kleider an und machte sich auf den Weg zum Lager der Ḫawāriǧ. „*Was für eine [unschickliche] Art von Kleidung ist dies?*" fragten sie [d.h. die Ḫawāriǧ] Ibn ʿAbbās, der ihnen mit den Versen des Qurʾān antwortete: {*Sag: Wem steht es zu, die Schönheit zu verbieten, die Gott für Seine Geschöpfe erschaffen hat, und die guten Dinge unter den Mitteln der Versorgung?*} (Al-Aʿrāf: 32). Und er fügte hinzu: „*Ich sah den Propheten* ﷺ *die beste jemenitische Kleidung tragen.*" „*All dies ist richtig*", sagten die Ḫawāriǧ, „*doch was führt dich hierher?*" Er antwortete: „*Ich komme zu euch aus dem Lager des Vetters des Propheten* ﷺ. *Die Gefährten des Gesandten wissen mehr über die Offenbarung als ihr und auf sie wurde der Qurʾān herabgesandt. Ich komme, um euch von ihnen zu berichten und um dann zurückzugehen und ihnen von euch zu berichten. Warum steht ihr ihnen feindlich gegenüber?*" Abschätzig rief einer der Ḫawāriǧ: „*Hütet euch davor, mit ihnen zu sprechen. Die Qurayš sind wahrlich ein streitsüchtiges Volk. Gott der Erhabene sagt: {Ja, sie sind wahrlich ein streitsüchtiges Volk}* (Az-Zuḫruf: 58)."

Ein anderer unter ihnen schlug vor, dass man mit ihm reden sollte und dass zwei oder drei Männer ausgesucht werden sollten, dies zu tun. Sie gaben Ibn ʿAbbās dann die Wahl, wer zuerst sprechen sollte, und er sagte ihnen, dass sie beginnen sollten. Die Männer fuhren dann mit drei Anschuldigungen gegen ʿAlī b. Abī Ṭālib fort. Die erste war, dass er den Menschen ein Urteilsvermögen in der Religion beigemessen hat, obwohl Gott doch sagt: {*Wahrlich, das Urteil liegt bei keinem außer Gott*} (*Al-Anʿām*: 57). Sie verwiesen auf die Tatsache, dass ʿAlī in seiner Auseinandersetzung mit Muʿāwiya das Schiedsgericht von Abū Mūsa al-Ašʿarī und ʿAmr b. al-ʿĀṣ akzeptierte. In seiner Erwiderung sagte Ibn ʿAbbās, dass Gott den Menschen Urteilsfähigkeit in Sachen der Religion zusprach, sei es auch nur in Bezug auf das Viertel eines Talers (*dirham*), ein Kaninchen,[143] oder den Streit zwischen einem Mann und seiner Frau. Zum letzten Fall zitierte er: {*So bestimmt einen Schiedsrichter von seinen Angehörigen und einen Schiedsrichter von ihren Angehörigen*} (*An-Nisāʾ*: 35). Schließlich fragte er: „*Nun, was ist*

143 Ibn ʿAbbās bezieht sich hier auf den Vers (5: 95) und das Urteil über die Wiedergutmachung der Wildjagd während des Pilgerzustands (*Iḥrām*).

wichtiger: Das Schiedsverfahren zwischen Mann und Frau oder das Schiedsverfahren zur Verhinderung von Blutvergießen und zur Bewahrung der Einheit der umma?"

Sie sahen diesen Punkt ein, beschwerten sich dann aber über die Tatsache, dass ʿAlī während des Schiedsverfahrens nicht auf den Titel als „Führer der Gläubigen" (*amīr al-muʾminīn*) bestanden hatte. Sie fragten: „*Ist er der Führer der Gläubigen oder der Führer der Ungläubigen*?" Ibn ʿAbbās fragte, ob sie ihren Standpunkt überdenken würden, wenn er [Gegenbeweise] aus dem Qurʾān und der Sunna zitieren würde. Sie sagten, dass sie dies tun würden, und er fuhr fort: „*Ihr habt gehört, dass am Tag von Ḥudaybiya Suhayl b. ʿAmr [als Verhandlungsführer] zum Propheten ﷺ kam. Der Prophet ﷺ wies ʿAlī an: 'Dies ist ein Waffenstillstand vereinbart zwischen dem Gesandten Gottes', und hier wandte ʿAmr ein: 'Wenn wir wüssten, dass du der Gesandte Gottes ﷺ wärst, dann hätten wir nicht gegen dich gekämpft!' Daraufhin wies der Prophet ﷺ ʿAlī an: 'Entferne es, ʿAlī!' Wenn also der Prophet nicht darauf bestand, 'Gesandter Gottes' genannt zu werden, warum konnte ʿAlī nicht darauf verzichten, „Führer der Gläubigen" genannt zu werden?*" Auch in diesem Punkt gaben sie sich zufrieden.

Die dritte Anklage war, dass ʿAlī in der Schlacht von Ṣiffīn und der Kamelschlacht kämpfte und weder Beute noch Kriegsgefangene nahm. Ibn ʿAbbās fragte sie: „*Würdet ihr eure Mutter [d.h. ʿĀʾiša, die Frau des Gesandten ﷺ] als Kriegsgefangene nehmen und ihr Eigentum beschlagnahmen? Wenn ihr es bejahen würdet, so wärt ihr laut dem Buch Gottes Ungläubige, und ihr würdet den Islam verlassen ...*" Ibn ʿAbbās fragte wieder, ob sie sich nach dem Zitieren aus dem Qurʾān und der Sunna zufrieden geben würden, und sie willigten ein. Das Ergebnis dieser verbalen Auseinandersetzung war, dass eine beträchtliche Anzahl unter den Ḫawāriǧ wieder zu ʿAlīs Lager zurückkehrte, doch die meisten blieben verstockt.[144]

Dies waren Leute, die ihre Schwerter gezogen hatten und bereit waren, denjenigen, die sich von ihren Gedankengängen unterschieden, zu bekämpfen und es für rechtlich erlaubt ansahen, der Frau des Gesandten Leben und Besitz zu nehmen. Dennoch, als sie zu einer Debatte heraus-

---

144 Siehe: Iʿlām al-Muwaqqiʿīn, 1/214-215.

gefordert wurden, um die Wahrheit zu erfahren, reagierten viele von ihnen. Als sie an den Qurʾān erinnert wurden, dachten sie darüber nach. Als sie zum Dialog eingeladen wurden, antworteten sie mit offenen Herzen. Fraglich ist, wie Muslime der Gegenwart zu solchen Einstellungen stehen!?

4.10. Ḍirārs Bild von ʿAlī und Muʿāwiyas Weinen

Abū Nuʿaym überliefert von Abū Ṣāliḥ, dass dieser sagte:

> Ḍirār b. Ḍamra al-Kinānī besuchte Muʿāwiya, der dann zu ihm sprach: „Beschreibe mir ʿAlī." Er antwortete: „Oh Führer der Gläubigen, willst du mich nicht [davon] verschonen?" Er antwortete „Nein, ich verschone dich nicht!." Da sagte er: „Wenn es denn sein muss. Wahrlich bei Gott, er ist weitsichtig, von großer Stärke und beredter Zunge, gerecht im Urteil, und das Wissen strömt aus ihm heraus. Er entzieht sich der Welt und ihrer Verlockungen, und widmet sich der Dunkelheit der Nacht [im Gottesdienst]. Und bei Gott, er pflegte viel zu weinen. Er hat tiefgründige Gedanken, und er schlägt seine Hände über dem Kopf zusammen, um sich selbst zu ermahnen. An Kleidung gefiel ihm alles Schlichte und an Nahrung alles Einfache. Er war bei Gott wie einer von uns. Wenn wir zu ihm kamen, brachte er uns in seine Nähe und wenn wir ihn um etwas baten, reagierte er. Doch trotz seiner Nähe zu uns sprachen wir ihn aus Ehrfurcht nicht an. Sein Lächeln glich [der Anmut] einer Perlenkette. Er förderte die Anhänger der Religion, liebte die Armen, unterstützte die Starken nicht in ihrem Unrecht und ließ die Schwachen nicht an seiner Gerechtigkeit zweifeln.
>
> Und ich bezeuge bei Gott, dass ich ihn bei einigen Gelegenheiten sah, wie er in der Mitte der Nacht in seiner Gebetsnische hin- und herschwankte und sich an seinem Bart packte, während er sich in einem traurigen und unruhigen Zustand befand und weinte. Es ist, als ob ich ihn jetzt gerade höre, wie er sagte: 'Oh unser Herr, oh unser Herr' während er Ihn bat und der Welt sich entsagte: 'Mir zeigst du dich? Mich blickst du sehnsüchtig an? Wie abwegig ist es, dass ich mich dir zuwende? Verschwinde aus meiner Sicht, ich habe mich bereits dreimal von dir scheiden lassen. Wahrlich, deine Dauer ist kurz, und deine Bleibe ist elend, und deiner Versuchung fällt man leicht anheim. Ah, ah, wie wenig ist doch der Proviant und wie weit ist diese Reise, und wie einsam dieser Weg ...'.

Die Tränen rollten über Muʿāwiyas Bart, ohne dass er sie kontrollieren konnte. Er wischte sie sich mit seiner Hand ab und die Anwesenden verfielen in bitteres Weinen. Da sagte Muʿāwiya:

> „Dies war der Vater des Ḥassan, Gott erbarme sich seiner. Erzähl uns von deinem Kummer mit ihm, oh Ḍirār!" Er antwortete: „Mein Schmerz ist wie der Schmerz einer Mutter, deren einziges Kind auf ihrem Schoß getötet wurde. Ihre Tränen werden niemals trocknen, und ihr Schmerz wird nie nachlassen." Darauf stand er auf und ging hinfort."[145]

4.11. Normen der Ethik des iḫtilāf in der Zeit der rechtgeleiteten Kalifen

Bei der Darstellung all dieser *iḫtilāf* -Angelegenheiten stellen wir fest, dass niedere Gelüste nicht die Motivation irgendeines der Gefährten (r) gewesen sind. Die Motivation der *iḫtilāf*-Fragen, welche diese Ethik hervorgebracht hatte, war keine andere als die Suche nach Wahrheit. Und dies sind die Normen der Ethik des *iḫtilāf* nach dem Zeitalter des Gesandten ﷺ und der Herabsendung der Offenbarung:

1.) Sie [d.h. die Gefährten] pflegten sich vom *iḫtilāf* abzuwenden und fanden dazu immer Auswege. Sie bemühten sich, diesen so gut wie möglich zu meiden.
2.) Bei einem *ḫilāf* mit nachvollziehbaren Ursachen, wie zum Beispiel dem Empfang eines Belegtextes für die einen und nicht für die anderen oder einem *iḫtilāf* im Verständnis eines Textes oder eines Ausdrucks, hielten sie die [ethischen] Grenzen ein und beeilten sich, das Wahre ausfindig zu machen. Sie sahen Fehler ohne jede Spur von Bitterkeit ein. Menschen mit Wissen, vorzüglichen Eigenschaften oder tiefem Verständnis wurden sehr respektiert. Niemand überschätzte seine eigenen Fähigkeiten oder verunglimpfte die Rechte seiner Glaubensbrüder. Ein jeder von ihnen sah die Suche nach der richtigen Meinung als eine Gemeinsamkeit und die Aussicht, dass die Wahrheit möglicherweise bei einem selbst als auch bei seinem Bruder liegen kann. Es wurde nicht ausgeschlossen, dass jemand seine eigene Ansicht für richtig hält, sie jedoch falsch ist, genauso

145 Siehe: Al-Ḥilya, 1/84 und ebenfalls überliefert bei Ibn ʿAbd al-Barr im Istiʿāb, 3/44, über al-Ǧurmāzī (einem Mann aus Hamdān) über Ḍirār aṣ-Ṣadāʾī.

wenig wie die Möglichkeit, dass jemand eine Meinung für falsch hält, sie aber richtig ist.

3.) Sie [d.h. die Gefährten] betrachteten die Brüderlichkeit im Islam als eine der wichtigsten Grundsätze der Religion, ohne die es unmöglich wäre, den Islam zu leben. Diese Geschwisterlichkeit steht über dem *ḫilāf* in Fragen der Rechtsneufindung (*iǧtihād*).

4.) Fragen im Zusammenhang mit den Grundsätzen des islamischen Glaubens waren nicht Gegenstand des *ḫilāf*. *Iḫtilāf* beschränkte sich auf subsidiäre Fragen.

5.) Vor dem Kalifat von ʿUṯmān b. ʿAffān, möge Gott mit ihm zufrieden sein, lebten die meisten der Gefährten in Medina, und nur wenige lebten in Mekka. Sie [d.h. die Medinenser] verließen ihre Häuser lediglich für den Kampf oder ähnliche Zwecke. Als sie zurückkamen, war es leicht, sie zu versammeln, und ihr Konsens wurde in vielen Fragen umgesetzt.

6.) Die Gelehrten und Verständigen hatten einen hohen Stellenwert sowie politische Führer. Jeder hatte einen anerkannten Bereich, in dem man nicht von anderen angezweifelt, und in seiner jeweiligen juristischen Methodik respektiert wurde. Durch die Transparenz ihrer Ansätze und Methoden in der Ableitung und durch ihre Gegenargumente entstand so etwas wie eine implizite Verständigung unter ihnen.

7.) Sie [d.h. die Gefährten] betrachteten ihre gegenseitigen Richtigstellungen als eine Form der Unterstützung, die jemand seinem Glaubensbruder leistet, ohne dass es unangenehm gewesen wäre und ohne eine Zensur.

5. *Iḫtilāf* im Zeitalter der Ṣahāba

Zu der Politik des Führers der Gläubigen ʿUmar (r) gehörte, dass er den Gefährten (r) aus den Muhāǧirūn und den Anṣār nicht erlaubte hatte, sich außerhalb von Medina anzusiedeln. So verließen sie Medina immer nur, um zu reisen, um in einer Schlacht zu kämpfen, zu unterrichten, einem Verwaltungs- oder Richterposten oder einer anderen Angelegenheit von solcher Bedeutung nachzugehen. Medina blieb aber hiernach immer ihr Aufenthalts- und Wohnort. Es war das Zentrum des Herrschaftsgebiets und der Sitz des Kalifats. Sie waren die Träger der Botschaft des Islams und die erste aus ihm hervorgegangene Generation. So war es verpflichtend, dass sie nah beim Kalifat blieben, um es bei seinen verschiedenen Herausforderungen zu unterstützen und sich an allen Angelegenheiten der *umma* zu beteiligen.

Als ʿUṯmān (r) die Nachfolge antrat, sah er nichts Schlechtes darin, es jedem der Gefährten zu erlauben, Medina zu verlassen und sich in einem anderen Land des islamischen Reiches niederzulassen, wenn dieser es wollte. So verteilten sich die Gelehrten und Verständigen unter den Gefährten in den neu eroberten Provinzen und angegliederten Ländereien des Islams. Über 300 der Gefährten siedelten in die beiden Provinzen (Baṣra und Kūfa) über, und ein Teil von ihnen bewohnte Ägypten und Syrien. Es wird überliefert, dass der Gesandte ﷺ bei seiner Rückkehr von [der Schlacht in] Al-Ḥunayn 12000 Gefährten in Medina zurückgelassen habe. Zum Zeitpunkt seines Ablebens weilten in der Stadt 10000 Gefährten, während 2000 sich in den Provinzen verteilt hatten.[146]

Das Wissen und die Kenntnisse der Gelehrten und Verständigen unter den Gefährten wurden nach ihnen von den Gefährtennachfolgern (*Tābiʿūn*) übernommen, die es von jenen empfangen hatten. Zu diesen gehören Saʿīd b. al-Musayyib[147], der als Überlieferer von ʿUmar und Träger seines Religionsverständnisses in Medina angesehen wird, oder ʿAṭā b. Abī Rabāḥa in Mekka, Ṭāwūs im Jemen, Yaḥyā b. Abī Kaṯīr in al-Yamāma, al-Ḥassan in Baṣra, al-Makḥūl in Syrien, ʿAṭā in Ḫurāsān, ʿAlqama in Kūfa und anderen… Diese Leute pflegten, in Anwesenheit der Gefährten des Gesandten ﷺ, ein Rechtsgutachten (*fatwa*) zu erstellen und Rechtsfortbildung (*iǧtihād*) zu betreiben, denn sie waren diejenigen, die das Wissen und die Kenntnisse erworben hatten. Sie wurden von ihnen erzogen, und sie übernahmen ihre ethischen Vorstellungen. Sie wurden von ihren Methoden der Ableitung beeinflusst. Wenn sie

---

146 Siehe: Al-Fikr as-Sāmī, 1/311.

147 Er war der Meister unter den Tābiʿūn und ihr Gelehrter. Er wurde im Jahre 10. n.H. geboren, und er verstarb im Jahre 94. An vielen Stellen wurde über ihn berichtet, z.B. in Aṭ-Ṭabaqāt al-kubrā von Ibn Saʿd, 5/119-123, Ḫulāṣat at-Taḏhīb al-kāmil, 121, Taḏhīb at-Taḏhīb, 4/84, Taqrīb at-Taḏhīb, 1/305, Al-Bidāya, 9/99, sowie in anderen alten oder neuzeitlichen Werken speziell über ihn.

einen *iḫtilāf* untereinander hatten, verließen sie nicht den ethischen Rahmen der Gefährten (r) und überschritten nicht ihre Normen. Diese Leute waren die Rechtsgelehrten der Massen, und durch ihr Wissen und ihre Disziplin der Rechtsprechung wurden die Massen der *umma* geprägt. Die folgenden zwei Debatten über die Entschädigungszahlung (*diyya*) mögen unsere ethischen Normen des Verhaltens veranschaulichen.

ʿAbd ar-Razzāq überliefert über aš-Šaʿbī, dass dieser sagte:

> Ein Mann kam zu Šurayḥ und fragte ihn nach der Entschädigungszahlung für die Finger. Und er antwortete ihm: 'Für jeden Finger zehn Kamele'. Da sagte der Mann: 'Gepriesen sei Gott… Ist dieser mit diesem gleich (und er zeigte auf seinen kleinen Finger und auf seinen Daumen)?' Da sagte Šurayḥ: 'Wehe dir, die Sunna verbietet den Analogieschluss! Folge und bringe keine Neuerung hervor!'[148]

Mālik überliefert in seinem Muwaṭṭaʾ über Rabīʿa, dass dieser sagte:

> Ich fragte Saʿīd b. al-Musayyib, wie viel Entschädigung für den Finger einer Frau zu zahlen sei. Und er antwortete: 'Zehn Kamele'. Dann fragte ich: 'Was ist mit zwei Fingern?' Er sagte: 'Zwanzig' Dann fragte ich: 'Und für drei?' Er sagte: 'Dreißig' Und als ich fragte: 'Und für vier?", sagte er: 'Zwanzig'. Ich sagte: 'Nimmt die zu zahlende Entschädigung für eine Frau ab, wenn ihre Verletzung größer ist und ihr Leiden schwerer!?'. Saʿīd fragte: 'Bist du etwa Iraker?' Da sagte ich [d.h. Rabīʿa]: 'Vielmehr ein im Wissen gegründeter Gelehrter oder ein unwissender Schüler'. Saʿīd sagte: 'Dies ist die Sunna, oh Sohn meines Bruders'.[149]

Und die Angelegenheit endete an dieser Stelle, ohne dass eine Seite eine andere beschuldigt oder der Unwissenheit beschuldigt hätte oder dass einer sich die Erlangung der Wahrheit zugesprochen und die Meinung des anderen als falsch angesehen hätte. Saʿīds Rechtsschule und die der Menschen aus dem Ḥiǧāz basiert auf dem Grundsatz, dass die Entschädigung für eine Frau die gleiche ist wie für einen Mann, aber nur maximal ein Drittel der Entschädigung des Mannes betragen kann. Bei mehr als einem Drittel wird es halb so hoch wie die eines Mannes. Dies ba-

148 Siehe: Muṣnaf des ʿAbd Ar-Razzāq und Al-Fikr as-Sāmī, 1/391, und überliefert bei Ibn al-Mundir mit einer gesunden Überlieferung.

149 Siehe: az-Zamrāny in seinem Kommentar von Māliks Muwaṭṭaʾ, 4/188; Muṣnaf des ʿAbd ar-Razzāq, 9/943; Sunan des Bayḥaqī, 8/96.

siert auf einer Überlieferung von ʿAmr b. Šuʿayb über seinen Vater über seinen Großvater: „*Die Entschädigung der Frau ist wie die eines Mannes, bis sie ein Drittel seiner Entschädigung erreicht.*“[150] Die Rechtsschule der Iraker spricht ihr von Anfang an eine Entschädigung in Höhe der halben Entschädigung des Mannes zu.

Aš-Šaʿbī (ʿĀmir b. Šurāḥīl al-Kūfī) diskutierte mit einem Mann über den Schluss durch Analogie (*qiyās*). Er sagte:

> „Nehmen wir an, al-Aḥnaf b. Qays würde getötet und mit ihm ein kleiner Junge. Wäre die Entschädigungszahlung für beide gleich oder wäre diejenige für al-Aḥnaf angesichts seiner Intelligenz und seiner Nachsicht eine andere?“ Der Mann antwortete: „Gleich natürlich!“ Er sagte weiter: „Die Analogie ist unerheblich“.

Al-Awzāʿī begegnete Abū Ḥanīfa in Mekka, als al-Awzāʿī sagte:

> „Warum hebt ihr eure Hände vor und nach der Verbeugung des Gebets (*rukūʿ*) nicht?“ Abū Ḥanīfa antworte: „Es gibt dazu keine korrekte Überlieferung über den Gesandten Gottes ﷺ.“ Da sagte al-Awzāʿī: „Wie kann dies sein, da mir az-Zuhrī über Sālim über seinen Vater über den Gesandten Gottes ﷺ berichtete, dass er ﷺ pflegte seine Hände zu heben, bevor er das Gebet eröffnete sowie vor der Verbeugung und danach!?“ Da sagte Abū Ḥanīfa: „Ḥammād berichtete uns über Ibrāhīm über ʿAlqama und al-Aswad über Ibn Masʿūd, dass der Gesandte Gottes ﷺ seine Hände nicht hob, außer zu Beginn des Gebets, und er wiederholte nichts dergleichen.“ Da sagte al-Awzāʿī: „Ich berichte dir von az-Zuhrī über Sālim über seinen Vater, und du sagst: 'Mir berichtete Ḥammād über Ibrāhīm!?'.“ Da antwortete Abū Ḥanīfa: „Ḥammād war verständiger als az-Zuhrī, und Ibrāhīm war verständiger als Sālim, und ʿAlqama ist nicht weniger bedeutend als Ibn ʿUmar. Und selbst wenn Ibn ʿUmar der Vorzug der Gefährtenschaft zukommt, al-Aswad hat [auch] viele Vorzüge. Und ʿAbdullāh ist ʿAbdullāh [d.h, ʿAbdullāh b. Masʿūds Vorzüge brauchen keine Erwähnung].“ Da schwieg al-Awzāʿī.[151]

Über Abū Ḥanīfa wird berichtet, dass er sagte:

> Diese unsere Position ist unsere Meinung, zu der wir keinen zwingen, und wir sagen nicht, dass jeder gezwungen ist, sie zu befolgen, sondern wer eine bessere Sache als diese hat, der bringe sie herbei.[152]

---

150 Überliefert bei An-Nasāʾī, 8/54; Ad-Dāraquṭnī, 4/364.

151 Siehe: Al-Fikr as-Sāmī, 1/320.

152 Siehe: Al-Intiqāʾ, 140.

Alle folgten den Rechtsquellen, und sobald eine Sunna korrekt ist, widerspricht ihr keiner, und wenn doch, dann liegt der *iḫtilāf* im Verständnis dieser. Jeder gewährt dem anderen sein Verständnis, solange es im Rahmen der Textquellen bleibt und solange es keine anderen authentischen Beweise für das Gegenteil gibt.

5.1. Einfluss des politischen ḫilāf auf den iḫtilāf im Glauben und Recht

Es ist notwendig, darauf hinzuweisen, dass die erwähnten Beispiele des *iḫtilāf* zu den Angelegenheiten der großen Mehrheit der Muslime gehörten und dass sie nicht über rechtliche Fragen hinausgingen. Sie waren einfach zu lösen, wenn auf einen Text aus der Schrift oder der Sunna Bezug genommen wurde, der die suspekten Dinge (*šubuhāt*) aufhob. Alle waren willig, der Wahrheit im Lichte der edlen prophetischen Ethik Folge zu leisten. Denn wie bereits erwähnt, lag der Grund des *ḫilāf* entweder darin, dass eine Überlieferung die einen erreichte und die anderen nicht, oder darin, dass *iḫtilāf* im Verständnis eines Textes oder eines seiner Begriffe aufkam.

Doch es gab auch andere Vorkommnisse, nämlich den politischen *iḫtilāf*, welcher zur Zwietracht wie etwa der Ermordung des dritten Kalifen ʿUṯmān (r), dem Wechsel des Kalifatssitzes zuerst nach Kūfa und dann nach Syrien und anderen schwerwiegenden Ereignissen führte. Diese Geschehnisse brachten Fragen mit in den Bereich des *iḫtilāf* ein, die zuvor nicht dazu gehörten. Dies führte dazu, dass die Leute eines jeden Landes oder einer jeden Provinz sich allein an das klammerten, was ihnen an der Sunna des Gesandten ﷺ bekannt gewesen war, und sie blickten mit Misstrauen auf andere Provinzen. Ihre Einstellungen wurden maßgeblich von politischer Unterstützung oder der Opposition geprägt. Der Irak bot mit seinen zwei großen Provinzen, Kūfa und Baṣra, einen fruchtbaren Boden für die Wechselwirkung politischer Ideen und der Verwurzelung der unterschiedlichen Ausdrücke ihrer Ergebnisse. So entstand hier das Schiitentum (*tašayyuʿ*)[153], und die

153 Die Šīʿa: Eine Gruppe unter den Gruppierungen des Islams, deren Name aufgrund ihrer „Parteinahme" (mušāyaʿa) zu ʿAlī und seinen Nachkommen (r) entstand, mit der Begründung, dass ihnen das Kalifat nach dem Gesandten Gottes ﷺ rechtmäßig zusteht. Sie sind der Meinung, dass das Imamāt (imāma) ein

Ǧahmiyya[154] kam auf, sowie die Muʿtazila.[155] Sowohl die Ḫawāriǧ[156] breiteten sich aus als auch eine weitere Anzahl von Anhängern niederer

---

religiöses Amt darstelle, sowie die Gesandtschaft (risāla) es gewesen sei. Daher dürfe sie nicht den normalen Menschen überlassen werden. Sie werde nicht durch Wahlen erreicht, sondern es verhalte sich mit ihr wie mit der Prophetie: Eine Auswahl, die Gott der Erhabene bestimme, und die der Text preisgebe, sei es offen oder verdeckt. Sie glauben, dass Wunder vom Imām ausgehen, sowie sie von Propheten ausgingen. Die Imāme sind bei ihnen sündenfrei, seien es große oder kleine Sünden, sowie es die Propheten sind. Die Schiiten bestehen aus vielen Untergruppen. Die bekanntesten sind die Imāmiyya und die Zaydiyya. Gemeinsames Merkmal ist bei all ihrer Unterschiedlichkeit, neben dem was bereits erwähnt wurde, die Loyalität zu den Imāmen aus der Familie des Gesandten und ihre Lossagung von allen Abweichlern durch Worte, Taten und Grundüberzeugungen außer im Fall der religiösen Geheimhaltung (taqīyya). Die Zaydiyya sind den Anhängern den Sunniten (Ahl as-Sunna wa 'l-Ǧamāʿa) am nächsten, dann folgt die Imāmiyya mit einer gewissen Duldung. Für eingehende Studien siehe die Grundlagen der Rechtsschulen (uṣūl al-maḏāhib) im Buch Uṣūl al-Kāfī und seiner Erläuterung in Aṣl aš-Šīʿa wa Uṣūlihā, und um noch mehr über ihre Ansichten zu erfahren, siehe Al-Milal wa n-Niḥal von aš-Šahrastānī, 1/234, Al-Faṣl von Ibn Ḥazm, 4/179-188, sowie Al-Farq bayna l-Firaq, 29, Iʿtiqadāt Firaq al-Muslimīn, 77/95 in der Edition der azharitischen Fakultät, Al-Firaq al-Islāmīyya, 33; Ḥūr al-ʿAyn, 178; Aṭ-Ṭabṣīr fī ad-Dīn, 27-43, Edition von ʿĀlam al-Kutub.

154 Die Ǧahmiyya: Eine Gruppierung, die auf Ǧahm b. Ṣafwān zurückgeht, der im Jahre 128 n.H. umgebracht wurde. Zu den wichtigsten Ansichten gehört, dass ihre Anhänger jede Beschreibung Gottes durch eine Attribut verbieten, welches auch auf andere bezogen werden kann, und alleinige solche Attributierungen zulässig sind, die nicht mit anderen geteilt werden können, da Er der Schöpfer ist. Sie glauben auch, dass der Mensch zu all seinen Taten vom Schicksal gezwungen sei und dass er grundsätzlich in keiner Sache eine wirkliche Wahl habe. Sie glauben, dass Paradies und Hölle komplett verschwinden, sobald Menschen sie betreten, und dass die gesamte Schöpfung verschwinden wird. Für weitere Studien siehe Az-Zīna fī al-Kalimāt al-islāmiyya al-ʿarabiyya von Abū Ḥātim Aḥmad b. Ḥamdān ar-Rāzī aš-Šīʿī, Qaf3/268, Iʿtiqadāt Firaq al-Muslimīn, 103, Aṭ-Ṭabṣīr fī 'd-Dīn, 107-108.

155 Die Muʿtazila: Eine Gruppe, die von der Allgemeinheit der Muslime so genannt wird. Sie selbst nennen sich Angehörige der Gerechtigkeit und des Einheitsbekenntnisses Gottes (Ahl al-ʿAdl wa at-Tawḥīd). Zu ihren Lehren gehört, dass es nichts Ewiges gibt außer Gott. Sie sind vor allem wegen ihrer Aussage bekannt, dass der edle Qurʾān geschaffen und nicht ewig sei. Sie sagen auch, dass Eigen-

Gelüste und idiosynkratischen Erneuerern… Das Erfinden von Ḥadīṯen begann sowie die Verbreitung von Erzählungen, die für ein politisches Interesse stehen. Gerüchte wurden in die Welt gesetzt, um die Menschen voneinander zu distanzieren. Es ging so weit, bis Imām Mālik [über den Irak] sagte:

> Es ist die Heimat der Zerwürfnisse“[157] und Az-Zuhrī sagte: „Ein Ḥadīṯ verlässt uns hier in der Länge einer Handspanne und kommt im Irak in der Länge einer Armspanne an.[158]

Diese Umstände führten dazu, dass die irakischen Rechtsgelehrten selbst Vorkehrungen getroffen haben und Bedingungen setzten, um eine Sunna oder Nachrichten zu akzeptieren, wenn sie ihnen nicht schon zuvor bekannt waren. Auf diese Weise bemühten sie sich, ihr Verständnis vor den Ideen der Angehörigen niederer Gelüste, der Ketzer und der um die Pervertierung ihrer Religion konkurrierenden Gruppen zu schützen. Und umso größer war die Skepsis außerhalb des Irak. Dort füllte sich die Furcht vor der Akzeptanz irakischer Überlieferungen, biss das die Leute aus dem Ḥiǧāz meinten, nichts mehr aus dem Irak oder aus Syrien neh-

---

schaften des erhabenen Gottes nicht akzident sind sondern in seinem Wesen liegen. Sie sind für ihre sog. „fünf Grundsätze“ bekannt, auf die ihre diversen Lehren beruhen. Sie sind selbst wiederum in viele Gruppen gespalten. Für weitere Studien siehe Iʿtiqadāt al-Firaq von ar-Rāzī, 23ff., Aṭ-Ṭabṣīr fī 'd-Dīn, 63ff., Al-Milal wa 'n-Niḥal, 1/61-132 in der azrahitischen Ausgabe; A-Farq bayn al-Firaq, 93-190.

156 Die Ḫawāriǧ: Eine Ansammlung mehrerer Gruppen, die sich von ʿAlī (r) und Muʿāwiya (r) zurückgezogen (ḫaraǧū) haben, als das bekannte Schiedsgericht gewählt wurde. Es entwickelten sich bei ihnen deutliche Ansichten und Lehren in diversen Bereichen. Am bekanntesten ist ihr Glaube, dass ein Mensch, der bloß eine Sünde begeht, zu einem Ungläubigen wird. Daher bezichtigten sie die Mehrheit der Gefährten des Unglaubens, darunter auch ʿUṯmān, ʿAlī, Ṭalḥa, az-Zubayr und ʿĀʾiša, Gottes Wohlgefallen sei auf ihnen allen. Um mehr über ihre unterschiedlichen Untergruppen und Aussagen zu erfahren, siehe Al-Firaq von ar-Rāzī, 15ff.; Aṭ-Ṭabṣīr fī 'd-Dīn, 45ff.; Al-Milal wa 'n-Niḥal, 1/190-256 in der azrahitischen Ausgabe; Al-Farq bayn al-Firaq, 54-30.

157 Siehe: Al-Fikr as-Sāmī, 1/313.

158 Siehe: Al-Intiqāʾ, 70.

men zu wollen, wenn es nicht schon bereits eine Grundlage dafür bei den Leuten aus dem Ḥiǧāz gegeben habe.[159]

Zu einem Gelehrten aus dem Ḥiǧāz wurde gesagt:

> „Sufyān aṯ-Ṯawrī überliefert von Manṣūr al-Muʿtamir über Ibrāhīm an-Nahaʿī über ʿAlqama an-Nahaʿī über ʿAbdullāh b. Masʿūd…". Damit sollte gefragt werden, was er denn von dieser Überlieferungskette halte, und es war eine der sichersten Überlieferungen bei den Irakern, doch er antwortete: „Wenn es dafür keine Grundlage im Ḥiǧāz gibt, dann weise ich sie zurück."[160]

Al-ʿAbbās berief den Rabīʿa b. Abī ʿAbd ar-Raḥmān aus Medina zum Minister und Berater, doch er dankte ab. Nach einer kurzen Weile kehrte er nach Medina zurück. Dann wurde er gefragt:

> „Wie hast du den Irak und seine Menschen erlebt?" Er antwortete: „Ich habe ein Volk gefunden, das die Dinge, die bei uns erlaubt sind, verboten hat, und das die Dinge, die bei uns verboten sind, erlaubt hat. Und ich hinterließ 40000 von ihnen, die diese Lebensweise befolgen!"

Es wurde auch folgende Aussage von ihm überliefert: „*Als ob der Prophet, der zu uns gesandt wurde, nicht derselbe Prophet ist, der zu ihnen gesandt wurde!*"[161]

Obwohl diese Aussagen den Leuten der niederen Gelüste und den Erneuerern im Irak galten und nicht den Anhängern der Sunna und ihrer Allgemeinheit, zeigen sie doch ganz deutlich, welche Auswirkungen dies auf die Entwicklung der Rechtsprechung und die Einstellung der Juristen in den beiden Regionen und auf ihre Methoden zur Ableitung von Recht hatte.

5.2. Die Gelehrten des Ḥiǧāz und des Irak

Der Glaube der Leute des Iraks war so, dass sie die Sunna strikt einhielten und dass sie in keinem Fall davon abwichen. In Medina lebten zehntausende Gefährten des Gesandten Gottes ﷺ, die dieser nach der

159 Siehe: Al-Fikr as-Sāmī, 1/312.
160 Siehe: Al-Fikr as-Sāmī, 1/312.
161 Ebenda, 1/312.

Schlacht von Ḥunayn dort zurückgelassen hatte und die dort bis zu seinem Ableben geblieben waren.

ʿUmar b. ʿAbd al-ʿAzīz pflegte, an alle Provinzen Briefe zu schreiben, in denen er sie über die Sunna und das Recht unterrichtete, doch wenn er den Menschen aus Medina geschrieben hatte, pflegte er, sie nach dem zu fragen, was passiert war, und bat sie ihn über die Sunna, die sie kannten, zu lehren, um es allen anderen auch mitzuteilen. Die Träger der Sunna, des Rechtsverständnisses der Ṣaḥāba und ihrer Überlieferungen in Medina waren Saʿīd b. al-Musayyib und seine Gefährten. Von ihnen nahmen später die Mālikiyya, die Šāfiʿiyya, die Ḥanbaliyya, die Ẓāhiriyya und andere ihr Wissen.

Die Gelehrten in Medina unter den Tābiʿūn erachteten das Wissen über die Sunna unter ihnen als ausreichend, um rechtlichen Bedürfnissen nachzukommen. Sie waren der Ansicht, dass es keinen notwendigen Anlass zum Räsonieren (*raʾī*) und all seiner Kategorien gäbe. Es gab jedoch auch einige andere, die anderer Meinung waren und daher auch mit dieser Eigenschaft [des Räsonierens] benannt wurden. So etwa auch der Lehrer von Mālik, Rabīʿa b. Abī ʿAbd ar-Raḥmān, der als Rabīʿatu 'r-Raʾiy (Rabīʿa des exzellenten Räsonierens) bezeichnet wurde. Doch die große Mehrheit bestand aus den Gelehrten der Sunan und der gängigen Praxis.

Die irakischen Gelehrten wie Ibrāhīm An-Naḫaʿī[162] und seine Mitgelehrten sahen hingegen ihren Anteil an der authentischen Sunna nicht als gering an. Unter ihnen lebte eine beträchtliche Anzahl an Prophetengefährten von über 300. Viele unter ihnen waren auch Gelehrte, und an ihrer Spitze war ʿAbdullāh b. Masʿūd, der zu den gelehrtesten Gefährten des Gesandten Gottes ﷺ über die Schrift zählt. Unter ihnen

---

162 Ibrāhīm an-Naḫaʿī: Mit vollem Namen Ibrāhīm b. Zayd an-Naḫaʿī al-Kūfī auch Abū ʿImrān genannt. Er war der Kopf der Schule des raʾī und der Erbe des Wissens von Ibn Masʿūd. Er wurde im Jahr 96 n.H. beigesetzt. Er gehörte zu jenen, welche in der Jurisprudenz und der Ḥadīṯ-Wissenschaft bewandert waren. Er gilt in Übereinkunft aller als vertrauenswürdig. Als aš-Šaʿby von seinem Tod hörte, sagte er: „Ibrāhīm hat niemanden seinesgleichen hinterlassen“. Einträge zu ihm finden sich in den Ṭabaqāt von Ibn Saʿd, 6/71, Waṣfatu aṣ-Ṣafwa, 3/87, At-Taḏkira, 1/73, Al-Ḥilya, 4/217; Tahḏīb at-Tahḏīb, 1/87.

wiederum war auch ʿAlī (r) in seiner Kalifatszeit sowie Abū Mūsa al-Ašʿarī, ʿAmmār und andere.

Ibrāhīm an-Naḫaʿī und mit ihm die Mehrheit der irakischen Gelehrten waren der Ansicht, dass die Gesetze verständlich seien und die allgemeinen Interessen der Menschen einschlössen und dass sie auf bestimmten Grundsätzen und genauen Rechtsgründen (*ʿilal*) für diese Interessen beruhten. Diese ließen sich dem Buch Gottes und der Sunna Seines Gesandten ﷺ entnehmen. Die subsidiären Gesetze würden aufgrund dieser *ratio legis* (*ʿilla*) erlassen. Ein Rechtsgelehrter sei derjenige, der nach diesen Rechtsgründen in den Gesetzen suche und ihre Absichten ergründe, damit er die Gesetze mit ihren Rechtsgründen verbinde. Die Gelehrten des Irak waren auch der Ansicht, dass die gesetzlichen Texte begrenzt seien, wobei die tatsächlichen Ereignisse es nicht seien. So kam es bei ihnen mit dem Ableben des Gesandten ﷺ zu einem Ende, und wenn nicht die Rechtsgründe der Gesetze, die in der Schrift und der Sunna erlassen wurden, berücksichtigt würden, dann sei es unmöglich, den Bedürfnissen der Gesetzgebung bei den Menschen zu entsprechen.

Über Ḥassan b. ʿUbaydulIlāh an-Naḫaʿī wird überliefert, dass er sagte:

> „Einst sagte ich zu Ibrāhīm an-Naḫaʿī: 'Gibst du ein Rechtsgutachten (*fatwa*) auf Grundlage von allem, was du gehört hast?' Er sagte 'Nein!'. Ich fragte: 'Gibst du Rechtsgutachten für Dinge, von denen du nichts gehört hast?' Er antwortete: 'Ich habe Überlieferungen gehört, und zu mir kamen Dinge, die ich nicht gehört hatte, also habe ich es analog zu dem, was ich gehört habe, gezogen (*qiyās*)'."[163]

Dies war das Merkmal der irakischen Schule: Das Räsonieren, wenn der Präzedenzfall (a) ausblieb. Doch Saʿīd b. al-Musayyib und die Gelehrten aus Medina kümmerten sich um die Ursachenforschung von Rechtsgründen nur dann, wenn ihnen kein Text und keine gängige Praxis zugegen war. Und wie könnte ihm etwas entgehen, da er doch sagte: „*Der Gesandte Gottes ﷺ, Abū Bakr, ʿUmar, ʿUṯmān oder ʿAlī haben kein Urteil erlassen, von dem ich nichts wüsste!*"[164]

---

163 Siehe: Al-Faqīh wa al-Mutafaqqih, 1/203.

164 Siehe: Ṭabaqāt von Ibn Saʿd.

Darüber hinaus gab es im Umfeld von Medina weder die Umwälzungen, die es im Irak gab, noch ereignete sich in Medina, was sich im Irak ereignete. Daher haben viele der Gelehrten aus Medina, wenn sie über eine Sache gefragt wurden, nur geantwortet, wenn es hierin eine Tradition gab, und wenn nicht, dann enthielten sie sich… Masrūq wurde über eine Sache gefragt; da sagte er: „*Ich weiß es nicht.*" Daraufhin wurde er gebeten: „*Dann zieh eine Analogie mit deinem Urteilsvermögen*!" Er antwortete: „*Ich fürchte, dass ich [dadurch] wegrutsche.*"[165]

Deutlich wird die Furcht der Leute von Medina, den *raʾī* in einer Frage ohne Tradition zu akzeptieren, in der Aussage von Ibn Wahb:

> „Mālik sagte: 'Der Gesandte Gottes ﷺ war der Führer der Muslime und der Meister aller Wissenden. Er wurde über eine Sache befragt, und er antwortete nicht, bis ihn eine Offenbarung [dazu] aus dem Himmel erreichte. Wenn also der Gesandte des Herrn der Welten nur antwortete, wenn ihn eine Offenbarung erreichte, so gehört sehr viel Mut zu einer Antwort aus *raʾī*, einem Analogieschluss oder aus der Nachahmung (*taqlīd*) eines Menschen, von dem Gutes geglaubt wird, oder aus Gewohnheit, Politik oder Geschmack sowie aus visionären Erfahrungen (*kašf*), Träumen, Billigkeit und Vermutung. Gott ist der um Beistand Ersuchte, und auf Ihn vertrauen wir'."[166]

Doch obwohl der *ḫilāf* zwischen den beiden Schulen intensiver wurde und wechselseitige Kritik ausgetauscht wurde, verließ keine der beiden Seiten die Ethik des *iḫtilāf*, wie wir aus den angeführten Debatten erkennen können. Und bei vielen anderen Debatten, die zwischen den Anhängern dieser beiden Schulen aufkamen, überschritt kein einziger von ihnen die Verhaltensethik des *iḫtilāf.*[167] Es gab weder Bezichtigung zum Unglauben oder Versündigung, noch Beschuldigungen zu unerlaubten Neuerungen oder Lossagungen.

Über Ibn Abī Šabrama wird überliefert, dass er sagte:

> Abū Ḥanīfa und ich traten bei Ǧaʿfar b. Muḥammad b. al-Ḥanafiyya ein. Ich begrüßte ihn, denn wir waren Freunde. Dann wandte ich mich an Ǧaʿfar und sagte zu ihm: 'Möge Gott mit dir zufrieden sein. Dieser Mann ist aus dem Irak, und er hat rechtliches Verständnis und Intelligenz'. Da

---

165 Siehe: Iʿlām al-Muwaqqiʿīn, 1/257.

166 Iʿlām al-Muwaqqiʿīn, 1/256.

167 Ebenda, 1/130.

sagte Ǧaʿfar: 'Ist er etwa derjenige, der in der Religion Analogieschlüsse nach seinem *raʾī* zieht?' Und er fragte weiter: 'Ist es an-Nuʿmān?' Da antworte Abū Ḥanīfa: 'Ja, Gott möge dich zu den Rechtschaffenen zählen'. Da sagte Ǧaʿfar: 'Fürchte Gott und ziehe in der Religion keine Analogieschlüsse aus deinem raʾī, denn der erste, der Analogieschlüsse gezogen hat, war Iblīs. Als Gott ihm befohlen hatte, sich vor Ādam niederzuwerfen, sagte er: {*Ich bin besser als er, mich hast Du aus Feuer geschaffen, ihn aber hast du aus Lehm erschaffen...*}' (Al-Aʿrāf: 12). Und dann fragte er Abū Ḥanīfa: 'Berichte mir von einer Aussage, deren Anfang Vielgötterei und deren Ende Gewissheit ist'. Abū Ḥanīfa antwortete: 'Ich weiß es nicht'. Ǧaʿfar sagte dann: 'Es ist: 'Es gibt keine Gottheit außer den einen Gott', denn wenn es heißen würde 'Es gibt keine Gottheit' und man dann anhält, dann wäre dies Unglaube. Dies ist also eine Aussage, deren Anfang Vielgötterei und deren Ende Gewissheit ist.' Er sagte weiter: 'Nun – wehe dir! – was ist schwerwiegender bei Gott: das Töten einer Seele, was Gott verboten hat, oder die Unzucht?' Er antwortete: 'Natürlich das Morden!' Da entgegnete Ǧaʿfar: 'Doch Gott akzeptiert zwei Zeugen für den Mord, bei der Unzucht akzeptiert Er nur vier, wie könntest du hier eine Analogie erheben?' Und er fragte weiter: 'Was ist angesehener bei Gott: das Gebet oder das Fasten?' Er antworte: 'Natürlich das Gebet!' Dann entgegnete er wieder: 'Wie kommt es dann, dass eine Frau wegen ihrer Menstruation das Fasten nachholen muss und nicht das Gebet!? Fürchte Gott, oh Diener Gottes, und verwende keine Analogieschlüsse! Wenn morgen wir alle vor unserem Herrn stehen, werden wir sagen: 'Gott, der Gepriesene und Erhabene hat gesagt, und der Gesandte Gottes ﷺ hat gesagt...', während du und deine Gefährten sagen: 'Wir zogen Analogieschlüsse, und wir meinten...'. Dann wird Gott mit uns und mit euch machen, was Er will....'[168]

Die Fragen des Imām Ǧaʿfar waren keine, die jemanden wie Abū Ḥanīfa daran gehindert hätten, eine Antwort zu geben, doch aus Anstand vor der Familie des Gesandten Gottes ﷺ [zu der Ǧaʿfar gehörte] entschied er sich zu schweigen.

Aus den vorausgegangenen Debatten sehen wir, dass die erhabene prophetische Ethik alle Beteiligten geprägt hat. Der *iḫtilāf* wurde nicht zu einem Hindernis für die Brüderlichkeit, so dass keine Begegnungen möglich waren. Die harten Auseinandersetzungen zu dieser Zeit, von denen die Historiker berichten, erfolgten zum größten Teil ausschließlich unter den scholastischen Gruppierungen (*al-firaq al-kalāmiyya*),

168 Siehe: Iʿlām al-Muwaqqiʿyn, 1/255-256.

deren *ḫilāf* sich auf Glaubensfragen bezog. Einige unter ihnen sahen es als gerechtfertigt an, den anderen Unglaube, Versündigung und unerlaubte Erneuerung vorzuwerfen. Doch selbst unter diesen Gruppierungen findet sich in der Geschichte eine Norm und Ethik des *iḫtilāf* wieder, die wir festhalten könnten…

6. *Iḫtilāf* in der juristischen Methodik

6.1. Die Rechtsschulen

Nach dem Zeitalter der Gefährten und ihrer großen Nachfolger kamen Rechtsschulen auf, die von manchen auf insgesamt dreizehn geschätzt werden. All ihre Angehörigen werden als „Anhänger der *Sunna*" (*Ahl as-Sunna*) angesehen, die bis heute die Mehrheit und Allgemeinheit der Muslime ausmachen. Doch lediglich die Rechtsauffassung von acht oder neun Rechtsschulen wurde schriftlich ganz oder teilweise erfasst. Aus diesen Werken sind dann die juristischen Prinzipien (*uṣūl*) und Methoden bekannt geworden. Die führenden Gelehrten waren:

1. Imām Abū Sa'īd al-Ḥassan b. Yasār al-Baṣrī (gest. 110 n.H.)
2. Imām Abū Ḥanīfa an-Nu'mān b. Ṯābit b. Zūṭī (gest. 150 n.H.)
3. Imām al-Awzā'ī Abū 'Amrū 'Abd ar-Raḥmān b. 'Amrū b. Muḥammad (gest. 157 n.H.)
4. Imām Sufyān b. Sa'īd b. Masrūq aṯ-Ṯawrī (gest. 160 n.H.)
5. Imām al-Layṯ b. Sa'īd (gest. 175 n.H.)
6. Imām Mālik b. Anas al-Aṣbaḥī (gest. 179 n.H.)
7. Imām Sufyān b. 'Uyayna (gest. 198 n.H.)
8. Imām Muḥammad b. Idrīs aš-Šāfi'ī (gest. 204 n.H.)
9. Imām Aḥmad b. Muḥammad b. Ḥanbal (gest. 241 n.H.)

Des Weiteren gab es noch den Imām Dawūd b. 'Alī al-Aṣbahānī al-Baġdādī, besser bekannt als aẓ-Ẓāhirī, weil er sich immer auf die wörtliche Bedeutung (*ẓāhir al-lafḍ*) der Schrift und der Sunna berief. Er starb im Jahre 270 n.H.. Außer diesen gab es noch viele andere wie z.B. Isḥāq b. Rāhawayh, der im Jahre 238 n.H. verstarb, oder Abū Ṯawr Ibrāhīm b. Ḫālid al-Kalbī, der im Jahre 240 n.H. verstarb, und andere, deren Rechtsschulen nicht verbreitet wurden, nicht viele Anhänger hatten oder als Anhänger der anderen bekannten Rechtsschulen galten. Diejenigen, deren Lehrmeinungen bis heute verankert sind, die nach wie vor viele Anhänger in allen islamischen Ländern haben und deren Rechtsverständnis und Prinzipien im Bereich des Rechts sowie der Rechtsgutachten angewandt werden, sind bei einem Großteil [der Muslime] diese vier Imāme: Abū Ḥanīfa, Mālik, aš-Šāfiʿī und Aḥmad.

6.2. *Methodik der bekannten Rechtsschulen*

Die drei Gelehrten – Mālik, aš-Šāfiʿī und Aḥmad – werden als Rechtsgelehrte des Ḥadīṯ und der Tradition (*āṯār*) angesehen. Sie haben ihr Verständnis von der Bevölkerung Medinas übernommen und ihr Wissen von ihr bezogen. Imām Abū Ḥanīfa hingegen ist ein Erbe der Schule der Rechtsanschauung (*raʾī*) und Vertreter ihrer Lehren in seiner Zeit.

Es ist ganz natürlich, dass der *iḫtilāf* zwischen der Schule von Saʿīd b. al-Musayyib, deren Lehren auf das Verständnis der Gefährten und ihrer Tradition aufbaute und denen die Mālikiyya, Šāfiʿiyya und Ḥanbaliyya folgten, und der Schule von Ibrāhīm an-Naḫaʿī, deren Lehren, wenn keine Tradition vorgegeben war, eher vom Räsonieren geprägt wurde, auf alle überging, die der Methode einer dieser beiden Schulen folgten. Von niemandem wird bezweifelt, dass der *ḫilāf* in dieser Phase stark an Intensität abnahm. Denn nachdem das Kalifat an den Stamm des ʿAbbās übergegangen war, schickte die Dynastie der Abbasiden einige große Gelehrte des Ḥiǧāz in den Irak, um dort die Sunna zu verbreiten. Darunter waren Rabīʿa b. Abī ʿAbd ar-Raḥmān, Yaḥyā b. Saʿīd[169], Hišām b. ʿUrwa[170], Muḥammad b. Isḥāq[171] und ande-

169 Mit vollem Namen Yaḥyā b. Saʿīd b. Farrūḫ al-Qaṭṭān at-Tamīmī al-Baṣrī und dem Beinamen Abū Saʿīd. Er war einer der großen Ḥadīṯ-Gelehrten mit einer ausgewiesenen Zuverlässigkeit. Er war Zeitgenosse des Imām Mālik und einer der besten Kenner der Ḥadīṯ-Tradenten und der richtigen und falschen Überlieferungen seiner Zeit. Er gab viele Rechtsgutachten nach dem raʾī von Abū Ḥanīfa. Im Jahre 198 n.H. starb er. Einträge zu ihm finden sich in den Ṭabaqāt von Ibn Saʿd, 7/293, Al-Ḥilya, 8/382, Aǧ-Ǧarḥ wa 't-Taʿdīl, 4/Qaf2/150, Tārīḫ Baġdād, 14/135, At-Taḏkira, 1/298, Tahḏīb at-Tahḏīb, 11/216.

170 Mit vollem Namen Hišām b. ʿUrwa b. az-Zubayr b. al-ʿAwām oder auch Abū Munḏir genannt. Er gehörte zu den Gefährtennachfolgern mit höchster Zuverlässigkeit und immensem Wissen über Ḥadīṯ-Überlieferungen und das entsprechende Rechtsverständnis. Er gehörte zu den größten Gelehrten Medinas. Er

re. Manche irakische Gelehrte reisten nach Medina und haben sich von den dortigen Gelehrten unterrichten lassen. Zu ihnen gehörten beispielsweise Abū Yūsuf Ya'qūb b. Ibrāhīm[172] und Muḥammad b. al-Ḥassan[173], die beide bei Mālik lernten.[174] So gelangten viele Ansichten der Iraker und ihre Überlegungen in den Ḥiǧāz wie auch viele Überlegungen aus dem Ḥiǧāz in den Irak. Trotzdem finden wir bei den Gelehrten Mālik, aš-Šāfi'ī und Aḥmad eine sich ähnelnde Methode, auch wenn sie in einigen Verfahrensweisen zur Ableitung des Rechts einen *iḫtilāf* hatten. Die Methode des Imām Abū Ḥanīfa hingegen unterschied sich deutlicher von ihnen.

---

starb im Jahre 145 n.H., nach anderen Überlieferungen im Jahre 146 oder 147 n.H. Einträge zu ihm finden sich in den Ṭabaqāt von Ibn Sa'd, 7/321, Aǧ-Ǧarḥ wa 't-Ta'dīl, 4Qaf2/63, Tārīḫ Baġdād, 14/37, At-Taḏkira, 1/298, Tahḏīb at-Tahḏīb, 11/48.

171 Muḥammad b. Isḥāq b. Yasār mit vollem Namen. Ein Medinenser der in den Irak zog und dort in Bagdad im Jahre 151 n.H. beigesetzt wurde. Er war Meister des Wissens über die Feldzüge und Expeditionen (Maġāzī wa 's-Siyar). Einträge zu ihm finden sich in Tārīḫ Baġdād, 1/214; Ṭabaqāt von Ibn Sa'd, 7/321; At-Taḏkira, 1/172; Aǧ-Ǧarḥ wa 't-Ta'dīl, 3Qaf2/191; Al-Mīzān, 3/468; Tahḏīb at-Tahḏīb, 9/39.

172 Mit vollem Namen Ya'qūb b. Ibrāhīm b. Habīb al-Anṣārī al-Kūfī al- Baġdādī. Er war einer der größten Schüler von Imām Abū Ḥanīfa und einer seiner engsten Gefährten. Außerdem bekleidete er das Amt des höchsten Richters (qāḍī al-quḍāt) im Kalifat von al-Hādī, al-Mahdī und Harūn ar-Rašīd. Er starb in Bagdad im Jahre 182 n.H., nach anderen Überlieferungen im Jahre 181 n.H. Einträge zu ihm in Tārīḫ Baġdād, 14/242, At-Taḏkira, 1/292, Aǧ-Ǧarḥ wa at-Ta'dīl, 4Qaf2/201, Ṭabaqāt von Ibn Sa'd, 7/330 und Ǧawāhir al-Muḍī'a, 2/220 und in einigen weiteren speziellen Studien zu ihm.

173 Er war ein Gefährte von Abū Ḥanīfa und verbreite seine Lehren. Er ist auch unter dem Namen Abū 'Abdullāh bekannt. Unter Harūn ar-Rašīd wurde er zum Richter in Ar-Riqā und Ar-Ray erhoben. Er wurde im Jahre 189 n.H. in Ar-Ray beigesetzt. Einträge zu ihm in Ṭabaqāt von Ibn Sa'd, 7/336, Al-Mīzān, 3/513, Tārīḫ Baġdād, 2/172, Aš-Šuḏurāt, 1/321 und Ǧawāhir al-Muḍī'a, 2/42.

174 Siehe: Al-Fikr as-Sāmī, 1/434-435.

6.2.1. Die Methodik des Imām Abū Ḥanīfa

Die Rechtsschule des Imām Abū Ḥanīfa bleibt also deutlich von denen der drei anderen unterscheidbar. Dies sind die Grundsätze seiner Methodik, wie er sie zusammengefasst hat:

> „Ich beziehe mich auf das Buch Gottes [wenn ich mit einem Problem konfrontiert bin], um dort Belege zu finden. Wenn ich keinen [Verweis] darin finde, greife ich auf die Sunna des Gesandten Gottes ﷺ und auf authentische Traditionen von ihm zurück, die sich bei den Vertrauenswürdigen finden. Wenn sich im Buch Gottes und in der Sunna Seines Gesandten ﷺ nichts findet, dann beziehe ich mich auf die Aussagen der Gefährten und wähle frei aus, auf welche ich mich berufe, dann aber kehre ich mich nicht von ihren Aussagen ab, und wende mich denen anderer zu. Wenn die Traditionslinie dann auf den Rang eines Ibrāhīm, Aš-Šaʿbī oder Ibn al-Musayyib (und er nannte weitere Namen) angelangt, dann gebührt mir die Rechtsfortbildung (*iǧtihād*) genauso, so wie sie es auch taten."

Dies sind die wesentlichen Grundprinzipien der Methodik des Abū Ḥanīfa. Darüber hinaus gibt es noch einige subsidiäre Grundlagen oder sekundäre Prinzipien, die hinzukommen oder auf sie zurückgehen. In diesen macht sich der *ḫilāf* kenntlich, so z.B.:

- Der definitive (*qaṭʿī*) Beweischarakter einer generellen Aussage (*al-ʿām*) gleicht der speziellen (*ḫāṣ*).[175]

---

175 Das Allgemeine (al-ʿām) umfasst alle Elemente einer Begriffsmenge, z.B. die Ausdrücke „jeder", „alle" und dergleichen. Das Spezielle (ḫāṣ) bezieht sich auf etwas Bestimmtes aus einer Begriffsmenge. Die Rechtsgelehrten unterteilen sich in Generalisten (favorisieren den definitiven Beweischarakter des Allgemeinen), Partikularisten (favorisieren den subsidiären Charakter, wenn eine Ausnahme oder eine Spezifikation möglich oder nötig ist) und solchen, die nicht zu der einen oder anderen Richtung tendieren ohne zusätzliche Beweise. Ein definitiver (qaṭʿī) Beleg deutet auf seinen kategorischen Charakter. Zuweilen sind die autoritativen Textbelege von definitivem Beweischarakter (qaṭʿīyat ad-dalāla) und in ihrem Bestand absolut gesichert (qaṭʿīyat aṯ-ṯubūt), z.B. die deutlichen Verse des Qurʾān und seine eindeutigen und authentischen Aussagen. Manchmal können Textbelege auch absolut gesichert in ihrem Bestand sein, jedoch von präsumtivem Beweischarakter (ẓannīyat ad-dalāla). Dies ist der Fall, wenn Textbelege durch fälschungssichere Traditionskontinuität (tawātur) gesichert sind, ihr Inhalt jedoch mehr als eine Bedeutung zulässt wie z.B. im Vers: {Die entlassenen Frauen haben drei Perioden (qurūʾ) lang zu war-

- Die Methode eines Gefährten, die mit einer generellen Aussage kollidiert, spezifiziert diese.[176]
- Die Zunahme der Überlieferanzahl intensiviert nicht die Evidenz.
- Die Außerachtlassung von Bedingungen (*šurūṭ*) oder einer Eigenschaft (*ṣifa*) beim Sinnverständnis[177]

---

ten} (Al-Baqara: 228). Dieser Vers ist von definitivem Beweischarakter und gesichert, weil er aus dem Qur'ān ist, der uns auf eine tawātur-Weise überliefert wurde. Präsumtiv ist er in seiner Bedeutung, da „qurū'" sowohl Periode (ḥayḍ) als auch die Phase der Reinheit nach einer Periode (ṭuhr) bedeuten kann. Die Gelehrten hatten einen iḫtilāf darüber, ob damit die Periode oder die Phase der Reinheit danach gemeint ist, und jede Gruppe steht für eine Position.

176 Generelle Aussagen können durch Ausnahmen und ähnliches spezifiziert werden. Einige Gelehrte sind der Auffassung, dass die Praxis eines Gefährten oder seine Methode, wenn sie mit einer generellen Aussage kollidiert, als Grund für dessen Spezifizierung zulässig ist. Dies baut auf die Prämisse auf, dass ein Gefährte nicht einer generellen Aussage, die er kennt, zuwidergehandelt hätte, wenn er vom Gesandten ﷺ etwas gewusst hätte, dass dieses Generelle spezifiziert.

177 Die Beweiskraft des Sinnverständnisses ist die Beweiskraft eines Ausdrucks, dessen Urteil auch für eine Sache gilt, die in der Rede nicht ausdrücklich erwähnt wurde, z.B. in der Aussage des Erhabenen: {Sprich: 'In all dem, was mir offenbart wurde, finde ich nichts, was einem Essenden davon zu essen verboten ist, außer, es ist Aas oder ausgeflossenes Blut} (Al-An'ām: 145). Aus der Aussage „ausgeflossen" wäre sonst zu verstehen, dass unausgeflossenes Blut wie etwa bei der Leber oder der Milz erlaubt sei. Das Setzen einer Bedingung im Verständnis einer Aussage bedeutet, dass die Beweiskraft eines Urteils an der geknüpften Bedingung hängt, die das Urteil aufhebt, wenn die Bedingung ausbleibt. So z.B. in der Aussage des Erhabenen: {Und für den Fall, dass sie schwanger sind, gebt freizügig für sie aus, bis sie ihre Last ablegen} (Aṭ-Ṭalāq: 6). Dies deutet durch seine Erwähnung auf die Unterhaltspflicht der Gebärenden, bis sie gebärt, und ein Sinnverständnis mit Bedingung hieße das die Unterhaltspflicht für eine Nichtschwangere entfällt. Der Sinngehalt nach einer Eigenschaft meint, dass die Beweiskraft einer Aussage, die mit einer Eigenschaft versehen ist, beim Ausfall dieser Eigenschaft hinfällig wird, wie z.B. bei der Aussage des Erhabenen: {und (verboten für euch sind) die Ehegattinnen der Söhne, die euren Lenden entstammen} (An-Nisā': 23). Mit seiner Aussage weist dieser Vers auf das Verbot der Heirat der Schwiegertochter für den Vater des Mannes hin, wenn er denn sein leiblicher Sohn ist. Der Sinngehalt nach der Eigenschaft

- Nichtakzeptanz einer Einzelüberlieferung (*ḫabar wāḥid*), die für das Gemeininteresse einen Nachteil bedeutet
- Einem verbindlichen Befehl muss definitiv Folge geleistet werden, es sein denn, es gibt eine Einschränkung.
- Wenn der rechtsverständige Überlieferer zu einer seiner Überlieferungen gegensätzlich handelt, so ist nach seiner Praxis und nicht nach seiner Überlieferung zu urteilen.
- Eine evidente Analogie ist einer ihr widersprechenden Einzelüberlieferung vorzuziehen.
- Das Verwenden einer Billigung (*istiḥsān*)[178] und das Unterlassen des Analogieschlusses, wenn es dessen bedarf

Daher wurde die Aussage von Imām Abū Ḥanīfa überliefert: „*Wir kennen diesen ra'ī und er ist das Beste, was wir vermochten. Wenn also jemand zu uns kommt, der Besseres als diese [Kenntnis] hat, nehmen wir es an.*"

6.2.2. Die Methodik des Imām Mālik

Imām Mālik, möge Gott sich seiner erbarmen, verfolgte eine andere Methodik. Er sagte: „*Sollen wir etwa jedes Mal, wenn zu uns jemand kommt, von dem ablassen, was Ǧibrīl Muḥammad offenbarte, um mit ihm zu disputieren?*"[179] Wie bereits erwähnt wurde, ist die Methodik von Mālik aus der [Methode] der Menschen aus dem Ḥiǧāz und aus der Schule des Sa'īd b. al-Musayyib hervorgegangen. Ihre Grundsätze lassen sich wie folgt nach Priorität zusammenfassen:

Der Bezug auf den Textbeleg der großartigen Schrift

---

führt zum Entfall des Verbots der Ehelichung der Schwiegertochter für seinen Vater im Falle einer Adoption, da er dann nicht aus seinen Lenden entstammt.

178 Dies meint den Verzicht in einer Sachfrage auf das Urteil, das in einer Sache gefällt werden soll, die ihr gleicht, um eine Erleichterung zu bewirken. Siehe: Raf' al-Ḥarağ bei Ya'qūb al-Bāḥsīn, 396.

179 Siehe: Al-Fikr as-Sāmī, 1/378.

- Der Bezug auf dessen wörtliche Bedeutung und diese ist generell [zu verstehen][180]
- Der Bezug auf dessen Indikatoren und seines Umkehrschlusses (*mafhūm al-muḫālafa*)[181]
- Der Bezug auf seinen übereinstimmenden Sinngehalt (*mafhūm al-muwāfaqa*)[182]
- Der Bezug auf seine Mahnungen und den Rechtsgrund dieser Mahnungen, so wie im Wort des Erhabenen: {*denn das, siehe, ist abscheulich und eine sündhafte Tat*} (*Al-Anʿām:* 145)

Nach diesen fünf Grundsätzen, die sich auf den Qurʾān beziehen, folgen zehn, die sich auf die Sunna beziehen:

- Dann folgt der Konsens (*iǧmāʿ*)
- Dann der Analogieschluss (*qiyās*)
- Dann die Praxis der Leute aus Medina
- Dann die Billigung (*istiḥsān*)
- Dann das Blockieren rechtmäßiger Handlungen und Mittel im Hinblick auf deren Voraussetzungen und Folgen (*sadd aḏ-Ḏarāʾiʿ*)[183]

---

180 Die Rechtsschulen von Aš-Šāfiʿī und Aḥmad gehen davon aus, dass die Anwendung des Begriffs „generell“ (ʿām) auf alle Elemente seiner Begriffsmenge präsumtiv ist, da sie offen für Begrenzungen und Auslegungen (taʾwīl) ist, und so lange diese Möglichkeit besteht, ist es nicht definitiv. Siehe: Kamālī, Principles of Islamic Jurisprudence, S. 136-137.

181 Mafhūm al-muḫālafa meint solche Ableitungen, die aus Worten des Qurʾān in einer Weise hervorgehen, indem bei einer expliziten Bedeutung der Umkehrschluss angewand wird.

182 Mafhūm al-muwāfaqa meint solche Bedeutungen, die implizit sind und zu denen der Text selbst schweigen kann und dennoch eine explizite Übereinstimmung über dessen Bedeutung herrscht. Für eine ausführlichere Darlegung dieser Begriffe und relevanter Beispiele siehe Kamālī, Principles of Islamic Jurisprudence, S. 166-174.

183 In der Linguistik bezeichnet der Begriff „ḏarīʾa“ solche Mittel, die etwas anderes zur Folge haben, seien diese materieller oder ideeller Art, gut oder schlecht. In der Fachsprache ist das Mittel zu einer verbotenen Sache und deren Schaden gemeint, wie z.B. das Beäugen einer fremden Frau, welche zur Unzucht führt. Das Verbot des Beäugens wird somit als Blockade (sadd) eines zu einem Verbot oder Schaden führenden Mittels (ḏarīʾa) gewertet.

- Dann die schützenswerten Interessen (*maṣlaḥa mursala*)[184]
- Dann folgt das Diktum eines Prophetengefährten (*qawl aṣ-ṣaḥābī*), wenn die Überlieferungskette authentisch ist und er zu den herausragenden Begleitern gehört.
- Dann die Rücksichtnahme auf die Meinungsunterschiede (*ḫilāf*), wenn die Belege desjenigen, der eine unterschiedliche Meinung hat, stark sind
- Dann die Präsumtion der Fortgeltung einer Rechtslage oder eines früheren Zustands (*istiṣḥāb*)
- Dann die vorislamischen offenbarungsrechtlichen Gesetzgebungen (*šarʿ man qablanā*)

6.2.3. Die Methodik des Imām aš-Šāfiʿī

Die Prinzipien und Grundsätze der Rechtsschule des Imām aš-Šāfiʿī, möge Gott sich seiner erbarmen, hat er in seinem Werk „*Ar-Risāla*" zusammengefasst, welches als das erste umfassende Buch gilt, das die Grundlagen des islamischen Rechtswesens beinhaltet. Darin sagt er, möge Gott sich seiner erbarmen:

> „Die Grundlagen sind der Qurʾān und die Sunna. Wenn dann darin nichts zu finden ist, dann folgt der Analogieschluss, von diesen beiden ausgehend. Wenn es eine Überlieferung vom Gesandten Gottes ﷺ gibt und die Überlieferungskette authentisch ist, dann werden keine anderen Quel-

184 Schützenwertes Interesse ist jeder Nutzen, welcher der Haltung des Gesetzgebers entspricht und seinen Zielen und Zwecken angemessen ist, dem jedoch keine Beachtung geschenkt wurde oder zu dessen Gunsten von einem bestimmten Grundsatz abgelassen wurde, wie z.B. bei einem Werkvertrag, also der Abschluss eines Vertrags mit einer Person, damit diese eine Sache herstellt, die zur Zeit der Vertragsschließung nicht vorhanden ist. Im Normalfall ist die Haltung des Gesetzgebers die, dass ein Vertrag nur dann rechtsgültig ist, wenn es eine reelle Ware gibt, die ausgehändigt werden kann. Doch die Herstellungsnachfrage verweist auf etwas, was noch nicht existiert. Das schützenswerte Interesse der Menschen allerdings ist offensichtlich, und da eine Hinderung sie vom Nutzen ausschließt, nimmt der Gesetzgeber darauf Rücksicht. Das gleiche gilt für Verträge, die eine Garantie oder Aushändigung beinhalten, denn die Menschen haben ein Bedürfnis danach. Da es den Nutzen ihrer schützenswerten Interessen sichert, haben manche Gelehrte von der Bedingung der Akzeptanz und Annahme dieser Verträge abgesehen.

len mehr konsultiert. Der Konsens ist gewichtiger als der Bericht einer Einzelperson. Ein Ḥadīṯ ist nach seiner wörtlichen Bedeutung auszulegen. Wenn er für mehrere Interpretationen offen ist, dann wird diejenige Auslegung bevorzugt, die seiner wörtlichen Bedeutung am nächsten ist. Wenn [sich widersprechende] Überlieferungen ebenbürtig sind, dann wird diejenige bevorzugt, deren Überlieferungskette authentischer ist. Überlieferungen, die an einer Stelle der Kette nach den Prophetengefährten gebrochen (*munqaṭiʿ*) sind, werden nicht verwendet, es sei denn, sie stammen von Saʿīd b. al-Musayyib. Die Analogie eines Prinzips aus einer [früheren] Rechtsquelle heraus ist unzulässig. Ein Grundsatz wird nicht mit einem 'Warum' oder 'Wie' hinterfragt und eine rechtspraktische Norm nicht mit 'Warum'. Wenn sich der Analogieschluss einer Rechtsquelle als solide erweist, wird sie als solche angenommen und dient als Grundlage für die Beweiserbringung.“[185]

Imām aš-Šāfiʿī ist demgemäß der Ansicht, dass der Qurʾān und die Sunna bei der Niederlegung von Gesetzen gleichrangig sind. Er setzt dem Ḥadīṯ damit keine Bedingung außer der Authentizität und der korrekten Überlieferung, da er eine Rechtsquelle ist und eine Rechtsquelle nicht mit „warum“ oder „wie“ hinterfragt werden soll. So setzt er für die juristische Autorität einer verbreiteten Überlieferung (*Ḥadīṯ mašhūr*)[186] – anders als Abū Ḥanīfa – keine Bedingung, wenn sie nachteilig für das Gemeininteresse ist. Er setzt – anders als Mālik – auch eine auszubleibende Abweichung (*muḫālafa*) von der Praxis der Medinenser nicht als Bedingung. Doch er akzeptiert keine Überlieferungen mit fehlendem Bindeglied zur Prophetengeneration außer denjenigen von Saʿīd b. al-Musayyib, weil es bei ihm eine kontinuierliche Kette gibt. In diesem Punkt hatte er einen *ḫilāf* mit Mālik und Aṯ-Ṯawrī, die eine solche Art der Überlieferung als rechtliches Argument angewandt hatten.[187]

---

185 Siehe: Al-Manāhiǧ von An-Nawawī und Al-Fikr as-Sāmī, 1/398.

186 Ḥadīṯ mašhūr ist eine Überlieferung, die auf einer Stufe weniger als zwei Überlieferungswege kennt und danach auf jeder Stufe drei oder mehr Überlieferer hat und nicht den Grad einer in allen drei ersten Generationen weit verbreiteten (mutawātir) Überlieferung erreicht. Sie wurde wegen seiner Anerkennung und Eindeutigkeit mašhūr genannt. Siehe: Šarḥ Nuzhat an-Nuẓur in der Erläuterung zu Nuḫbat al-Fikr, 18, in der Edition der Ǧāmiʿat as-Salafiyya in Benaras, Indien.

187 Siehe: Al-Manāhiǧ von An-Nawawī und Al-Fikr as-Sāmī, 1/399.

Des Weiteren stritt er die Beweiskraft der Billigung (*istiḥsān*) ab, und hierin hatte er einen *ḫilāf* mit den beiden Rechtsschulen von Abū Ḥanīfa und Mālik. Bezüglich der Zurückweisung der Billigung schrieb er sein Buch „*Ibṭāl al-Istiḥsān*" (Die Ungültigkeitserklärung der Billigung). Eine seiner berühmten Aussage war: „*Wer billigt, der hat ein Gesetz erlassen*". Außerdem lehnte er die Rechtsgültigkeit eines Analogieschlusses aus den schützenswerten Interessen (*maṣlaḥa mursala*) heraus ab. Ebenso wie die Anwendung einer Analogie ohne offensichtlichen und feststehenden Rechtsgrund (*ʿilla*). Die Praxis der Medinenser war für ihn kein rechtliches Argument. Gegenüber der Rechtsschule von Abū Ḥanīfa bestritt er ihre Nichteinhaltung vieler Praktiken aus der Sunna, die sich wegen vieler Bedingungen, z.B. die Bekanntheit und ähnliches, die von ihnen gesetzt wurden, nicht erfüllten. Anders als Mālik beschränkte er sich nicht auf die Überlieferungen der Menschen aus dem Ḥiǧāz.

Dies sind die wichtigsten und herausragendsten Grundsätze der Rechtsschule von Imām aš-Šāfiʿī, und in ihr gibt es einiges an Abweichungen (*muḫālafa*) gegenüber den Prinzipien von Abū Ḥanīfa und Mālik, die nicht zu übersehen sind.

6.2.4. Die Methodik des Imām Aḥmad b. Ḥanbal

Die Grundsätze der Rechtsschule von Imām Aḥmad, Gott möge sich seiner erbarmen, sind sehr nah an derjenigen des bereits erwähnten Imām aš-Šāfiʿī. Seine Bezugsquellen sind nach folgenden Prioritäten geordnet:

- Die Textbelege aus dem Qurʾān und der Sunna. Wenn er darin etwas fand, wandte er sich nicht mehr anderem zu. Eine authentische und direkt auf den Gesandten ﷺ zurückgeführte (*marfuʿ*) Überlieferung wird weder zugunsten einer Praxis der Medinenser, einer Rechtsanschauung (*raʾiy*), eines Analogieschlusses, eines Diktums eines Prophetengefährten oder eines Konsenses, der auf Unwissenheit gegenüber einem abweichenden Urteil beruht, zweitrangig.
- Wenn er in einer Frage in diesen Quellen nichts fand, wandte er sich den Rechtsauskünften der Prophetengefährten zu. Wenn er

dann ein dazu passendes Prophetendiktum und keine andere Aussage eines Gefährten fand, die dieser widersprach, hielt er sich daran fest und gab keiner Praxis, Rechtsanschauung oder einem Analogieschluss einen Vorrang.

- Wenn die Prophetengefährten einen *iḫtilāf* hatten, suchte er sich jene Ansicht heraus, die am nächsten zum Qur'ān und der Sunna war. Er suchte dann auch nicht außerhalb des Rahmens ihrer Ansichten. Wenn ihm das Nächste zum Qur'ān und der Sunna nicht deutlich wurde, gab er diesen *ḫilāf* so wieder, ohne eine Aussage auszulassen.
- Er bezieht sich auch auf Überlieferungen, die ein fehlendes Bindeglied zur Prophetengeneration (*mursal*) haben oder schwach (*ḍaʿīf*) sind, sofern es keine ihnen widersprechende Tradition, Gefährtendikta oder Übereinstimmungen gibt. Eine solche Überlieferung zieht er dem Analogieschluss vor.
- Der Analogieschluss ist bei ihm ein notwendiges Beweismittel, welches nur dann eine Anwendung findet, wenn kein einziger der vorausgegangenen Belege Auskunft gibt.

6.2.5. Die Methodik des Imām Aẓ-Ẓāhirī

Es ist vielleicht angebracht, die Prinzipien und Grundsätze der Rechtsschule des Imām aẓ-Ẓāhirī kurz darzustellen. Denn diese Schule unter den islamischen Rechtsschulen hat einen gewissen Einfluss, und sie hat nach wie vor unter den Angehörigen der Sunna einige Anhänger. Es kam zu den heftigsten Formen des *ḫilāf* zwischen der Ẓāhiriyya und der Ḥanīfiyya und dann in rückläufiger Intensität zwischen ihr und der Mālikiyya, Ḥanbaliyya und Šāfiʿiyya. Allerdings räumte Dawūd aẓ-Ẓāhirī dem Imām aš-Šāfiʿī ein großes Verdienst ein.

Das hervorstechendste Merkmal der Rechtsschule des aẓ-Ẓāhirī ist ihr Beharren auf die wörtliche Bedeutung der edlen Verse des Qur'ān und der Sunna und ihre Priorität vor allen anderen Erwägungen wie des Interpretationsspielraums, einem Urteil oder den schützenswerten Interessen, von denen gesagt wird, dass die Gesetzgebung ihretwegen erlassen wurde. Der Analogieschluss findet bei ihr keine Anwendung, wenn nicht der Rechtsgrund im Ausgangsfall schriftlich feststellbar ist und sich eindeutig im Zielfall wiederfinden lässt, damit das Urteil an seinem rechtmäßigen Ort (*manāṭ*)[188] vollstreckt wird.

Weiterhin wird die Billigung (*istiḥsān*) verboten, und allein der zur Zeit der Gefährten verwirklichte Konsens ist beweiskräftig. Überlieferungen, die ein fehlendes Bindeglied zur Prophetengeneration (*mursal*) oder an einer anderen Stelle (*munqaṭi*ʿ) haben, werden im Gegensatz zur Mālikiyya, Ḥanīfiyya und Ḥanbaliyya nicht benutzt. Außerdem wird nicht nach den vorislamischen offenbarungsrechtlichen Gesetzgebungen (*šarʿ man qablanā*) gehandelt. Ferner ist niemandem die Handlung nach Raisonieren (*raʾī*) erlaubt, da es im Wort des Erhabenen heißt: {*Keine Sache haben wir im Buch ausgelassen...*} (*Al-Anʿām*: 38). Das Übergehen von schriftlich feststehenden Urteilen hin zu anderen Rechtsquellen wird als Überschreitung der Grenzen des erhabenen Gottes gewertet. Niemandem ist demnach eine widersprechende Aussage erlaubt. Die ungeprüfte Übernahme einer Rechtsmeinung (*taqlīd*) ist einem Laien ebenso untersagt wie einem Gelehrten, und einem jeden Rechts- und Pflichtenunterworfenen (*mukallaf*) ist es geboten, sich im Rahmen seiner Möglichkeiten um den *iǧtihād* umfassend zu bemühen.[189]

6.3. Abschließende Bemerkungen

In Wirklichkeit weichen viele Grundsätze, die auf die befolgten Rechtsschullehrer zurückgeführt werden, von ihren eigentlichen Aussagen ab

---

188 Al-manāṭ ist der Rechtsgrund (ʿilla), und er wird so bezeichnet, weil das Urteil an ihm den Anknüpfungspunkt findet (yunāṭu bihī). Wenn also der Rechtsgrund für das Abschlagen der Hand des Diebes der Diebstahl ist, und dies ist das heimliche Entwenden von Gütern von ihrem rechtmäßigen Ort, so muss der Rechtsfortbilder (muǧtahid) versuchen, all diejenigen Fälle auszumachen, in denen das heimliche Entwenden anderer Güter von ihrem rechtmäßigen Ort zutrifft. Dann zieht er eine Analogie. So z.B. bei einem Taschendieb oder einem Grabräuber, weil bei ihnen alle diese Charakteristika zutreffen und sich bei allen der Rechtsgrund wiederfindet. Die Feststellung des Rechtsgrundes (taḥqīq al-manāṭ) geht also über die Erörterung der Charakteristika des Rechtsgrundes bei einem Urteil und über die Feststellung des Rechtsfortbilders über die Fälle, in denen sich dieser Rechtsgrund wiederfindet.

189 Diese Grundsätze sind zusammengefasst aus An-Nabḏ wa 'l-Iḥkām li-Ibni Ḥazm von Ṭāhā Ǧābir al-ʿAlwānī.

und werden nicht von authentischen Berichten bestätigt. So sind das Festhalten an ihnen und ihre Verteidigung, die Aufwendung in der Nennung von Einwänden und Antworten dazu, die Zurückweisung von Abweichendem und die Beschäftigung mit all diesem statt mit dem Buch Gottes und der *Sunna* seines Gesandten ﷺ die heftigsten Triebfedern eines unseligen *iḫtilāf*, den die Rechtsschullehrer – möge Gott sich ihrer erbarmen – so nicht bezweckt hatten. Dies hat Muslime, die lange nach ihnen lebten, dazu gebracht, sich von übergeordneten Betrachtungsweisen zu entfernen. Dieses Geschwätz beschäftigte sie so sehr, bis es die *umma* zu jener niedrigen Stellung geführt hat, in der sie sich heute befindet.

7. Die Ursachen des *iḫtilāf*

Wenn wir davon ausgehen, dass *iḫtilāf* in geistigen Angelegenheiten – und die rechtlichen Fragestellungen gehören dazu – eine natürliche Erscheinung ist, die auf die unterschiedliche Beschaffenheit der Menschen in ihrem Intellekt, ihrem Verständnis und ihrer Auffassungsgabe zurückgeht, dann müssen wir auch einsehen, dass der *iḫtilāf* im prophetischen Zeitalter und der Epoche des rechtgeleiteten Kalifats zwischen mehreren Gefährten tatsächlich aufgetreten ist. Viele Ereignisse dokumentieren dies. Durch dessen Verleugnung wird dieser Religion kein Dienst erwiesen. Wir erachten dessen Darlegung nicht als Antastung der Ideale dieses Bekenntnisses oder der aufrichtigen Absicht jener Leute, die einen *iḫtilāf* zu haben pflegten. Viel eher ist es uns möglich zu sagen, dass in der Erwähnung dieser *iḫtilāf*-Vorkommnisse ein Nachweis für die Realitätsnähe dieser Religion liegt.

7.1. Natürliche Ursachen

Durch die unterschiedlichen Faktoren, die Gott in Seiner Schöpfung bestimmt hat, werden die Menschen nun mal dazu gebracht, miteinander zu hadern. Doch das gläubige Gemüt findet Ruhe im Gedanken, dass dieser *iḫtilāf* weder aus einer Schwäche in den Glaubensgrundlagen heraus resultierte, noch aus Zweifeln an der Wahrhaftigkeit dessen, wozu der Gesandte Gottes ﷺ aufrief. Vielmehr kam der Antrieb aller, die einen *iḫtilāf* hatten, aus Liebe zur Wahrheit und dem Interesse, dem Zweck der Beurteilungen des Gesetzgebers zu entsprechen.

Als der Gesandte ﷺ die Quelle dieser Urteile gewesen war, dauerte der *ḫilāf* nicht länger an als die Wegzeit, die zu ihm beschritten wurde. Wir haben anhand der zuvor erwähnten Ereignisse gesehen, dass die Ursachen des *iḫtilāf* in ihrer Gesamtheit nicht über Diskrepanzen hinausging, die durch sprachliche oder juristische Auslegungen zu erklären waren. Diese ereigneten sich bei der Erklärung der Schrift, die sich zwischen ihnen befand, und der Sunna des Gesandten ﷺ. Hinter den Ursachen gab es sicherlich keine versteckten bösartigen Motive, die den Samen des *iḫtilāf* aufkeimen lassen wollten – sehr zur Enttäuschung der Heuchler, die es darauf abgesehen hatten, deren Aussaat voranzubringen.

Aus diesem Grund schrumpfte ein *iḫtilāf*, wenn er den Gesandten ﷺ oder einen Textbeleg erreichte, der den einen zugänglich war und den anderen nicht. Denn das Interesse aller mit einem gesunden Naturell ist die Verpflichtung zur Wahrheit, wo immer sie liegt.

Verständlicherweise haben sich einige der Ursachen des begründbaren *iḫtilāf* von einer Epoche zur nächsten übertragen, da es schwer ist, diese Gründe jeweils auf ein bestimmtes Zeitalter einzugrenzen. Es gab jedoch auch Umstände, die mit der Verbreitung des Islams dazu beigetragen haben, dass einige neue Ursachen und Faktoren den Geist des *iḫtilāf* nährten.

7.2. Nach der Ermordung des dritten Kalifen

Vor allem seit der Ermordung des dritten Kalifen, ʿUṯmān b. ʿAffān, möge Gott mit ihm zufrieden sein, waren die islamischen Regionen heftigen Erschütterungen ausgesetzt. Durch so manche Vorkommnisse brachte dies eine völlig neue und fremde Dimension in die zuvor gesetzte Kultur des *iḫtilāf*. Wie bereits erwähnt, trieb die Atmosphäre der politischen Agitation und Unsicherheit die Menschen eines jeden Landes und einer jeden Provinz dazu an, aus Angst vor Korruption auf diejenigen Kenntnisse über die Sunna des Gesandten Gottes ﷺ zurückgreifen, die sie bis dahin erreicht hatten.

Die Städte Kūfa und Baṣra wurden zu Zentren intellektueller Tätigkeiten. Sie legten aber auch einen fruchtbaren Boden für den Austausch politischer Ideen und ferner die Vermehrung verschiedener Sekten wie der Ḫawāriǧ, der Šīʿa und der Murǧiʾa[190] sowie der Muʿtazila und Ǧahmiyya und andere Anhänger der niederen Gelüste und Neuerungen.

Zu dieser Zeit gab es so viele geistige und rationalistische Tendenzen, wie es Gruppierungen gab. Eine jede formulierte ihre eigenen Methoden und Grundsätze für die Auslegung der Quellentexte des Qurʾān und der Sunna und für den Umgang mit neuen Kontroversen. Es war dringend notwendig, einige Kontrollmaßnahmen für die Regelung dieser Situation festzulegen. Die Methoden für die Ableitung von positivem Recht aus der göttlichen Offenbarung mussten definiert werden. Die Bereiche, in denen ein *iḫtilāf* erlaubt war, mussten eingegrenzt werden gegenüber den Bereichen, in denen ein *iḫtilāf* verboten war.

Es ist eine Gnade Gottes, dass er die rechtlichen Aspekte zu einem legitimen Feld des *iḫtilāf* möglich machte. Denn der *fiqh* steht für die Erkenntnis des verständigen Gelehrten (*faqīh*) für die aus detaillierten und speziellen Hinweisen, welche durch den Qurʾān und Sunna des Gesandten ﷺ gesetzt sind, gewonnenen Urteile. Auf dieser Grundlage kann der Rechtsgelehrte ein Urteil fällen, welches dem Sinn des Gesetzgebers nachkommt bzw. entspricht oder auch nicht. Unabhängig vom Ergebnis, ist er nicht zu mehr verpflichtet, als mit seiner Qualifikation und größter geistiger Anstrengung zu einem Urteil zu gelangen. Wenn er sich in seinem Urteil irrt, so ist es doch so nah wie ihm nur möglich am Wesen und Zweck sowie an der Wirkung des vom Gesetzgeber Beabsichtigten. Aufgrund dieses Ansatzes wurde der *iḫtilāf* in diesem Gebiet als legitim angesehen, da zwei Bedingungen erfüllt waren:

---

190 Der Name wird abgeleitet aus dem arabischen Wort „irǧāʾ", was soviel wie „Aufschub" bedeutet. Die Anhänger wurden wegen ihres Aufschubs in Sachen des Glaubens so genannt. Das Urteil über den Glauben wird Gott allein überlassen in dem Sinn, dass die Sünde dem Glauben überhaupt nichts anhaften kann sowie der Gehorsam im Unglauben nichts nützt. Dies steht im Widerspruch zur islamischen Lehre. Sie unterteilten sich weiterhin in 5 Sekten. Um über diese Untergruppen und ihre Positionen etwas zu erfahren, siehe Aṭ-Ṭabṣīr fī 'd-Dīn, 97, und Iʿtiqadāt Al-Firaq von Ar-Rāzī, 107 ff.

Erstens, Jeder Disputant muss Indizien und Beweise darbieten, um sein Argument zu authentifizieren. Wenn kein Nachweis erbracht wird, wird das Argument hinfällig und nicht weiter beachtet.

Die Annahme einer abweichenden Meinung darf nicht zu etwas Verkehrtem oder Falschem führen. Wenn eine Meinung von Anfang an offensichtlich zu etwas Falschem verleitet, darf ihr niemand Folge leisten.

Diese beiden Bedingungen veranschaulichen den Unterschied zwischen *iḫtilāf*, dem berechtigten Meinungsunterschied und dem *ḫilāf*, der unberechtigten Meinungsverschiedenheit. Bei dem *iḫtilāf* werden die beiden oben genannten Voraussetzungen verwirklicht, und es ist das Ergebnis intellektueller Anschauung und des *iǧtihād*. Seine Ursachen sind meistens methodischer und sachlicher Natur. Bei dem *ḫilāf* hingegen entfallen die beiden Voraussetzungen oder eine davon, und er ist das Erscheinungsbild von Unüberlegtheit, Eigensinnigkeit und niederer Gelüste. Dann entbehrt er aller Sachlichkeit.

Die Rechtsgelehrten, deren Rechtsschulen durch den Konsens der *umma* angenommen wurden, legten also die beiden genannten Voraussetzungen fest. Rechtshistoriker sind sich trotz der umfangreichen Literatur über die verschiedenen Ursachen des *iḫtilāf* in jener Zeit nicht einig. Es können jedoch die folgenden drei Hauptgründe genannt werden:

7.2.1. Linguistische Ursachen

Ein und dasselbe Wort aus der Gesetzgebung kann mehrere unterschiedliche Bedeutungen tragen. Das Wort „*ʿayn*" z.B. kann für das Sehorgan, eine fließende Quelle, reines Gold oder einen Spion verwendet werden. Wenn ein solches Wort in einem Kontext verwendet wurde, in dem eine jede Bedeutung möglich war, kam es bei den Gelehrten, die sich um die korrekte Bedeutung bemühten, zu einem *iḫtilāf* bei der Findung der richtigen Variante. Es konnte natürlich auch zu Vorschlägen kommen, die völlig im Widerspruch mit dem beabsichtigten Sinn des Wortes standen.

Die Rechtsgelehrten hatten beispielsweise einen *iḫtilāf* in der bezweckten Bedeutung des Begriffs „*qar'*" im Vers: {*Die entlassenen Frauen haben drei Perioden* (*qurū'*) *lang zu warten*} (*Al-Baqara*: 228). Das Wort „*qar'*" (pl. *qurū'*) kann sowohl Menstruation (*ḥayḍ*) als auch die Phase der Reinheit nach einer Periode (*ṭuhr*) bedeuten. Die Länge der Wartezeit variiert also je nachdem, welche Bedeutung zugrundegelegt wird. Einige Rechtsgelehrte aus dem Ḥiǧāz kamen zu dem Schluss, dass die Wartezeit drei Intervalle der Reinheit nach einer Menstruation lang sei, während die Rechtsgelehrten im Irak die Auffassung vertraten, dass die Wartezeit drei Intervalle der Periode betrage.[191]

Manchmal konnte ein Ausdruck außerdem sowohl einen wörtlichen als auch einen übertragenen Sinn haben, sodass es auch hier zu einem *iḫtilāf* kam. Daneben gab es einen *iḫtilāf* darüber, ob etwas aus den Gesetzestexten überhaupt im übertragenen Sinne ausgelegt werden dürfe. Die meisten bejahten diese Auslegungsmöglichkeit, während einige wenige wie Abū Isḥāq al-Isfrāyīnī und der Großgelehrte Ibn Taymiyya es verneint haben.

Diejenigen, die es ablehnten, argumentierten, dass diese Konnotationen keinen wirklichen Bezug zur ursprünglichen Verwendung des Wortes hätten. Dementsprechend könne beispielsweise der Ausdruck „Löwe" nicht als „ein mutiger Mensch" verstanden werden. Die gesetzgeberischen Texte seien entstanden, um die Urteile deutlich zu machen, nicht um zu verwirren, wie es bei bildlichen Interpretationen der Fall sei. Unser Anliegen an dieser Stelle ist nicht, dieses Thema zu problematisieren. Denn die Allgemeinheit der Gelehrten war faktisch der Meinung, dass figurative Konnotationen der Gesetzestexte zulässig seien. Ibn Qudāma und andere Fundamentalgelehrte (*uṣūliyūn*) sahen die Ablehnung, den übertragenen Sinn in den Gesetzestexten zu beachten, sogar als eine Form des Stursinns.[192]

Jedenfalls hatten die Gelehrten in ihrem Verständnis des Bezweckten in den Gesetzestexten einen *iḫtilāf*. Wenn also ein Begriff sowohl für die wörtliche als auch für die bildliche Bedeutung offen war, entschieden sich einige Gelehrte für die eine Auslegung und andere für die andere. So auch bezüglich des Begriffs „*mīzān*". Wörtlich bezeichnet er das Instrument der Waage. Allegorisch gesprochen, kann er aber auch die Bedeutung von Gerechtigkeit haben, wie in dem Vers: {*Und den Himmel hat Er emporgehoben und die Waage (mīzān) aufgestellt. Auf dass ihr niemals das Maß (mīzān) überschreiten möget. Wiegt daher mit Ge-*

191 Siehe: Tafsīr von al-Qurṭubī, 3/113, und Al-Muġnī von Ibn Qudāma, 9/77 ff.
192 Siehe: Rawḍat an-Nāẓir, 35 in der Salafiyya-Edition.

rechtigkeit und verliert nicht das Maß!} (*Ar-Raḥmān*: 7-9). In der ersten und zweiten Nennung wurde dieser Begriff im Sinne von „Gerechtigkeit" oder „Gleichgewicht" verwendet, sowie in der Aussage des Erhabenen: {*Fürwahr haben Wir Unsere Gesandten entsandt mit allem Beweis von dieser Wahrheit; und durch sie erteilten Wir Offenbarung von droben und gaben eine Waage (mīzān), auf dass die Menschen sich gerecht verhalten mögen*} (*Al-Ḥadīd*: 25), und bei der dritten Nennung ist das Maß gemeint, mit dem gewogen wird.[193] Die arabische Linguistik kennt gleichermaßen idiomatische Wendungen in Verbindung mit dem Wort „*mīzān*", die im übertragenden Sinn verstanden werden wie z.B. die Wendung „Waage der Wörter" (*mīzān al-kalām)* für „Grammatik" (*naḥw)*.

Stellenweise ergibt sich eine figurative Rede auch erst aus dem Gesamtzusammenhang, wie dem folgenden Vers zu entnehmen ist: {*Oh Kinder Adams! Fürwahr, Wir haben euch von droben Gewänder entsandt (anzalnā), um eure Blöße zu bedecken und als eine Sache der Schönheit*} (Al-Aʿrāf: 26). „*anzalnā*" bedeutet also wörtlich „*Wir haben herabgesandt*". Selbstverständlich wurden keine Kleider als solche vom Himmel herabgesandt. Gott hat hingegen Regen herabgesandt, der Pflanzen zum Wachsen bringt, von denen die Tiere essen, die Er erschaffen hat und die ein Fell und Wolle tragen, von denen wiederum Kleidung angefertigt werden können. So wurde in diesem Vers das Ergebnis, nämlich die Kleidung, statt der Ursache, nämlich das Wasser, verwendet, aus dem Gott alles Lebendige hervorgebracht hat. Eine wörtliche Auslegung wäre daher unzulässig. Es muss stattdessen im Sinne von „*Wir haben das Wissen zur Herstellung und Verwendung verliehen*" interpretiert werden. Eine solche Bedeutung würde auch einem anderen Gebrauch des Verbs „*anzala*" entsprechen, denn Gott sagte: {*Wir erteilten (anzalnā) von droben (die Fähigkeit zum Gebrauch von) Eisen*} (Al-Ḥadīd: 25). Wir können dies nicht wörtlich übersetzen als „*Gott sandte von oben Eisen herab.*"

Abgesehen von der Bedeutungsvielfalt einzelner Wörter, entstanden auch Schwierigkeiten in grammatischen Fragen. Es ist allgemein bekannt, dass ein direkter Imperativ in der Form von „Mach!" einen Be-

---

193 Siehe: Tafsīr von Ibn Kaṯīr, 4/270.

fehl meint, deren Erfüllung verpflichtend ist. Der negative Imperativ in der Form „Mach das nicht!" zeigt ein Verbot auf. Doch diese Formen werden nicht immer in diesem absoluten Sinn verwendet.

Die direkte Imperativform eines Verbs kann auch verwendet werden, um etwa auf eine lobenswerte Vorgehensweise zu weisen, einen Rat zu geben, eine Warnung zu erteilen oder einige Neuigkeiten zu vermitteln. Die Befehlsform {*schreibt für sie, wenn ihr an ihnen etwas Gutes wisst*} (*An-Nūr*: 33) für eine versklavte Person, die einen Befreiungsantrag stellt, wurde von den Gelehrten entweder als absoluter Befehl mit dem Ziel der Abschaffung der Sklaverei als soziale Institution oder als Hinweis auf eine lobenswerte Vorgehensweise gewertet. Und die Befehlsform an die Gläubigen {*So ruft zwei eurer Männer auf, um als Zeugen zu handeln*} (*Al-Baqara*: 282) bei der Vergabe eines Kredits ist wie eine Anleitung und Beratung anzusehen. Die Befehlsform {*Tue also (was immer du willst)*} (*Fuṣṣilat*: 5) wiederum an diejenigen, die sich bewusst von der Botschaft des Gesandten abwenden, wird im Allgemeinen als eine Warnung vor den Folgen von Starrsinnigkeit angesehen.[194]

Neben dem direkten Verbot kann das Negative genutzt werden, um zum Verzicht auf unpassende oder abzulehnende Handlungen anzuregen, einen Rat zu geben oder von etwas Neuem zu berichten. Wenn Gott sagt {*So richte deine Augen nicht (sehnsüchtig) auf die weltlichen Nutzen, die wir einigen von jenen (welche die Wahrheit leugnen,) gewährt haben*} (*Al-Ḥiǧr*: 88), so meint der negative Imperativ hier den Verzicht auf eine potenziell belastende Haltung. Und wenn Gott den Gläubigen befiehlt {*Fragt nicht nach Angelegenheiten, die, wenn sie euch (in Form des Gesetzes) dargelegt würden, euch Härte bereiten könnten*} (*Al-Mā'ida*: 101), so gilt dies als ein wegweisender Rat, um unvorteilhafte Neugier zu vermeiden.

Die unterschiedlichen Möglichkeiten der Interpretation tragen zum *iḫtilāf* zwischen den Rechtsgelehrten und ihren Ansätzen und Methoden zur Ableitung von Recht bei. Manchmal können die Gelehrten über die kontextuelle Verwendung von Worten uneins sein, selbst wenn sie sich voll und ganz im Hinblick auf die Bedeutung der einzelnen Worte einig

---

194 Siehe: Al-Maḥṣūl, 2/39, wo insgesamt 15 Bedeutungen des positiven Imperativs aufgezählt werden.

sind. Ein Beispiel dafür ist der *iḫtilāf* in dem Vers 282 von *Al-Baqara*, in dem es um die Rolle des Schreibers und des Zeugen bei der Abwicklung von Geschäftsverträgen geht. Einige legten den Vers auf Grundlage einer besonderen Lesart von Ibn ʿAbbās (r) in der folgenden Bedeutung aus: {*Lasst weder Schreiber noch Zeugen Schaden anrichten (yuḍārir)*}. Nach dieser Bedeutung muss darauf geachtet werden, dass der Schreiber nicht etwas anderes schreibt als ihm diktiert wurde, und dass der Zeuge nicht etwas anderes aussagt als das, was vorgefallen ist. Andere wiederum folgten der Auslegung: {*Weder Schreiber noch Zeuge dürfen Schaden erleiden (yuḍārra)*}. Diese stützt sich auf die Lesart von Ibn Masʿūd (r). Bei dieser Auslegung steht das Verb grammatisch im Passiv. Demnach dürfen beide nicht von einem Dritten bedrängt werden, indem sie z.B. zu einer unpassenden Zeit oder einem ungeeigneten Ort zur Arbeit verpflichtet werden. Schaden könnte auch durch die Verantwortlichkeit beider für den Vertrag als solchen erstehen, in dem etwa eine der beiden Parteien ihr Abkommen nicht einhält. Die unterschiedlichen Lesearten und grammatischen Verständnisse führten so zum *Iḫtilāf*, wobei die erste Lesart von Ibn ʿAbbās (r) eigentlich eher im Ḥiǧāz üblich war.[195]

Diejenigen, die sich mit der Untersuchung derartiger Ursachen für den *iḫtilāf* beschäftigen, werden viele weitere solcher einzelnen Wörter und grammatikalischer Konstruktionen finden. Des Weiteren könnten noch die allgemeinen und besonderen, absoluten oder partiellen, zusammenfassenden und spezifizierenden Aussagen und weiteres mehr in den Blick genommen werden... Der interessierte Leser sei hiermit angeregt, den faszinierenden Wurzeln der Sprache, die zu einem rechtlichen *iḫtilāf* führen, auf den Grund zu gehen.[196]

7.2.2. Überlieferungstechnische Ursachen

Der häufigste Grund für einen *iḫtilāf* zwischen den frühen Gelehrten liegt in Art und Form der Überlieferungen und der ihnen zugrunde lie-

---

195 Siehe: Al-Tanbīh ʿalā al-Asbāb allatī awǧabat Iḫtilāf bayna al-Muslimīn (Mahnung über die unter den Muslimen zu iḫtilāf führenden Gründe) von Ibn al-Sayyid al-Baṭlayūsī, 3-32.

196 Siehe: Al-Tanbīh ʿalā al-Asbāb allatī awǧabat Iḫtilāf bayna al-Muslimīn für einleitende Studien.

genden vielfältigen Aspekte. Manchmal erreichten einen Rechtsgelehrten nicht alle relevanten Überlieferungen, sodass sein Urteil oftmals entweder auf der wörtlichen Auslegung des Qurʾān oder einer Sunna basierte, er einen Analogieschluss zu einem anderen Urteil des Gesandten Gottes ﷺ zog oder die Fortführung einer früheren Rechtslage (*istiṣḥāb*) gültig machte.[197] Oder er gründete sein Urteil auf die grundsätzliche Zulässigkeit und Nichtverpflichtung (*aṣl ʿadm at-taklīf wa l-barāʾa*)[198] oder aber auf Grundlage irgendeines anderen anerkannten Grundsatzes zur Rechtsfortbildung. Einen anderen Rechtsgelehrten hingegen erreichte bei der Untersuchung einer Angelegenheit eine relevante Überlieferung, sodass es zu unterschiedlichen Urteilen in der gleichen Frage kam. Zuweilen kam es auch dazu, dass eine Überlieferung einen Rechtsgelehrten zwar erreichte, dieser jedoch einen Grund dafür sah, diesen nicht zur Rechtsprechung heranzuziehen. Mögliche Begründungen hierfür waren:

- Die Überlieferungskette (*isnād*) zum Gesandten ﷺ war nicht gesund, da einer ihrer Tradenten unbekannt, nicht vertrauenswürdig oder für seine Gedächtnisschwäche in Bezug auf die Überlieferungskette bekannt war.
- Die Überlieferungskette war entweder auf der Stufe der Prophetengefährten (*mursal*) oder danach (*maqṭūʿ*) unterbrochen.
- Die Bedingungen eines Rechtsgelehrten im Falle einer Überlieferungskette mit einem Einzelstrang (*āḥād*) waren nicht die gleichen wie die eines anderen Rechtsgelehrten. Also bediente sich ein Rechtsgelehrter dieser Überlieferung und ein anderer nicht, und so kam es zu einem *iḫtilāf*.

Die unterschiedlichen Schlussfolgerungen der Gelehrten sind auch dem *iḫtilāf* ihrer individuellen Ansichten bezüglich der Bedeutung einer Überlieferung und ihrer Auswirkungen geschuldet. Das gilt zum Bei-

---

197 Istiṣḥāb ist die Fortsetzung eines in der Vergangenheit gegoltenen Gesetzes in der Gegenwart, da eine Änderung oder Annullierung ungewiss ist.

198 Der Grundsatz geht von der Befreiung der Menschen vor der Verpflichtung aus und davon, dass es keine legitime Verpflichtung gibt, außer durch einen religiösen Beleg.

spiel für ihren *iḫtilāf* in den Einzelfragen der „*muzānaba*",[199] *muḫābara*,[200] der *muḥāqala*,[201] der *mulāmasa*,[202] sowie der *munābaḏa*,[203] oder dem *ġarar*.[204]

Gelegentlich kam es auch zu Abweichungen im Wortlaut einer gleichen Überlieferung, die wiederum manche Rechtsgelehrte erreichte und andere nicht. Die Abweichungen konnten ein solches Ausmaß haben, dass der Wegfall eines einzigen Wortes die ganze Bedeutung der Überlieferung veränderte. Darüber hinaus erreichte eine Überlieferung einen Gelehrten samt ihres Kontextes, so dass er ein gutes Verständnis für ihren Zweck aufbrachte, und andere erreichte der Kontext nicht, so dass sich ihr Verständnis unterschied.

Es kam auch dazu, dass ein Tradent nur einen Teil einer Überlieferung hörte und ein anderer die ganze. Außerdem konnte es bei der Übernahme eines Überlieferungsinhaltes aus einem Buch zu Rechtschreibfehlern oder Interpolationen kommen, auf die einige Rechtsgelehrte ihr Urteil gründeten, während andere sich auf fehlerfreie Übernahmen stützten. Zudem konnte ein Rechtsgelehrter zwar eine Überlieferung für authentisch erklären, ihren Inhalt aber nicht annehmen, weil sie einer Überlieferung widersprach, die er für noch authentischer hielt.

---

199 Rein sprachlich bedeutet der Begriff „Verteidigung". Als Terminus technicus bezeichnet es den Verkauf des erwarteten Ertrages einer Ernte für einen gegenwärtigen Ertrag, wie z.B. der Verkauf von Datteln, die an einer Baumkrone hängen, für eine Anzahl ausgelesener Datteln oder der Verkauf von Trauben im Gegenzug für Rosinen. Und bei einigen meint dieser Begriff die Landbewirtschaftung. Siehe: Al-Qāmūs al-fiqhī, 158.

200 Die Auszahlung eines Teils aus der Ernte eines Landwirts an einen anderen, den dieser auf seinem Land beschäftigt, also das Arbeiten auf einem Feld für einen Teil seines Gesamtertrages.

201 Der Verkauf der Ernte, bevor sie geerntet wird.

202 Die Form eines Verkaufs aus der Zeit vor dem Islam, bei dem ein Käufer durch das bloße Berühren einer Ware zu deren Kauf verpflichtet wurde, auch wenn er es nicht wollte. Meistens handelte es sich hierbei um Kleidung.

203 Ein Verkauf, bei dem der Verkäufer die Ware, meist Kleidung, in Richtung des Käufers wirft, um den Abschluss des Geschäfts zu signalisieren.

204 Der Verkauf von Waren, deren tatsächliches Bestehen oder ihre Menge zum Zeitpunkt des Abschlusses nicht bekannt sind und zu diesem Zeitpunkt auch nicht kenntlich gemacht werden.

So entschied er sich für eine Herleitung aus der authentischeren Überlieferung, oder er enthielt sich beider, solange, bis ihm das Richtige klar wurde.

Einige Rechtsgelehrte konnten auf einen Beleg stoßen, welcher die Überlieferung aufhob, ihre generelle Aussage spezifiziert oder ihre Tragweite einschränkt, die aber anderen Gelehrten nicht bekannt war, sodass es auch hier zu einem *iḫtilāf* der Schulen kam.[205]

7.2.3. Juristische Ursachen

Die Wissenschaft der Rechtsquellen (*uṣūl al-fiqh*) beschäftigt sich im Allgemeinen mit den Erkenntnisquellen und Belegen der Rechtswissenschaft und ihrer Methodik zur Ableitung von Recht sowie ihrem Geltungsbereich. Hier werden alle Grundsätze und Regelungen für den Prozess der Rechtsfindung und der Ableitung von Gesetzen und des Fallrechts anhand klarer Belege formuliert. Die Rechtsgelehrten definierten so ihre Belege und ihre Methodik, die ihren jeweiligen Rechtsprechungen die Beweiskraft (*ḥuǧǧiyya*) verliehen. Sie machten damit alle Wege deutlich und nachvollziehbar, die für die Findung einer Regelung beschritten wurden.

In diesen Grundsätzen und Regelungen unterschieden sich die Lehren der Rechtsfortbilder, so dass sich auch die ihnen zugesprochenen Rechtsschulen unterschieden. Einige sahen zum Beispiel die Entscheidung eines Gefährten des Propheten, wenn sie verbreitet war und ihr keine andere Entscheidung widersprach, für rechtskräftig an. Sie begründeten dies durch das Vertrauen an seine moralische Rechtschaffenheit und die Annahme, dass dieser nur dann eine Rechtsentscheidung traf, wenn ihm ein Beleg oder das Verständnis für einen Beleg oder einer Überlieferung des Gesandten ﷺ bekannt gewesen war, die nicht allgemein bekannt wurde und uns nicht erreicht hat. Andere sahen statt der Meinungen und Entscheidungen der Gefährten nur ihre tatsächlichen Überlieferungen über den Gesandten als verbindlich an. Und so kam es zu Fällen des *iḫtilāf* zwischen den Rechtsschulen, die auf diesen Punkt zurückzuführen waren.

---

205 Siehe: Rafʿ al-Malām, 7.

Einige Rechtsgelehrte befolgten das Prinzip der schützenswerten Interessen (*maṣlaḥa mursala*). Dies betraf jene Angelegenheiten, in denen aus den Primärquellen weder Ge- noch Verbote zu entnehmen waren. Sie wurden also weder anerkannt noch zurückgewiesen. Wenn also ein Rechtsgelehrter in diesem Bereich etwas erfasste, was ein allgemeines Interesse war, sprach er im Sinne dieses Interesses ein Urteil aus. Dem liegt die Annahme zugrunde, dass der Gesetzgeber die Gesetze nur erlassen habe, um die allgemeinen Interessen der Menschen zu sichern. Aber es gab auch andere, die diesem Prinzip nicht folgten und es [d.h. das allgemeine Interesse] nicht als eine Quelle der Rechtsprechung anerkannten. Also entstanden deshalb wiederum diverse Formen des *iḫtilāf*.

Gleich dieser Prinzipien gab es viele andere, in denen die Rechtsgelehrten einen *iḫtilāf* hatten. In den Büchern der Rechtsquellenlehre werden sie abgehandelt unter den Begriffen „Indikatoren mit divergierendem Sinngehalt" (*adilla al-muḫtalaf fīha*), „Sperrung der [erlaubten] Mittel" (*sadd aḏ-Ḏarā'i'*), „Billigung" (*istiḥsān*), „Fortgeltung einer Rechtslage" (*istiṣḥāb*), „Das Urteil gemäß Vorbedacht" (*al-aḫḏ bī 'l-aḥwaṭ*), „Das Urteil gemäß Vereinfachung" (*al-aḫḏ bī l-aḫaf*), „Das Urteil zur Erschwernis" (*aḫḏ bī al-aṯqal*), „Gewohnheitsrecht" (*al-'urf*), „Ortsbrauch" (*al-'āda*) und anderen.

Die Rechtsgelehrten hatten zudem auch einen *iḫtilāf* bezüglich der Implikationen der Primärquellen, der Methoden zur Erlangung ihrer Implikationen und ihren Folgen, die durch diese Texte gerechtfertigt wurden. All das waren Ursprünge für den *iḫtilāf* im Bereich des subsidiären Rechts.

Dies ist nur eine kurze Übersicht der wichtigsten Ursachen für den juristisch bedingten *iḫtilāf*. Wer sich für die weitere Forschung interessiert und nach weiteren relevanten Ursachen mit Beispielen zu den verschiedenen Punkten sucht, der befasse sich mit sowohl klassischen als auch modernen Werken, die sich diesem Thema widmen.[206]

---

206 Siehe: Nuzhatu 'l-Awliyā', 392; Dā'irat Ma'ārif al-Qarn al-'Išrīn (Enzyklopädie des zwanzigsten Jahrhunderts), 4/141.

8. Rechter Umgang in einer Iḫtilāf-Kultur

In den Bereichen der Rechtsfortbildung hatten die Rechtsgelehrten einen *iḫtilāf*, wie auch die Prophetengefährten und ihre Nachfolger ihn hatten. Sie allesamt waren rechtgeleitet, da der *iḫtilāf* nicht aus niederen Gelüsten und Neigungen oder dem Willen zur Spaltung resultierte. Ein Einzelner widmete sich mit äußerster Anstrengung der Suche nach Wahrheit und sein einziges Ziel war die Findung der Wahrheit, und das Wohlgefallen des erhabenen Gottes. Daher haben die Leute des Wissens aller Epochen das Rechtsgutachten der Rechtsprecher (*muftūn*) im Bereich der Rechtsfortbildung akzeptiert, solange sie die Qualifikation mit sich brachten. Und so sprachen sie den richtig Liegenden das Recht zu, und sie baten um Vergebung für diejenigen, die falsch lagen. Sie unterstellten allen eine gute Absicht, und sie fügten sich dem Urteil der Richter, gleich welcher Rechtsschule sie angehörten. Die Richter wiederum richteten sich bei Bedarf nach einer anderen Rechtsschule als der eigenen, ohne das Gefühl des Zu-Kurz-Kommens oder der Reduktion auf eine einzige anerkannte Rechtsmeinung. Sie alle folgten dieser Ausgangslage, auch wenn sie unterschiedlichen Beweisführungen folgten. Meistens waren ihre Entscheidungen von Formulierungen begleitet wie: „Dies ist sicherer", „Dies ist angemessener", „So sollte es sein", „Dies mögen wir nicht" oder „Dies gefällt mir nicht". Keine ungerechtfertigten Beschränkungen und Anschuldigungen kamen auf, und kein Tadel erging über eine Meinung, die sich auf die Primärtexte bezog. Vielmehr waren sie Fragen gegenüber aufgeschlossen, und ihr Anliegen war es, den Menschen ihre Angelegenheiten zu vereinfachen.

Unter den Prophetengefährten, ihren Nachfolgern und den folgenden Generationen gab es welche, die während des rituellen Gebets die „*basmala*" rezitierten, andere rezitierten sie nicht, wieder andere rezitierten sie laut und andere leise. Einige vollzogen den „*qunūt*" während des Morgengebets und andere nicht. Einige erneuerten ihre rituelle Reinheit durch die Waschung nach dem Nasenbluten, Erbrechen oder dem Schröpfen, während andere es nicht taten. Einige waren der Ansicht, dass das Berühren einer Frau die rituelle Reinheit aufhebt, und andere nicht. Einige erneuerten ihre rituelle Reinheit nach dem Essen von Kamelfleisch oder von Lebensmitteln, die direkt mit Feuer in Kontakt kamen, während andere diese Notwendigkeit nicht sahen.

All dies verhinderte nicht, dass die einen hinter den anderen beteten und umgekehrt. Abū Ḥanīfa und seine Anhänger, aš-Šāfiʿī und andere Lehrmeister pflegten das Gebet hinter den Leitern der mālikītischen und der anderen Rechtsschulen in Medina zu verrichten, selbst wenn diese nicht die „*basmala*“ rezitierten, weder laut noch leise. Ar-Rašīd leitete einst das Gebet nach einem Schröpfen, während Abū Yūsuf hinter ihm betete, und er wiederholte das Gebet nicht, obwohl er das Schröpfen als einen Grund für die Aufhebung der für das Gebet notwendigen Reinheit ansah.

Für Aḥmad b. Ḥanbal hob das Nasenbluten und Schröpfen die rituelle Reinheit auf. Er wurde gefragt, ob es zulässig sei, hinter einem Imām zu beten, dem Blut entronnen war. Und seine Antwort war: „*Wie könnte ich nicht hinter jemandem wie Saʿīd b. al-Musayyib beten?*“[207] Aš-Šāfiʿī betete einmal das Morgengebet in der Nähe des Grabes von Abū Ḥanīfa, und er vollzog nicht den „*qunūt*“ während des Gebets, wobei es für ihn eine Handlung war, von der er sicher war, dass der Gesandte ﷺ sie regelmäßig verrichtete (*Sunna muʾakkada*). Er wurde danach befragt, worauf er antwortete: „*Soll ich etwa von ihm abweichen, wo ich doch in seiner Gegenwart bin?*“ und er sagte auch „*Möglicherweise haben wir uns der Rechtsschule der Menschen des Irak zugeneigt.*“[208]

Imām Mālik war am kenntnisreichsten, was die Überlieferungen vom Gesandten Gottes ﷺ über die Medinenser anging, und am meisten in deren Überlieferungswegen bewandert. Er hatte zudem das meiste Wissen über Rechtsprechungen von ʿUmar und die Rechtsmeinungen von ʿAbdullāh b. ʿUmar und ʿĀʾiša und ihrer anderen Gefährten unter den so genannten „sieben Rechtsgelehrten“, Gottes Wohlgefallen sei auf ihnen allesamt. Er war einer der Pioniere der Überlieferungswissenschaft und der Rechtsgutachten (*fatāwā*). Seinem Werk „*Al-Muwaṭṭāʾ*“ sind die zuverlässigen Überlieferungen der Bevölkerung des Ḥiǧāz sowie die ihm bekannten Rechtsurteile der Gefährten und ihrer unmittelbaren Nachfolger zu entnehmen. All dies hat er mit erheblicher Mühe in Rechtskapitel gegliedert und wohlgeordnet. Dieses Werk wird als Er-

207 Saʿīd ibn al-Musayyib und Imām Mālik b. Anas sahen nämlich die Erneuerung der rituellen Reinheit nach dem Entrinnen von Blut nicht als verpflichtend an.

208 Siehe: Ḥuǧǧatullāh al-bāliġa, 335.

gebnis von vierzig Jahren harter Arbeit des Imāms Mālik angesehen. Es ist außerdem das erste Werk über die Überlieferungen und die Jurisprudenz im Islam. Um die 70 der Gelehrten aus dem Ḥiǧāz seiner Zeit hatten zum Gelingen dieses Werks beigetragen. Und dennoch: Als der Kalif al-Manṣūr davon mehrere Abschriften anfertigen lassen wollte, um sie in allen Regionen verteilen zu lassen und alle an die Befolgung des darin verankerten Rechts zu binden, damit dem *ḫilāf* Einhalt geboten werde, war Mālik selbst der erste, der sich gegen dieses Vorhaben aussprach. Folgende Rede wird von ihm überliefert:

> „Oh Führer der Gläubigen, mache das nicht, denn die Menschen haben bereits ihre Rechtsprechungen, sie berufen sich auf bereits gehörte Überlieferungen, und sie tradieren bereits ihre Berichte. Jedes Volk bezieht sich bereits auf das, was schon bei ihnen ist und sie wählten es im iḫtilāf zu anderen aus. So lasse die Menschen mit dem, was das Volk eines jeden Landes für sich selbst gewählt, hat in Frieden." Darauf antwortete der Kalif ihm zustimmend: „Gott gewähre dir Erfolg, oh Sohn des ʿAbdullāh."[209]

Hinter dieser Weigerung steht eine beachtliche Größe und Aufgeschlossenheit. Obwohl sein Werk das Vermächtnis seiner sichersten und zuverlässigsten Überlieferungen ist, über die es unter den Menschen in Medina und ihrer vortrefflichen Gelehrten keinen *iḫtilāf* gab, sah er die Gefahr des Versuchs einer autoritären Eingrenzung des *iḫtilāf*.

8.1. Das Schreiben des al-Layṯ b. Saʿīd an Mālik

Eines der vielleicht besten Beispiele für die Ethik und den rechten Umgang mit *iḫtilāf* ist jenes Schreiben an Mālik von al-Layṯ b. Saʿīd, dem führenden Rechtsgelehrten im Ägypten seiner Zeit. Darin legt er auf eine höchst anständige Weise seine Ansichten dar, in denen er einen *Iḫtilāf* mit Mālik hatte. Da der Brief zu lang ist, um ihn im vollen Umfang zu zitieren, seien hier einige Auszüge wiedergegeben, welche diesen kultivierten Umgang illustrieren:

> (...) Gottes Frieden sei mit dir, und ich lobe Gott, außer dem es keinen anderen Gott gibt. Gott möge uns und dir Wohlergehen und uns allen den besten Verbleib gewähren. Mich erreichte dein Schreiben, in dem du von deinem gesunden Zustand berichtet hast, was mich sehr erfreute. Möge

209 Siehe: ebenda und Al-Fikr as-Sāmī, 1/336.

> Gott diesen Zustand andauern lassen und ihn mit Dankbarkeit und Perfektion Ihm gegenüber vollenden. (...) Du hast davon Kenntnis genommen, dass ich den Menschen andere Rechtsgutachten erteile als jene, die bei euch geläufig sind. Du mahntest mich an, um meine Seele zu fürchten wegen dem, was ich den Menschen aus der Überzeugung meines Herzens an Urteilen ausspreche, und dass es ihnen obliegt, den Medinensern zu folgen, dem Ort der Auswanderung (*hiğra*), an dem der Qur'ān offenbart wurde. Und was du in diesem Zusammenhang geschrieben hast, ist richtig – so wahr Gott will – und es hat mich so berührt, wie du es wünschst. Unter jenen, denen Wissen zugesprochen wird, gibt es niemanden, dem das Abschweifen durch die Rechtsgutachten so verhasst ist wie mir. Und niemand genießt größeren Vorzug als jene Gelehrten aus Medina, die uns vorausgingen, und jene, die ihr Urteil auf die Aspekte gründen, in denen sie sich einig waren. Lob und Dank gebührt Gott, dem Herrn und Erhalter der Welten, und er hat keinen Mitgott.

Im Folgenden ging al-Layṯ b. Saʿīd auf den *iḫtilāf* zwischen ihm und Mālik in Bezug auf die Autorität der gängigen Praxis der Medinenser ein. Er wies darauf hin, dass viele der allerersten Gefährten, welche die prophetische Unterweisung erlebten und erhielten, sich in alle Himmelsrichtungen hin verteilten, um sich für die Religion Gottes einzusetzen, und dabei ihre Lehren des Qur'ān und der Sunna verbreitet hatten. Er stellte dann den *iḫtilāf* ihrer Nachfolger in gewissen Bereichen klar und ebenso den der vierten Generation. Zu letzteren zählt er solche Persönlichkeiten wie Rabīʿa b. Abī ʿAbd ar-Raḥmān auf, mit dem er einigen Dissens hatte. Dann schrieb er weiter:

> Und dennoch, Lob sei Gott, lag in Rabīʿa viel Gutes. Er hatte einen tiefgründigen Intellekt, eine beredte Sprache und einen anerkannten Rang. Er hatte gute islamische Manieren und empfand eine aufrichtige Liebe für seine Mitmenschen im Allgemeinen und für uns im Besonderen. Möge Gott ihm Seine Gnade gewähren und ihm vergeben und ihn für die besten seiner Taten belohnen.

Hierauf nennt er mehrere Punkte des *iḫtilāf* zwischen Mālik und sich selbst, wie das Zusammenlegen des Abendgebets in einer regnerischen Nacht, das Gerichtsurteil nach Angabe eines einzigen Zeugen, die Entzahlung einer verzögerten Mitgift (*aṣ-ṣadāq*) erst im Falle der Scheidung, das Vorziehen des Gebets vor der Predigt im Falle des Gebets um

Regen (*istisqā'*) und andere Meinungsunterschiede. Am Ende seines Schreibens sagte er dann:

> Viele weitere Dinge habe ich nicht erwähnt. Ich bitte Gott inständig darum, dir Erfolg und ein langes Leben zu gewähren. Denn hierdurch erhoffe ich mir einen großen Nutzen für die Menschen und fürchte den schwerwiegenden Verlust, wenn deinesgleichen nicht mehr da sind. Sei über meine Nähe zu dir versichert, auch wenn ich weit weg bin. Dieser Stellung und Wertschätzung bei mir sei dir bewusst. Bitte berichte mir auch weiterhin über deinen Zustand, deine Kinder und Angehörigen und lass mich bitte wissen, wenn ich etwas für dich oder jemandem, der dir nahe steht, tun kann. Dies wäre mir eine große Freude. Während ich diesen Brief schreibe, erfreuen wir uns bester Gesundheit, Gottlob. Möge Gott uns für Seine Begünstigungen dankbar sein lassen, und möge Er seine Gunst an uns vollenden. Gottes Frieden und Barmherzigkeit sei mit dir![210]

Viele weitere Diskussionen und Debatten sind in den biographischen Arbeiten und den historischen Schriften verzeichnet, welche von großer Gelehrsamkeit und Präzision zeugen und ein leuchtendes Beispiel für den rechten Umgang mit *iḫtilāf* darbieten. Der aufgeklärte Diskurs litt dann an dem Aufkommen und der Ausbreitung starrer Nachahmungen (*taqlīd*). Dies führte nämlich dazu, dass die Menschen, die Entscheidungen und Praktiken einer bestimmten Rechtsschule unter dem Ausschluss aller anderen folgten, die andere als mangelhaft oder gar falsch erachteten. Das Ergebnis war eine Verhärtung der Fronten und Positionen unter den Gelehrten und eine gewisse Stagnation des Wissens selbst. Dies galt vor allem nach dem Ableben renommierter Gelehrter, über die al-Ġazālī sagte:

> Einige der übrig gebliebenen Gelehrten aus der zweiten Generation hielten das vorbildliche Beispiel ihrer Vorgänger aufrecht. Sie folgten standhaft der Reinheit des Islams und der gängigen Praxis der früheren rechtgeleiteten Gelehrten. Sie vermieden den engen Kontakt zu den politischen Autoritäten und lehnten alle ungerechtfertigten Kompromisse ab.

Die rechtgeleiteten Kalifen mussten notwendigerweise darauf bestehen, sie als Richter und Statthalter einzusetzen, doch als sie ihre Beauftragungen ablehnten, waren andere, weltlich ausgerichtete und selbstsüch-

---

210 Das vollständige Schreiben ist einsehbar bei I'lām al-Muwaqqi'īn, 3/83-88, und Al-Fikr as-Sāmī, 1/370-376.

tige Opportunisten bereit, die Rolle der Frommen und Rechtschaffenen einzunehmen. Aus diesem Grund sagte al-Ġazālī:

> Menschen dieser Sorte sahen den würdevollen und ehrenhaften Status der Gelehrten und die Tatsache, dass ihnen trotz ihrer Zurückhaltung und Ablehnung Positionen als Führer und Statthalter angeboten wurden. Diese selbstsüchtigen Menschen begannen also, sich Wissen anzueignen, um ihren Wunsch nach einem Ruf der Gelehrsamkeit zu verwirklichen, damit sie so ehrenhafte Positionen besetzen konnten. Sie bemühten sich also um das Studium der Rechtswissenschaft. Dann präsentierten sie sich den Statthaltern und suchten ihre Freundschaft und Patronage. Einige unter ihnen waren erfolgreich, doch niemand von ihnen konnte behaupten, von der Erniedrigung und Demütigung durch den Ersuch materieller Vergünstigungen und offizieller Klasse befreit zu sein. Rechtsgelehrte, die einst von den Herrschenden aufgesucht wurden, drängten sich nun selbst vor und wurden zu Strebern nach Mäzenatentum und Status. Damals wurde die Integrität und Ehre dadurch gewahrt, dass sie sich der Verbiegung gegenüber herrschender Autoritäten verweigert hatten. Jetzt gehen sie Kompromisse ein und erniedrigen sich, indem sie den Herrschern schmeicheln. Dies betrifft aber nicht die Gelehrten der Religion Gottes, die der Allmächtige zu jeder Zeit mit Erfolg segnete.[211]

Al-Ġazālī schilderte so die gegenwärtige Situation der Gelehrten, welche von dem Streben nach der materiellen Welt getrieben waren, und welche in der Religion den einzigen Weg sahen, um an den Toren der Mäzene klopfen zu können. Durch diesen Wunsch, nämlich die Zuneigung der Herrscher zu erreichen, wurde das Wissen selbst abgewertet. Mālik pflegte zu sagen:

> Das Wissen [um diese Religion] wird nicht von folgenden vier und stattdessen von solchen, die ihnen nicht gleich sind, genommen: Es wird nicht von Törichten genommen, nicht von jenen, die unerlaubte Neuerungen verbreiten, oder von einem Lügner, der den Menschen falsche Überlieferungen unterbreitet, selbst wenn er seine Überlieferung nicht auf den Gesandten Gottes ﷺ zurückführt, noch von jemandem, der zwar für seine Vorzüglichkeit, Rechtschaffenheit und seine Gottesdienste bekannt ist, aber selbst nicht gemäß seiner Aufforderungen und Reden handelt.[212]
>
> Und er sagte auch: Dieses Wissen ist die Religion selbst. So seid bedacht, von wem ihr eure Religion nehmt. Ich weiß von 70 Leuten, die be-

---

211 Siehe: Iḥyā' 'Ulūm ad-Dīn, 1/14 ff.

212 Siehe: Al-Intiqā', 16.

> haupteten: 'Der Gesandte Gottes ﷺ sprach an diesen Säulen …' (und er zeigte dabei auf die Moschee des Gesandten Gottes). Doch ich habe von ihnen nichts übernommen. Wenn ihnen die Staatskasse übertragen wird, dann werden sie dem gerecht, doch sie gehören dennoch nicht zu dieser Sorte von Menschen [d.h. den aufrichtigen Gelehrten]. Doch als Ibn Šihāb zu uns kam, drängten wir darauf, das Wissen von ihm zu bekommen.[213]

Unter Menschen solcher Prägung [also den aufrichtigen Gelehrten] ist es unwahrscheinlich, dass ein großer *iḫtilāf* aufkommt. Und wenn doch, so nur, weil es um die Wahrheit geht, denn egoistische Neigungen finden in einem *ḫilāf* um der Wahrheit Willen keinen Eingang. Um die rechten Umgangsformen bei einem *iḫtilāf* fortzuführen, denen schon unsere edlen Gelehrten gefolgt waren, nehmen wir uns an ihnen ein gutes Beispiel. Und um diesen Standard klar vor uns zu haben, seien im Folgenden einige musterhafte Formen des rechten Umgangs mit dem *iḫtilāf* vorgestellt.

8.2. Abū Ḥanīfa und Mālik

Bei unserer Darlegung der Rechtsschulen der Imāme wurde bereits der große iḫtilāf zwischen Abū Ḥanīfa und Mālik, Gott möge sich ihrer erbarmen, erkennbar. Deutlich wurde auch ihr jeweiliger Ansatz, den sie in ihrer Rechtslehre verfolgten. Der Altersunterschied zwischen ihnen und der *iḫtilāf* in Bezug auf ihre Rechtsgewinnung hinderten sie jedoch nicht daran, sich gegenseitig zu respektieren und höchst würdevoll miteinander umzugehen.

Al-Qāḍī ʿIyāḍ berichtet im *Al-Madārik* von al-Layṯ b. Saʿd, dass dieser sagte:

> Ich sah Mālik in Medina und sagte zu ihm: '*Ich sehe, wie du den Schweiß von deiner Stirn wischst.*' Da antwortete er: '*[Der Schweiß] stammt von meiner Zusammenkunft mit Abū Ḥanīfa. Er ist wahrlich ein Rechtsgelehrter, oh Ägypter*'

Al-Layṯ sagte weiter:

> Darauf traf ich Abū Ḥanīfa und sagte ihm: '*Wie exzellent sind die Äußerungen dieses Mannes (und ich zeigte auf Mālik) über dich!*' Er antwortete:

213 Ebenda.

'Nie habe ich jemanden gesehen, der so aufrecht, so schlagfertig und in seiner Kritik so eingehend ist!'"[214]

8.3. Muḥammad b. al-Ḥasan und Mālik

Muḥammad b. al-Ḥasan, der als einer der fundiertesten Gefährten von Abū Ḥanīfa gilt und derjenige ist, der seine Rechtslehre aufzeichnete, zog zu Mālik, weilte drei Jahre lang bei ihm und lernte (*sama'a)* von ihm den „*Al-Muwaṭṭa'*". Eines Tages gedachten die Gelehrten Muḥammad b. al-Ḥasan und aš-Šāfi'ī gemeinsam vergangener Zeiten, da sagte Muḥammad:

> Unser Gefährte (er meinte damit Abū Ḥanīfa) war wissender als euer Gefährte (Mālik gemeint). Unserem Gefährten stand die Rede zu und eurem das Zuhören.

Es war, als ob er aš-Šāfi'ī mit dieser Aussage provozieren wollte. Dieser antwortete dann:

> „*Sei ehrlich, bei Gott, wer hatte mehr Wissen über die Sunna des Gesandten Gottes* صلى الله عليه وسلم, *Mālik oder Abū Ḥanīfa?*" „*Mālik*", antwortete Muḥammad b. al-Ḥasan, und fügte hinzu: „*Aber unser Gefährte ist fähiger im analogen Räsonieren.*" „*Ja*", räumte aš-Šāfi'ī ein, „*doch Mālik war auch wissender im Buch Gottes als Abū Ḥanīfa, und wer wissender im Buch Gottes und der Sunna seines Gesandten ist, hat den Vorrang in der Rede.*" Darauf schwieg der Imām Muḥammad b. al-Ḥasan.[215]

8.4. Aš-Šāfi'ī und Muḥammad b. al-Ḥasan

Imām aš-Šāfi'ī sagte:

> Ich erinnere mich an einen Tag mit Muḥammad b. al-Ḥasan, als es zwischen ihm und mir einen Disput und iḫtilāf gab. Es ging so weit, dass ich bemerkte, wie seine Halsadern vor Wut anschwollen…[216]

Und Muḥammad b. al-Ḥasan sagte:

> Wenn es jemanden gab, der mit uns einen iḫtilāf hatte und dieser iḫtilāf bei uns Wirkung zeigte, dann war es Aš-Šāfi'ī.

---

214 Siehe: Al-Intiqā'.

215 Siehe: Al-Intiqā', 16.

216 Ebenda.

Als er gefragt wurde, warum dies so gewesen sei, antwortete er:

> Es war aufgrund seiner Rhetorik und seiner Versiertheit bei Fragen und Antworten und seinem genauen Zuhören.[217]

Dies sind einige Beispiele für die Ethik und die Normen des richtigen Verhaltens im *iḫtilāf* der frühen Gelehrten. Aus diesen Beispielen können wir sehen, dass die Nachfolger der ehrenvollen frühen Generation an das vorbildliche Muster der Altvorderen anknüpften. All dies entsprang dem prophetischen Modell. Das gute Benehmen der trefflichen Altvorderen beschränkte sich nicht auf das Unterlassen von verletzender und verleumderischer Rede. Denn zum rechten Verhalten, welches in jener Generation von Gelehrten verbreitet war, gehörte die Präzision in der Wissenschaft, die Zurückhaltungen derjenigen, die davon keine Kenntnis hatten, und die Hemmung vor Rechtsgutachten aus Sorge, sich hierbei irren zu können. Der Urheber des *„Al-Qūt"* berichtet von einer Überlieferung von ʿAbd ar-Raḥmān b. Abī Layla, in der dieser sagte:

> „Ich erlebte in dieser Moschee (die Moschee des Gesandten Gottes ﷺ) einhundertzwanzig Gefährten des Gesandten Gottes ﷺ. Keiner von ihnen wurde über einen ḥadīṯ oder ein Rechtsgutachten gefragt, ohne dass es diesem lieber war, dass sein Bruder ihn [durch eine Antwort] von dieser Last befreit."

In einer anderen Version heißt es:

> „Eine Anfrage wurde an einen von ihnen herangetragen, und er verwies auf jemand anderen, und der Andere verwies wiederum auf jemand anderen, bis es zu demjenigen zurück kam, der darüber als erstes befragt wurde."[218]

Diese Männer überwanden es aufgrund emotionaler Befindlichkeiten, Anstoß zu nehmen. Sie enthielten sich einer Antwort auf [kritische] Fragen aus [Angst vor] Sündhaftigkeit. Ein Beispiel dafür ist die [Geschichte] eines Mannes, der Mālik b. Anas zu einem bestimmten Thema befragte. Dieser erwähnte auch, dass sein Volk ihn gesandt habe und er seit 6 Monaten unterwegs sei. Mālik antwortete ihm:

> *„Richte denjenigen, die dich sandten, aus, dass ich darüber kein Wissen habe."* Der Mann fragte: *„Wer weiß es dann?"* und Mālik antwortete:

217 Ebenda, S. 38.

218 Siehe: Itḥāf as-Sāda al-Muttaqīn, 1/279-80

> „*Derjenige, dem Gott Wissen gegeben hat. Die Engel sprachen: {Kein Wissen haben wir außer dem, das Du uns gelehrt hast}* (Al-Baqara: 32).“

Es wird auch von Mālik überliefert, dass dieser [bei einer anderen Gelegenheit] achtundvierzig Fragen beantworte, von denen er bei zweiunddreißig „*Ich weiß es nicht*“ entgegnete. Ḫālid b. Ḫaddāš berichtet:

> „*Ich trat aus dem Irak an Mālik mit vierzig Fragen heran, und ich befragte ihn danach, und er antwortete mir nur auf fünf von ihnen.*“ Und Ibn ʿAǧlān pflegte zu sagen: „*Wenn ein Gelehrter nicht die Aussage, 'Ich weiß es nicht' kennt, ist er verloren.*“

Von Mālik wird überliefert, dass ʿAbd ar-Raḥmān b. Yazīd b. Hurmuz sagte:

> Einem Gelehrten obliegt es, seinen Schülern die Aussage, 'Ich weiß es nicht' zu vermitteln, damit es für sie zu einem Prinzip wird, auf das sie zurückkommen. So soll jemand, der von einer Sache kein Wissen hat 'Ich weiß es nicht' sagen.

Und Abū ʿUmar b. ʿAbd al-Barr (gest. 463) berichtet von einer authentischen Aussage des [Prophetengefährten] Abū ad-Dardāʾ, in der dieser sagte: „*[Zu sagen] 'Ich weiß es nicht' ist die Hälfte des Wissens.*“

8.5. Mālik und Ibn ʿUyayna

Ibn ʿUyayna[219] war ein Zeitgenosse des Imām Mālik und jemand, der ihn oft aufsuchte. Imām aš-Šāfiʿī sagte:

> Mālik und Ibn ʿUyayna waren Vertraute, und wenn nicht Mālik und Ibn ʿUyayna gewesen wären, so wäre das Wissen aus dem Ḥiǧāz untergegangen[220]

---

219 Sufyān b. ʿUyayna, mit vollem Namen Sulaymān b. ʿUyayna b. Abī ʿImrān Mīmūn al-Hilālī und dem Beinamen Abū Muḥammad. Er war Imām in Kūfa und bewandert in der Rechts- und Ḥadīṯ-Wissenschaft. Er wurde in Kūfa geboren und verstarb 198 n.H. in Mekka. Einträge zu ihm in Tārīḫ Baġdād, 9/174, Al-Ḥilya, 7/270; Ṭabaqāt von Ibn Saʿd, 5/497; Aǧ-Ǧarḥ wa 't-Taʿdīl, 1Qaf1/55, und Tahḏīb at-Tahḏīb, 4/117.

220 Siehe: Al-Intiqāʾ, 22.

Und dennoch wird überliefert, dass Ibn ʿUyayna einst einen Ḥadīṯ überlieferte, worauf ihm gesagt wurde, dass Mālik zu dieser Überlieferung eine andere Meinung habe. Da antwortete er:

> Vergleichst du mich etwa mit Mālik? Dabei ist [das Verhältnis] von Mālik und mir so wie [der Dichter] Ǧarīr spricht: 'Würde ein Kamelsäugling sich nicht am Strang halten, so würde es den Anschluss zum ausgewachsenen Kamel verlieren.'

Sufyān b. ʿUyayna überliefert die Aussage des Gesandten ﷺ:

> Die Menschen werden in die entferntesten Winkel reisen, um nach Wissen zu streben, doch sie werden niemanden finden, der wissender ist als der Gelehrte Medinas.

Darauf wurde Sufyān gefragt, wer dies sei, und er antwortete:

> „Es ist gewiss Mālik b. Anas“ Und er fügte hinzu: „Er teilte ausschließlich authentische Überlieferungen mit, und er akzeptierte Überlieferungen ausschließlich von zuverlässigen Personen. Und ich fürchte, Medina wird nach seinem Tod ruiniert werden.“[221]

8.6. Mālik und aš-Šāfiʿī

Imām aš-Šāfiʿī sagte:

> Mālik b. Anas ist mein Lehrer, von ihm habe ich das Wissen erlangt. Wenn die Gelehrten erwähnt werden, so ist Mālik der Stern unter ihnen. Niemandem würde ich mich eher anvertrauen als Mālik b. Anas.[222]

Er pflegte auch zu sagen:

> Wenn dir ein ḥadīṯ von Mālik überliefert wird, dann halte daran fest, denn wenn Mālik b. Anas [auch nur den geringsten] Zweifel an einer Überlieferung hatte, missachtete er sie gänzlich.[223]

8.7. Aḥmad b. Ḥanbal und Mālik

Abū Zarʿa ad-Dimašqī berichtet:

221 Siehe: Al-Intiqāʾ, S. 36.
222 Ebenda, S. 23.
223 Ebenda, S. 30.

Ich hörte, wie Aḥmad b. Ḥanbal über [seine Position zu] Sufyān und Mālik befragt wurde, als sie in ihren Überlieferungen einen *iḫtilāf* hatten. Er antwortete: '*Mālik ist mir lieber*' Darauf fragte ich: '*Und wenn Mālik und al-Awzā'ī einen iḫtilāf hätten?*' Er antwortete: '*Mālik ist mir lieber, wenngleich al-Awzā'ī zu den [frühen und anerkannten] Gelehrten gehört*'. Dann wurde er gefragt: '*Und Ibrāhīm (an-Naḫa'ī)?*' Und es war als ob Ibrāhīm nicht mit Mālik verglichen werden dürfe, da er nicht zu den Kennern der Überlieferungen (*Ahl al-Ḥadīṯ*) gehörte. Da antwortete er: '*Belasse diesen bei den Menschen seiner Zeit.*' Schließlich wurde er gefragt, was jemandem zu empfehlen wäre, der von einer einzelnen Person einen Ḥadīṯ nehmen will. Also wurde er gefragt: '*Wen siehst du dafür geeignet?*' Und er antwortete: '*Der Ḥadīṯ, überliefert von Mālik, sollte auswendig gelernt werden*'.[224]

8.8. *Ansichten einiger Gelehrter über Abū Ḥanīfa*

Šu'ba b. al-Ḥaǧǧāǧ war die führende Autorität auf dem Gebiet des Ḥadīṯ[225], während Abū Ḥanīfa, wie wir bereits gesehen haben, zur Schule des juristischen Räsonierens (*ra'ī*) gehörte. Trotz des *iḫtilāf* in Bezug auf ihre Methoden hatte Šu'ba eine hohe Achtung vor Abū Ḥanīfa. Zwischen ihnen war ein Band der Liebe, und sie pflegten regelmäßige Korrespondenz. Šu'ba begutachtete [Aussagen und Werke des] Abū Ḥanīfa und forderte ihn auf, zu unterrichten. Als ihn die Nachricht von seinem Tod erreichte, sagte er: *„Mit ihm ist das Rechtsverständnis aus Al-Kūfa untergegangen. Möge Gott ihm und uns gnädig sein.“*[226]

Yaḥya b. Sa'īd al-Qaṭṭān wurde zu Abū Ḥanīfa befragt, und er antwortete:

> Er schmückt sich nicht mit etwas anderem als dem, was Gott ihm beigebracht hat. Was uns betrifft, bei Gott, wann immer wir von seinen Aussagen etwas bevorzugten, nahmen wir es an.

---

224 Siehe: Al-Intiqā', 30.

225 Šu'ba b. al-Ḥaǧǧāǧ, mit vollem Namen Šu'ba b. al-Ḥaǧǧāǧ b. al-Ward Abū Busṭām und dem Beinamen Amīr al-Mu'minīn fī 'l-Ḥadīṯ. Er starb im Jahr 160 n.H. Einträge zu ihm finden sich in Tārīḫ Baġdād, 9/255 ff., Tahḏīb at-Tahḏīb, 4/338 ff., At-Taḏkira, 193 ff., At-Tārīḫ al-Kabīr des al-Buḫārī, 2Qaf2/244 ff., auch in seinem Tārīḫ aṣ-Ṣaġīr, 2/135, und in Ṭabaqāt von Ibn Sa'd, 7/280.

226 Siehe: Al-Intiqā', 126.

Dies zeigt, dass der *iḫtilāf* und die Positionierung jeweiliger Ansichten sie nicht daran hinderte, etwas, was sie als richtig bei den anderen ansahen, auch anzunehmen, ihren Vorzug in dieser Sache zu erwähnen und die Ansicht auf ihren Urheber zurückzuführen.

ʿAbdullāh b. al-Mubārak berichtet von vielen Überlieferungen, in denen Abū Ḥanīfa gelobt wird. Er sprach von ihm immer in bester Weise und bezeugte seine Integrität. Er verwendete oft Zitate von ihm, würdigte ihn und gestattete niemandem, ihn in seiner Moschee zu verunglimpfen. Eines Tages versuchte einer seiner Schüler, Abū Ḥanīfa zu verleumden. Da sagte er ihm: *„Sei still! Bei Gott, wenn du Abū Ḥanīfa gesehen hättest, dann hättest du seinen Intellekt und seinen Anstand bemerkt."*

Über aš-Šāfiʿī wird berichtet, dass er gesagt hat:

> Mālik wurde eines Tages über ʿUṯmān al-Battī befragt. Da antwortete er: '*Er war ein durchschnittlicher Mann*'. Dann wurde er über Ibn Abī Šabrama befragt, und er antwortete wieder: '*Er war ein durchschnittlicher Mann*'. '*Was ist mit Abū Ḥanīfa?*' [wurde er darauf gefragt]. Er antwortete: '*Wenn er hierhergekommen wäre und für die Analogie der Backsteinmauern (dieser Moschee) mit Holz argumentiert hätte, so würdet ihr glauben, es sei Holz*'.[227] Damit spielte er auf seine Raffinesse im Analogieschluss an. Was aš-Šāfiʿī betrifft, so hat er [d.h. Aš-Šāfiʿī] sehr häufig über ihn gesprochen: '*Die Menschen sind in der Jurisprudenz gleich Unterhaltsberechtigten von Abū Ḥanīfa*'[228]

In den Sitzungen dieser Männer wurde nur Gutes gesprochen. Wenn jemand die guten Sitten ignorierte, deren Einhaltung gegenüber den Imāmen dieser *umma* verpflichtend war, wurde dieser zum richtigen [Verhalten] ermahnt. Zwischen ihm und der Antastung einer anderen Person wurde ein Riegel geschoben. Al-Faḍl b. Mūsa as-Sīnānī[229] wurde gefragt:

---

227 Siehe: Al-Intiqāʾ, 137.

228 Ebenda, 136.

229 Al-Faḍl b. Mūsa as-Sinānī war ein vertrauenswürdiger Gelehrter aus Sīnān, einer Stadt in Ḫorasān. Er überlieferte über die jungen Gefährtennachfolger. Er starb im Jahre 191 oder im Jahre 192 n.H.. Einträge zu ihm finden sich in Al-Mīzān, 3/360, At-Tarǧuma, 4576; At-Taqrīb, 2/111, Tahḏīb at-Tahḏīb, 8/286.

> *„Was sagst du über jene, die sich über Abū Ḥanīfa auslassen?“* Er antwortete: *„Abū Ḥanīfa konfrontierte sie mit Wissen, welches sie begriffen und solchem, das sie nicht begriffen. Nichts ließ er ihnen übrig, und deswegen beneiden sie ihn.“*

Dies waren einige Aussagen, die von Imāmen der *Ahl al-Ḥadīṯ* über Abū Ḥanīfa getätigt wurden und die über die meisten Ergebnissen Abū Ḥanīfas einen *iḫtilāf* mit ihm hatten. Diese Differenzen hinderten sie nicht daran, ihn zu würdigen und seine Vorzüge zu erwähnen. Dies lag daran, dass sie sich darüber bewusst waren, dass der *ḫilāf* zwischen ihnen weder das Resultat niederer Gelüste noch der Arroganz war. Vielmehr war das Streben nach der Wahrheit ihr aller Anliegen, möge Gott sich ihrer erbarmen. Wären nicht diese edlen Charaktereigenschaften und feinen Umgangsformen gewesen, so wäre vieles von dem Rechtsverständnis der Gelehrten unserer rechtschaffenen Altvorderen nicht zu uns gekommen. Sie verteidigten einander, weil sie genau wussten, dass sie die Verantwortung für die Jurisprudenz trugen, die für den Schutz der *umma* unerlässlich war.

8.9. Ansichten einiger Gelehrter über aš-Šāfiʿī

Ibn ʿUyayna war ein bedeutender Gelehrter mit hohem Ansehen. Doch wenn er zu Erläuterungen zum Qurʾān oder Rechtsgutachten angefragt wurde, verwies er auf aš-Šāfiʿī und sagte: *„Fragt diesen!“* Oft sprach [d.h. Ibn ʿUyayna] er, wenn er ihn sah: *„Dies ist der beste Rechtsgutachter seiner Zeit!“* Als ihm die Kunde über seinen Tod erreichte, sagte er: *„Wenn Muḥammad b. Idrīs aš-Šāfiʿī verstorben ist, dann ist der beste Mann seiner Zeit verstorben!“*

Yaḥya b. Saʿīd al-Qaṭṭān pflegte zu sagen: *„Ich bete zu Gott für aš-Šāfiʿī, auch in meinen rituellen Gebeten!“* ʿAbdullāh b. ʿAbd al-Ḥakam und sein Sohn Muḥammad folgten der Rechtsschule von Imām Mālik, doch dies hinderte ʿAbdullāh b. ʿAbd al-Ḥakam nicht daran, seinem Sohn die Bindung an aš-Šāfiʿī anzuraten, indem er ihm sagte:

> Halte dich an diesen Gelehrten (d.h. an aš-Šāfiʿī), denn ich habe niemanden gesehen, der mehr Einsicht in die Grundlagen des Wissens hatte – oder er sagte: Grundlagen des Rechtsverständnisses – als er.

Es scheint, dass Muḥammad auf Anraten seines Vaters handelte, da er nämlich sagte:

> Wenn nicht aš-Šāfiʿī wäre, so wüsste ich nicht wie ich irgendjemandem antworten soll. Durch ihn habe ich gelernt, was ich weiß. Er ist derjenige, der mich den Analogieschluss lehrte, möge Gott sich seiner erbarmen! Er war ein Verfechter der Sunna und der Tradition. Ein vorzüglicher und guter Mensch mit beredter Sprache, einem fundierten und anspruchsvollen Verstand.[230]

8.10. Imām Aḥmad und aš-Šāfiʿī

ʿAbdullāh b. Imām Aḥmad berichtet:

> Ich fragte meinen Vater: '*Was für ein Mann war Aš-Šāfiʿī, ich höre dich oft für ihn beten?*' Er antwortete mir, möge Gott sich seiner erbarmen: '*Aš-Šāfiʿī war wie die Sonne für die Erde und wie die Gesundheit für die Menschen. Schau nun, ob es für diese beiden einen Ausgleich oder einen Ersatz gibt!?*'"

[Sein weiterer Sohn] Ṣāliḥ b. Imām Aḥmad erzählt:

> Ich traf Yaḥya b. Muʿīn, der mich fragte: '*Schämt dein Vater sich nicht für das, was er macht?*' Ich entgegnete: '*Was macht er?*' Er sagte: '*Ich sah ihn mit Imām aš-Šāfiʿī, während aš-Šāfiʿī ritt und er zu Fuß die Zügel seines Reittiers hielt!*' Sodann berichtete ich meinem Vater davon, und er sagte mir: '*Wenn du ihm [noch mal] begegnest, sprich: 'Mein Vater richtet dir aus: 'Wenn du Rechtsverständnis erlangen willst, dann komm und halte die Zügel von der anderen Seite!*'"[231]

Und Abū Ḥumayd b. Aḥmad al-Baṣrī berichtet:

> Ich war bei Aḥmad b. Ḥanbal, während wir über ein Thema diskutierten. Da sagte einer der Anwesenden: '*Oh Abū ʿAbdullāh, hierfür gibt es keinen authentischen Ḥadīṯ!*' Er antwortete: '*Wenn es keinen authentischen Ḥadīṯ hierfür gibt, so gibt es eine Aussage von aš-Šāfiʿī hierzu, und seine Person ist das sicherste Argument dafür.*' Dann sagte er (d.h. Aḥmad) weiter: '*Ich fragte aš-Šāfiʿī: 'Was sagst du über dieses und jenes?*' Er antwortete mir darauf, und ich fragte weiter: '*Auf welcher Grundlage sagst du das? Gibt es dafür einen Ḥadīṯ oder eine Überlieferung?*' Er erklärte: '*Sicher, hierfür*

230 Siehe: Al-Intiqāʾ, 73.
231 Siehe: Al-Intiqāʾ, 73.

> *gibt es einen Ḥadīṯ des Gesandten ﷺ und es ist ein gesicherter Ḥadīṯ!*“[232]

Dawūd b. ʿAlī al-Isbahānī sagte:

> Ich hörte Isḥāq b. Rāhawiya sagen: *'Aḥmad b. Ḥanbal traf mich in Mekka und sprach: 'Komm mit, damit ich dir einen Mann zeige, dessen gleichen deine Augen niemals zuvor erblickt haben'*, und er zeigte mir aš-Šāfiʿī.“

So war die Wertschätzung des Aḥmad b. Ḥanbal für aš-Šāfiʿī. Für einen Schüler ist die Gefälligkeit, Dankbarkeit und Anerkennung seinem Lehrer gegenüber nicht verwunderlich. Doch im Gegenzug hielt aš-Šāfiʿī sich nicht zurück, um seine Vorzüge und sein Wissen um die Sunna anzuerkennen, und so sprach er zu ihm:

> Doch du bist wissender als ich, was den Ḥadīṯ und die Biographien der Tradenten betrifft. Wenn es also einen authentischen Ḥadīṯ gibt, so lass es mich wissen, sei er aus Kūfa, Baṣra oder Syrien. Ich will mich danach richten, wenn es authentisch ist![233]

Aš-Šāfiʿī pflegte, wenn er etwas über Aḥmad b. Ḥanbal überlieferte, aus Achtung vor ihm seinen Namen nicht zu nennen. Er sagte vielmehr: *„Der Zuverlässige unserer Gefährten überliefert“* oder *„Der Zuverlässige erzählt“* oder *„Der Zuverlässige berichtet“*.[234]

Dies waren einige flüchtige Eindrücke[235], die uns einige der noblen Verhaltensweisen und hohen Charakterzüge unserer Altvorderen verdeutlichen, die den *iḫtilāf* vermieden hatten. Dieser hatte keine [schlechte] Auswirkung auf die Rechtsfortbildungen. Dies waren die Verhaltensnormen, die aus der prophetischen Schule entstanden. Die niederen Gelüste hatten nicht die Macht über sie ergriffen. Die Biographiewerke und die Geschichtsbücher sind voll von unzählbaren solcher noblen Haltungen und wissenschaftlicher Diskussionen zwischen den großen Gelehrten. Dabei waren diese immer vom guten Umgang miteinander gekennzeichnet und von hohen islamischen Charakterzügen geprägt. Dies ist ein Lehrstück für uns heute, zersplittert und uneinheitlich, wie wir in

---

232 Siehe: Ādāb aš-Šāfiʿī wa-Manāqibuhu, 86-87.

233 Siehe: Al-Intiqāʾ, 75.

234 Siehe: Manāqib al-Imām Aḥmad des Ibn al-Ǧawzī, 116.

235 Möge Gott diese Lücke füllen und uns dazu befähigen, das Erbe der Imāme des Islam aus diesem Bereich zu sammeln.

allen Bereichen sind. Wir müssen zu dieser gesegneten Stufe zurückgelangen und wieder jene edlen Umgangsformen pflegen, die uns unsere rechtschaffenen Altvorderen zurückgelassen haben, sofern wir denn ernsthaft eine Wiederaufnahme der vorzüglichen islamischen Lebensweise anstreben.

Wir streiten nicht ab, dass es Fälle gab, in denen diese Umgangsformen nicht eingehalten wurden oder in denen von den guten Beispielen, die wir genannt haben, abgewichen wurde. Doch dies waren Vorkommnisse, die von solchen gedankenlosen Nachahmern oder Rückständigen verursacht wurden, die den Geist des Fanatismus hegten. Sie verharrten im unreflektierten Nachahmen und sie erkannten nicht den wahren Geist der hohen Wissenschaften, der sich still hinter dem *iḫtilāf* der Gelehrten verbirgt. Auch hatten sie keine Einsicht in die erhabenen Normen des richtigen Umgangs, die aus der aufrichtigen Absicht nach der Wahrheit hervorgehen und dem Ziel des weisen Gesetzgebers entsprechen. Scheinbar waren es solche Leute, über die Imām al-Ġazālī sagt:

> Und so wurden die Rechtsgelehrten, die einst [von den Herrschern] ersucht wurden, selbst zu Ersuchenden, und sie wurden, nachdem sie durch ihre Abneigung vor den Herrschern [durch eben diese Abneigung] geehrt waren, erniedrigt durch ihr Interesse an ihnen [d.h. den Herrschern].

Der Begehrte ist Herr seiner Selbst, und er neigt nur zur Wahrheit. Der Begehrende verkauft sich selbst, und er befolgt bloß das, was sein Käufer verlangt. Und so wandelten sie den *iḫtilāf*, der eine Gnade war, der von der islamischen Jurisprudenz befürwortet wurde, der in den realen Lebensumständen umgesetzt wurde und die Interessen der Menschen berücksichtigte, in ein schmerzliches Leid. Er wurde zu einem der gefährlichsten Faktoren der Spaltung und der inneren Kämpfe zwischen den Muslimen. Tatsächlich wurde er zu einem Übel, der viel von der Energie der *umma* für etwas Nutzloses verschwendete und sie mit Themen beschäftigte, mit denen sie sich nicht beschäftigen sollten.

Der *iḫtilāf*, von dem wir einige seiner Formen auf den vergangenen Seiten dargelegt haben und der uns auf die würdevollen Umgangsformen seiner Vertreter hinwies, ist jener *iḫtilāf*, über den solche Bücher wie „*Die Gründe für den Iḫtilāf der Rechtsgelehrten*“ früher wie heutzutage geschrieben wurden. Doch der *ḫilāf*, der jenes ehrenwerte Zeitalter betraf, ist ein anderer *ḫilāf* [als der heutige], und es gab für diesen auch andere, sich [von den heutigen Ursachen] unterscheidende Gründe.

9. Ḫilāf nach dem besten Zeitalter und seine Umgangsformen

Seit dem vierten Jahrhundert nach der *hiǧrā* fand die Rechtsfortbildung (*iǧtihād*) allmählich ihr Ende, während die blinde Nachahmung (*taqlīd*) zu florieren begann. Es entstanden neue Bücher und Sammelwerke, und die Menschen begannen, sich auf die Aussagen anderer zu verlassen. Die Rechtsgutachten richteten sich nur noch nach der Rechtsschule und den Aussagen eines einzigen Rechtsgelehrten, über den berichtet wurde. Die Meinungsfindung im Recht orientierte sich in den ersten beiden Jahrhunderten jedoch nicht ausschließlich an einer einzigen Rechtsschule.[236] Auch das dritte Jahrhundert blieb von der Rechtsfortbildung geprägt. Dabei gab es aber wohl auch einige Gelehrte, die die Regeln und Grundsätze der ihnen vorausgegangenen Gelehrten zusammenfassten und herausgaben. Doch sie klammerten sich nicht blind an ihre Aussagen und Schlussfolgerungen.

Das vierte Jahrhundert war gekennzeichnet durch die Gelehrten auf der einen und einer breiten Öffentlichkeit von Laien auf der anderen Seite. Diese Allgemeinheit der Menschen suchten die Gelehrten, die vom Gesandten Gottes ﷺ etwas zu überliefern wussten, auf, um von ihnen in Themen unterrichtet zu werden, in denen es zwischen der Mehrheit der Gelehrten keinen *ḫilāf* gab. Dies betraf Themen wie die rituelle Reinigung, das rituelle Gebet, das Fasten, die Pflichtabgabe und dergleichen. So richten sie sich nach dem, was ihnen darüber überliefert wurde. Wenn es kritische Angelegenheiten gab, die eines gezielten Rechtsgutachtens bedurften, suchten sie die Gelehrten auf, ohne jedoch darauf zu achten, welcher Rechtsschule jene Gelehrte folgten.

Die Gelehrten selbst wiederum pflegten sich mit dem [Studium] des Ḥadīṯ zu beschäftigen. Sie entnahmen den Überlieferungen des Gesandten Gottes ﷺ und dem Erbe seiner Gefährten alles, was sie brauchten, ohne sich weiterer Kommentierungen seitens der Gefährten oder ihrer

---

236 Siehe: Qūṭ al-Qulūb des Abū Ṭālib a-Makkī über Ḥuǧǧatullāh al-bāliġa, S.321.

Nachfolger zu bedienen. Wenn einer der Gelehrten indessen aufgrund widersprüchlicher Aussagen, Unsicherheiten über die Gewährsmänner etc., keine befriedigende Antwort erlangte, zog er die Ausführungen früherer Rechtsgelehrter heran. Wenn er auf zwei [unterschiedliche] Aussagen traf, wählte er die sicherere aus, unabhängig davon, ob sie aus der Schule Medinas oder Kūfas stammte.

Die Aufzeichner unter ihnen brachten Schriften heraus, ohne dazu befugt gewesen zu sein, und sie intensivierten ihr Studium der Rechtsschulen. Sie wurden zu denjenigen Rechtsschulen zugeordnet, über die sie etwas herausgaben. Und so galt man entweder als Šāfiʿīt, Ḥanafīt etc., ohne dass wirklich eine solche Bindung vorlag, wie es später der Fall wurde. Die Anhänger des Ḥadīṯ erklärten sich ebenso den Rechtsschulen zugehörig, um das gegenseitige Einvernehmen zu gewährleisten. An-Nasāʾī, al-Bayhaqī oder al-Ḫāṭibī etwa wurden zu aš-Šāfiʿī gezählt. Es war außerdem so, dass nur Rechtsfortbilder das Richteramt bekleideten und dass ein Gelehrter nur dann als ein solcher gelten konnte, wenn er die Stufe der Rechtsfortbildung erlangte.

9.1. Die Situation nach dem vierten Jahrhundert

Nach dem vierten Jahrhundert änderte sich die Situation. Die große Autorität des Islam, al-Ġazālī (gest. 505 n.H.), schilderte dies wie folgt:

> Wisse, dass dem Gesandten Gottes ﷺ nach seinem Ableben die rechtgeleiteten Kalifen folgten. Es waren Führer mit Wissen über Gott dem Erhabenen, rechtsverständig in ihren Urteilen und bemüht um eine rechtliche Regelung aller Angelegenheiten. So benötigten sie die Hilfe der Rechtsgelehrten nur sehr selten, nämlich nur dann, wenn eine Beratung unerlässlich war. Die Gelehrten konnten sich so dem Wissen über das Jenseits widmen und gingen darin auf. Sie wiesen [die Anfragen von] Rechtsgutachten und alles, was mit Urteilen über das Leben der Menschen zusammenhing, von sich. Sie widmeten sich Gott mit all ihrer Kraft, wie ihren Biographien zu entnehmen ist. Als nun das Kalifat nach ihnen an andere überging, die weder ihrer gerecht noch vom Wissen [anderer] über Rechtsurteile unabhängig waren, sahen sie sich gezwungen, bei den Rechtsgelehrten um Hilfe zu suchen. Sie versuchten, sich mit ihnen anzufreunden und sich bei allen Urteilen nach ihren Gutachten zu richten. Unter den Gelehrten der Gefährtennachfolger gab es noch solche, die der ersten Generation folgten und sich der Unversehrtheit der Religion verpflichteten und den gleichen

Ehrgeiz hatten wie die Gelehrten der Altvorderen. Wenn man etwas von ihnen verlangte, zogen sie sich zurück und lehnten es ab. Die Kalifen hatten darauf keine andere Wahl, als sie nachdrücklich um die Besetzung von Richterämtern und Statthalterschaften zu bitten. Die Menschen aus jener Zeit sahen die Wertschätzung der Gelehrten und das Interesse der Führer und Herrscher an ihnen, obwohl sie [d.h. die Gelehrten] von ihnen [d.h. den Herrschern] abgeneigt waren. Und so begann das Streben nach Wissen um des öffentlichen Ansehens Willen und um die Gefälligkeit der Machthaber zu erringen. Man vertiefte sich in [das Studium] der Rechtsgutachten. Sodann präsentierten sie sich den Herrschenden, schmeichelten ihnen und ersuchten bei ihnen Positionen und ihre Nähe. Einige von ihnen scheiterten, andere waren erfolgreich. Diejenigen, die erfolgreich waren, entkamen durch ihr Verlangen der Erniedrigung und der Demütigung nicht. Auf diese Weise wurden die Rechtsgelehrten von Ersuchten zu Ersuchenden. Nach ihrer Ehrerweisung, die ihnen wegen ihrer Abneigungen ihnen gegenüber entgegengebracht wurde, wurden sie durch ihr Verlangen nach ihnen [d.h. den Herrschenden] zu Erniedrigten. Ausgenommen sind diejenigen Gelehrten der Religion Gottes, denen Gott der Erhabene [zur Standhaftigkeit] verhalf. Die größte Beachtung in jener Zeit fand das Wissen über Rechtsgutachten und Rechtsurteile. Dies lag an dem starken Bedarf in den Provinzen.

Nach ihnen kamen solche Fürsten und Herrscher, die [unterschiedslos] den Aussagen der Menschen über grundlegende Prinzipien des Glaubens (*al-ʿaqāid*) und ihren Disputen in der scholastischen Theologie (*kalām*)[237] zuhörten. Eine Fülle von Werken erschien hierzu. Darin wurden die Wege der Argumentationen strukturiert, und es entwickelte sich die [rhetorische] Kunst, Aussagen zu widersprechen. Man beanspruchte mit diesen Ausführungen die Verteidigung der Religion Gottes, die Bewahrung der Sunna und die Zurückweisung der [schädlichen] Erneuerer in der Religion. Gleiches hatten vor ihnen schon andere behauptet: Ihre Beschäftigung mit Rechtsgutachten im Sinne der Religion und ihre Nachahmung der Urteile geschähe aus Sorge um die Geschöpfe Gottes und ihrer Beratung. Ihnen folgten darauf solche, die die Verwirrungen der scholastischen Theologie nicht zu verhindern wussten. Es kam zu vielen Disputen in diesem Bereich, welche Fanatismus und Animositäten hervorriefen. Dies wiederum führte

237 Die spekulative Theologie (ʿilm al-kalām) bezeichnet die Wissenschaft über die Dogmen und die Einheit Gottes. Sie wurde ʿilm al-kalām (wörtl. Wissenschaft der Rede) wegen der dialektischen Debatten genannt, die sich hierin entfachten. Ihre Vertreter versuchten die Argumente anderer in Fragen des Glaubens zu entkräften.

> zu Blutvergießen und Zerstörung der muslimischen Länder. Die Neigung, über das Recht zu disputieren und hierin das Richtige festzulegen, insbesondere aus den Rechtsschulen des aš-Šāfiʿī und Abū Ḥanīfa, Gott möge sich ihrer erbarmen, kam auf. Währenddessen wagte man leichtfertig den *ḫilāf* mit Mālik, Sufyān, Aḥmad[238] und anderen, möge Gott sich ihrer erbarmen. Man behauptete, es gehe um das Ableiten von Feinheiten des islamischen Rechts (*šarīʿa*) sowie um die Rechtsgründe der Rechtsschulen und die Systematisierung der Grundlagen der Rechtsgutachten. Daher schuf man etliche Klassifikationen und Ableitungsmethoden, und man kategorisierte die Arten der dialektischen Debatten. Man fuhr damit bis zum heutigen Tage fort. Und wir wissen nicht, was Gott für die Zeit nach uns vorsieht. Dies waren also die Motivationen, die sicherlich zum Aufkommen des *ḫilāf* und der Dispute führten. Hätten die Gemüter der weltlichen Herrscher zum *ḫilāf* und zum Disput mit einem der anderen Imāme oder einem der anderen Gelehrten sympathisiert, so würden sie [d.h. die herrschernahen Gelehrten] ihnen gewiss beistehen. Sie würden bei ihrer Begründung nicht aufhören, ihre eigene Beschäftigung mit der Religion zu betonen, und [sie würden nicht aufhören] zu behaupten, dass ihr einziges Anliegen die Annäherung an den Herrn der Welten sei.[239]

Aus den wesentlichen Gedanken dieses Textstücks entnehmen wir, dass Imām al-Ġazālī, möge Gott sich seiner erbarmen, mit diesen Worten auf die eigentliche Krankheit hinweist, die diese *umma* befallen hat und die ein Ergebnis der heiklen Disharmonie zwischen der geistlichen und der politischen Führung ist, die sich nach der Zeit der rechtgeleiteten Kalifen ereignet hat. Unsere Geschichte ist von diesem Riss gekennzeichnet, und wir leiden noch heute darunter. Man beobachtet politische Verhaltensweisen, die nicht den islamischen Normen entsprechen und die aus der Unkenntnis der Herrscher über die islamisch-rechtliche Politik herrühren. Zudem haben wir ein theoretisches und hypothetisches Rechtsverständnis, welches keinen Bezug zu den tatsächlichen Anliegen der Menschen hat und welches ihre alltäglichen Probleme nicht so praktisch zu behandeln vermag, wie es zur Zeit der Gefährten und ihrer unmittelbaren Nachfolger gehandhabt wurde. Die meisten juristischen Probleme

---

238 Nach Ansicht al-Ġazālīs gab es fünf Rechtsfortbilder, die andere bei ihren Urteilen nachahmten. Und Sufyān aṯ-Ṯawrī zählte er zu dem Fünften.

239 Siehe: Iḥyāʾ ʿUlūm ad-Dīn, 1/14 ff. des vierten Kapitels „Die Gründe für die Anteilnahme der Menschen an kontroversen Wissensbereichen“ (Fī Sabab Iqbāl al-Ḫalq ʿalā ʿIlm al-Ḫilāf).

und viele Grundsatzfragen sind nichts als theoretische Fragestellungen, die aus den Disputen, Debatten und den Bereichen des *ḫilāf* gewachsen sind. Nach diesem verheerenden Verlauf wandelte sich die Jurisprudenz von einem Mittel der Regulierung des Alltags und der Umstände der Menschen nach den Anforderungen der *šarīʿa*, zu einem Mittel der Rechtfertigung aller Forderungen, wie auch immer diese aussahen. Dieser Umgang mit dem Recht führte zu einem Unbehagen bei den Muslimen und einem Gefühl der Befremdung. Oft sahen sie, wie die gleiche Angelegenheit einer gleichen Person zum gleichen Ort und zur gleichen Zeit bei einem Rechtsgelehrten als erlaubt galt, während sie für einen anderen verboten war. Nicht zuletzt entstand bei uns ein Grundsatz unter den Rechtsprinzipien, der ein weites Kapitel in der Jurisprudenz einnahm und unter der Bezeichnung „Schlupflöcher und schariarechtliche Kniffe“ (*al-maḫāriǧ wa-l-ḥiyal*)[240] bekannt wurde. Die Kompetenz in

240 Dieses Prinzip gilt als ein Grundsatz bei den Hanafīten. Zunächst schrieb [der hanafītische] Imām Muḥammad b. Ḥassan hierzu seine Werk „Al-Maḫāriǧ wa-l-Ḥiyal“. Danach beschäftigten sich die Menschen sehr intensiv damit. Das Thema wird ausführlich in „Iʿlām al-Muwaqqiʿīn“ behandelt sowie in der Dissertation „Ḥiyal fī aš-Šarīʿa al-islāmiyya“ des Muḥammad Buḥayrī. Nur wenige Rechtsbücher ließen die Erwähnung eines solchen Kapitels aus, oder man nannte einige seiner Erscheinungen im Zusammenhang mit gesellschaftlichen Handlungen, wie der Eheschließung, der Scheidung und dergleichen. Ibn al-Qayyim hat dem Thema in seinem Werk „Iʿlām al-Muwaqqiʿīn ʿan Rabb al-ʿAlamīn“ ein ausführliches Kapitel gewidmet; und das Thema beanspruchte ebenso die Hälfte des dritten Abschnitts und die Hälfte des vierten Abschnitts. Darin verdeutlichte er das Wissen der ḥiyal, ihre Kategorien und die rechtliche Beurteilung einer jeden Kategorie. Dazu gab er auch mehrere Beispiele, von denen hier einige aufgezählt werden: Hierzu zählt die Absicht eines Mörders, das Talions-Prinzip von sich abzuwenden, in dem er denjenigen, den er zu töten beabsichtigt, zunächst verletzt und ihn dann mit einer vergifteten Medizin versorgt. Die Meister der Rechtskniffe behaupteten, dass in einem solchen Fall das Talions-Prinzip ausfällt, da es sich nicht um eine Tötung handle. Doch dies gehört zu den rechtswidrigen und abzulehnenden Rechtskniffen. Ebenso wenn ein Sterbender seine Frau von der Erbschaft ausschließen will und sich aber nicht scheiden lässt, da der Richter eine solche Scheidung im Sterbebett nicht akzeptiert und der Frau ihr Erbe zukommen lässt. Die Meister der Rechtskniffe sagen, dass der Mann sich schon entschieden habe, sich endgültig zu scheiden. Auch dies ist ein ungültiger Rechtskniff. Auf die gleiche Weise wollen einige Reiche

diesem Bereich und das Geschick im Umgang mit diesem Prinzip wurde zur Messlatte, mit der die Fähigkeit eines Gelehrten und seine Überlegenheit gegenüber anderen gemessen wurde. Im Laufe der Zeit sank die Autorität der Religion bei ihren Anhängern bis zu einem gefährlichen Grad. Die Menschen gingen so leichtfertig mit dem Recht um, dass sogar manche, die mit der Erlassung von Rechtsgutachten beauftragt waren, begannen, Urteile zu erlassen, die jedweden Beweis entbehrten und die sie nicht einmal selbst für richtig erachteten. Doch gaben sie vor, hierdurch den Menschen eine Erleichterung zu verschaffen oder dass es Erschwernisse seien, die die Menschen davon abhielten, die Grenzen (*ḥudūd*) zu überschreiten. Einige von ihnen [d.h. den Rechtsgelehrten] erteilten vor allem den Herrschern eine Ausnahmegenehmigung, während sie diese dem Volk verwehrten.[241]

Wenn gefragt wurde, ob die rituelle Gebetswaschung durch die Berührung einer Frau oder des Gliedes aufgehoben wird, wurde geantwortet, dass die rituelle Gebetswaschung nach Abū Ḥanīfa hierdurch nicht seine Gültigkeit verliert. Wurde nach dem Schach-Spiel oder dem Verzehr von Pferdefleisch gefragt, so wurde mit der Erlaubnis durch aš-Šāfiʿī geantwortet. Wenn nach der Folter von Verdächtigen oder dem Erlassen der *ḥadd*-Strafen in Extremfällen gefragt wurde, dann hieß es, Mālik sanktioniere es. Und wenn jemand eine List beabsichtigte, um jemandem eine Stiftung zu verkaufen, die zerfallen war, deren Nutzen sich verzögert und deren Verwalter keine Mittel hatten, um sie weiter zu entwickeln, wurde ihm das Recht dazu nach der Rechtsschule des Aḥmad zugebilligt. Die Folge dieser Urteile war, dass die gemeinnützi-

---

das Zahlen der Pflichtabgabe umgehen, indem sie ihr Geld verschenken. Sie verschenken es vor Antritt der Zahlungszeit, oder sie verwahren ihr Geld in einem Beutel oder einem Behälter und hinterlassen es bei Armen. Sie tun so, als ob ihre Pflichtabgaben entrichtet seien und verlangen das Geld von den Armen gegen eine [geringe] Bezahlung wieder. All dies sind unerlaubte Rechtskniffe. Denn wahrlich, der Mensch hat es mit niemand anderem als dem Allwissenden zu tun, Der allgewahr ist, die Täuschung der Blicke kennt und all das, was die Herzen verbergen.

241 Siehe: Manāhiǧ al-Iǧtihād fī 'l-Islām, S.450-451; Uṣūl al-Aḥkām von Muḥammad al-Kubaysī, S.390.

gen Stiftungen der Muslime alle paar Jahre von einem Privatbesitz zum nächsten übergingen.[242]

Auf diese Weise ging mit dem Schwinden der Gottesfurcht der Verlust der Rechtszwecke einher. Ihre universellen Prinzipien wurden vernachlässigt. Die Sache kam so weit, dass frivole und freche Dichter damit begannen, die Gesetze Gottes ins Lächerliche zu ziehen. Abū Nuwās etwa sprach:

> Da Iraker gegärten Saft und seinen Trunk erlaubten, bloß Wein und Rausch, so sagen sie, sei zu verbieten;
>
> und aus dem Ḥiǧāz heißt's, dass beides ein und dasselbe sein, für uns nun erlaubt, da wir dazwischen stehen,
>
> an den Grenzen ihrer Aussagen will ich mich bewegen; meinen Lebenskummer trösten und genüsslich trinken.

Er verachtete diejenigen, die um die Integrität ihrer Religion bedacht waren. Man setzte die Religion der Menschen so weit herab, bis unter dem Vorwand der Entlastung leichtfertig die Grenzen übertreten wurden. Hieran beteiligten sich sogar einige Rechtssprecher (*muftiyūn*), die dem Ansehen [des Gesetzes] schädigten und sich selbst die Erteilung von Rechtsgutachten nach ihrem Gutdünken erlaubten. Auf der anderen Seite stand ihnen eine starrsinnige und hartnäckige Gruppe gegenüber, die den Fragenden die härtesten Rechtsansichten auferlegte und dabei glaubte, sie würde damit der Religion dienen. Das Ergebnis entsprach in der Regel nicht ihren Erwartungen. Im Gegenteil – oft entfremdete man sich darauf von dem Offenbarungsgesetz (*šarīʿa*) und weigerte sich, sich danach zu orientieren. Man sah es vielmehr als eine Erschwernis als eine Erleichterung.

Als ein andalusischer Herrscher den Rechtsgelehrten Yaḥyā b. Yaḥyā[243] fragte, welche Sühne ihm für den Geschlechtsverkehr mit seiner Frau an einem Tag des Ramadan obliege, antwortete dieser, dass er zwei aufeinanderfolgende Monate zu fasten habe und dass ihm keine andere [Sühne] zustehe. Dabei hätte er ihm eigentlich die Freilassung

---

242 Siehe: Artisalāt al-Liṭāf von Šukayb Arslan.

243 Yaḥyā b. Yaḥyā al-Layṯī al-Andalusī, er tradierte den Muwaṭṭā von Mālik und verbreitete seine Rechtsschule im Maghreb. Er starb im Jahre 234 n.H. Siehe: Al-Bidāya, 10/312.

[eines Sklaven] auferlegen müssen. Als er darüber gefragt wurde, begründete er, dass es ihm [d.h. dem Herrscher] [mit Leichtigkeit] möglich sei, gleich hundert Sklaven zu befreien. Also bedurfte es etwas Härterem, und dies sei das Fasten. Würden wir aus auf die tatsächlichen Bestimmungen des Islams beziehen, die Erleichterung beabsichtigen und darauf bedacht sind, den Menschen eine innerliche, natürliche und freiwillige Akzeptanz seiner Regeln zu ermöglichen und sie gleichzeitig nicht frei ihren Leidenschaften zu überlassen, dann würde uns ersichtlich werden, dass diese beiden Tendenzen über das Ziel des weisen Gesetzgebers hinausschießen.

{*Sprich: Wollt ihr denn Gott über die Religion unterrichten?*} (*Al-Ḥuğurāt*: 16), {*Sprich: Wisst ihr es denn besser oder Gott?*} (*Al-Baqara*: 140). Die Lehre [aus diesen beiden Versen] liegt in der Befolgung der Erlassungen und der Meidung von Neuerungen, gleich ob sie aus der [Absicht zur] Erschwerung oder Erleichterung rühren.

9.2. Die Nachahmung und ihre Folgen

Aus dem Vorausgegangenen wird uns ersichtlich, welche Entwicklungen die Rechtsfortbildung (*iğtihād)* durchschritten hat. Die Sorge vieler Rechtschaffener war, dass sie von einigen unrechtmäßig angegangen wird. Denn einige hatten sich der Rechtsprechung bemächtigt und sie nach Maßgabe der Machthaber erlassen. Sie verdrehten die Quelltexte dermaßen nach ihren niederen Gelüsten, und die Gelehrten schwankten solchermaßen zwischen milder und harter Rechtsprechung, dass die Rechtschaffenen der *umma* um ihre Zukunft und ihr Bestehen bangten. Sie fingen an, nach einem Ausweg zu suchen, doch sie fanden keine Erlösung außer in der Verpflichtung der Gesellschaft zur [blinden] Nachahmung. Und welch eine Krise muss es gewesen sein, wenn ihr Ausweg in der Nachahmung bestand.

Das Gedränge und die [ständigen] Streitereien unter den Rechtsgelehrten, ihre fortdauernden gegensätzlichen Ansichten und ihr unaufhörlicher Widerstand gegeneinander ließ die Rückkehr auf frühere Rechtsmeinungen in *iḫtilāf*-Fragen als einzigen Ausweg offen. Außerdem verloren die Menschen das Vertrauen in viele Richter wegen ihrer Annäherung an die Machthaber, ihrer [rein] weltlichen Interessen und ihrer ungerechten Rechtsurteile. Also hatten sie kein Vertrauen in das Urteil eines Richters, es sei denn, sein Urteil ging mit den Rechtsmeinungen eines der vier Rechtsschulgründer konform.

Aus diesem Grund wurde die Nachahmung der Rechtsschulgründer für die Allgemeinheit der Muslime, die Verbindlichkeit all ihrer Rechtsmeinungen und Abweichungen durch Aussagen, die sie nicht trafen, zur faktischen [Messlatte für die] Gewährleistung abirrender Rechtsfortbildung, die von unlauteren Trägern des Offenbarungsrechts [zur Erringung] weltlicher Güter und Verwirklichung [verkommener] Ziele ausging. Schon Imām al-Ḥaramayn (gest. 478 n.H.) verkündete den Konsens (*iǧmāʿ*) von Rechtsforschern, dass die Nachahmung führender Prophetengefährten untersagt sei. Vielmehr müsse man den Rechtsschulen der Rechtsschulgründer folgen, die unermüdlich [die Quellen] sichteten, sie einordneten und die Fragen ausarbeiteten. Zudem waren sie mit den frühen Denkschulen vertraut. Schließlich unterstrich er [d.h. Imām al-Ḥaramayn] dies und entwickelte daraus den seltsamen Standpunkt, nachdem der gewöhnliche Muslim zur Befolgung einer der alten Rechtsschulen verpflichtet sei.[244]

Auf Grundlage dieser Anordnung des Imām al-Ḥaramayn und seiner Erklärung eines Konsenses von Rechtsforschern, gebot Ibn aṣ-Ṣalāḥ (gest. 643) die zwingende Nachahmung eines der vier Rechtsschulgründer und die ordentliche Zugehörigkeit zu [einer der] Rechtsschulen. Dies sei bei den anderen Denkschulen der Ṣaḥāba und der Tābiʿūn nicht durchführbar gewesen[245], doch diejenigen, die nach ihnen kamen, setzten es um.[246] In Folge begannen die Menschen hierauf, das Studium der edlen Schrift zu vernachlässigen und die Sunna und ihre Disziplinen zu meiden. Sie begnügten sich mit den Rechtsmeinungen der Rechtsschulen und beließen es bei ihrer Zugrundelegung, die sie rechtfertigten, ausarbeiteten und deren Verwendung sie perfektionierten.

So nahm der Niedergang seinen Lauf. Der *ḫilāf* erhärtete und vertiefte sich. Für Jahrhunderte wurde die bloße Nachahmung betrieben. Der Geist stagnierte darauf, und der Baum der Rechtsfortbildung ver-

---

244 Al-Burhān, 2/1146 und (Fiqh 1173), At-Taqrīr wa 't-Taḥrīr, 3/353.

245 Siehe: At-Taqrīr wa 't-Taḥrīr, 3/353.

246 Siehe: At-Taqrīr wa 't-Taḥrīr und den Kommentar dazu in Ǧawharat at-Tawḥīd Tuḥfatu 'l-Murīd, 152.

trocknete. Zwietracht entfachte, und die Unwissenheit breitete sich aus. Ein wissender Rechtsgelehrter wurde in den Augen der Menschen derjenige, der einen Anteil von Rechtsmeinungen der Rechtsgelehrten auswendig lernte und sich mit einigen Auffassungen ausstattete, ohne zwischen starken und schwachen [Aussagen] unterscheiden zu können. Traditionsgelehrter wurde jemand, der einige Überlieferungen auswendig lernte, waren sie authentisch oder nicht.

Wäre es wenigstens dabei geblieben; doch die Situation verschlechterte sich noch weiter. Der Stern der Wissenschaften verging, und ihr Schöpfergeist stumpfte ab. Viele schädliche Neuerungen und Perversionen kamen auf. Mythen vermehrten sich in verschiedensten Formen. All dies gab kriegerischen Widersacher n den Raum, die islamische Zivilisation zu befallen und die islamischen Ländereien zu plündern.

9.3. Der Zustand der umma in letzter Zeit

Dies war die Lage der *umma*, die sich in Nachahmung versteifte und träumerisch einer glorreichen Vergangenheit nachhing. Seit der harten Trennung zwischen den Machthabern und den Quellen der Gesetzgebung für diese *umma*, sind die Menschen verwirrt und von ihren Trieben hin- und hergerissen. Und die Gelehrten der *umma* waren mit ihren eigenen Positionen beschäftigt, von denen sie meinten, dass sie die richtigen sind. Wenn jemand das Erbe dieser *umma* untersuchen würde, könnte er kaum glauben, dass diese Starren und Versteinerten Nachfahren dieser lebendigen und kreativen Vorgänger sind. Dies war der Zustand der *umma* zur Zeit der modernen europäischen Renaissance, und die Europäer fanden vor sich eine *umma* ohne erwähnenswerte Werte.

Die Weltsicht war dumpf und der Glauben Vieler aufgewühlt. Die Überzeugung war keine Überzeugung mehr, die Verhaltensweisen waren pervertiert, die Standhaftigkeit war erschüttert, der Geist starr, die Rechtsfortbildung gebremst, die Sunna eingeschlafen und das Bewusstsein geschwunden. So, als ob die *umma* nicht sie selbst wäre. Die Europäer ergriffen diese Gelegenheit und besetzten das Land und nahmen die Menschen gefangen. Sie erledigten die noch verbliebenen islamischen Werte, bis die Lage dorthin führte, wo wir uns heute befinden: Schmach und Unterjochung. Unsere Angelegenheiten sind in die Hände unserer

Widersacher geraten, die über unsere Zukunft entscheiden. Bei ihnen suchen wir nach Lösungen für Probleme, die wir selbst erzeugt und gestaltet haben.

Währenddessen versuchte die *umma*, sich mit der verbliebenen Stärke zu sammeln und das Gleichgewicht wiederherzustellen. Doch alle Versuche scheiterten schnell, da sich nicht der Mittel bedient wurde, die zum Erfolg führen und da sie den Gesetzmäßigkeiten Gottes (*Sunnatu 'l-llāh*) widersprachen. Denn diese Versuche gingen von dem Paradigma der Nachahmung der Fremden und der Abhängigkeit von den Besatzern aus. Dadurch verschlimmerte sich der Zustand nur. Inzwischen hat eine neue Generation der *umma* die Suche nach einer gesunden Lösung und einem heilenden Balsam begonnen. Eine reichliche Anzahl von Muslimen begann zu begreifen; *„Der Zustand dieser umma wird nicht durch etwas anderes verbessert, außer dem, durch das der Zustand der ersten [Generationen] verbessert wurde.“* Also wandten sie sich dem Islam zu und tranken von seiner süßen Quelle. Dies äußerte sich im Phänomen, das „islamische Renaissance“ (*aṣ-Ṣaḥwā al-islāmiyya*) genannt wurde. Die Widersacher des Islams haben dieser gesegneten Bewegung trotz ihrer eigenen internen Differenzen nie einen freien Raum geben wollen. Und wie viele Waffen sie für ihre Bekämpfung benutzen! Manche unserer Angehörigen, die unter uns leben, zählen zu diesen Waffen, da sie nichts Schlimmes darin sehen, zur Zerstörung dieser *umma* beizutragen. Viele Organisationen schmiedeten Pläne zur Parteienbildung, um ihnen [d.h. den Muslimen] damit die islamische Lebenswirklichkeit entziehen zu können. Sie benutzten zahlreiche Waffen, welche die verschiedenen Aspekte dieser Bewegung einschränkte. Diese gesegnete Bewegung sah sich bald der Bedrohung des *iḫtilāf* gegenüber, welche eine der vielen gewaltigen Herausforderungen darstellte. Die anderen Bedrohungen verbrauchten bereits genügend Energien der aufrichtig wirkenden [Menschen]. Viele Anstrengungen zerbrachen daher an diesem Felsen. Einige Jugendliche begannen, sich zu der Salafiyya zu bekennen, andere zu den Ahl al-Ḥadīṯ, einige identifizierten sich mit den Rechtsschulen (*maḏhabiyya*) und wieder andere gegen die Rechtsschulen (*lā maḏhabiyya*). Und sie begannen, sich untereinander die verschiedensten Anschuldigungen wie den Unglauben, die Versündigung, die Bezichtigung zu unerlaubten Neuerungen, die Abirrung, den

Verrat, die Spionage etc. vorzuwerfen. Es geziemt einem Muslim nicht, seinem Bruder etwas in der Öffentlichkeit vorzuwerfen, geschweige denn, dies vor den Menschen durch alle möglichen Medien zu tun, und dabei völlig zu missachten oder gar zu ignorieren, dass die Versuche zur Auslöschung des Islams weitaus gefährlicher sind als solcherlei *iḫtilāf*.

Die führenden Imāme hatten guten Grund für ihren *iḫtilāf*, und er wurde dadurch gemildert. Es verhalf dazu, den *iḫtilāf* innerhalb eines für ihn geregelten Rahmens zu halten. Die heutigen Meister des *Iḫtilāf* haben nicht einen einzigen vernünftigen Grund für ihren *iḫtilāf*. Sie sind keine Rechtsfortbilder, sondern allesamt Nachahmer. Einschließlich derjenigen, die ihre Stimmen erheben, die Nachahmung lautstark kritisieren, sie von sich selbst fortweisen und behaupten, dass sie die Urteile unmittelbar der Schrift und der Sunna ohne jedwede Nachahmung entnehmen. In Wirklichkeit erlernten sie bloß einige Ḥadīṯ-Bücher und ahmten ihre Verfasser in all ihren Aussagen ob ihres Authentizitätsgrades und Tradenten darin nach. Sie folgten ihnen in all ihren Ableitungen in diesen Büchern, oder sie entnahmen es den Rechtsgelehrten. Viele von ihnen maßen sich selbst das Wissen über die Tradenten und die Kenntnis über die Kategorien der Einschätzung über die Vertrauenswürdigkeit der Gewährsmänner (*al-ǧarḥ wa 't-taʿdīl*) und ihrer Biographien an. Überdies haben sie wohl nichts an Büchern zu diesen Themenkomplexen gelesen, und doch geben sie sich das Recht, auf die Kanzel der Rechtsfortbildung zu treten und sich über die Menschen zu erheben. Jener, der auch nur einen Anteil am Wissen hat, wird dieses davon abhalten, sich wie ein Unwissender zu verhalten und anderen Menschen Beleidigungen und Anschuldigungen entgegen zu schleudern. Er würde die Gefahren für den islamischen Glauben realisieren und sich für ihre Abwehr einsetzen. Außerdem würde er sich bemühen, die Herzen zusammenzubringen, solange alle ihre Imāme nachahmen und ihren jeweiligen Aussagen in Fragen des *iḫtilāf* folgen, selbst wenn sie Gegenteiliges behaupten. Zumindest sollte man sich an den rechten Umgang beim *iḫtilāf* halten, sowie es die edlen Imāme der Altvorderen vorlebten.

Die aufrichtigen Gläubigen hatten gehofft, dass diese positive islamische Bewegung den ketzerischen und atheistischen Ideen und den falschen, abweichenden Glaubensvorstellungen, in deren tiefen Abgrund das Dasein dieser *umma* durch die satanische Infizierungen vieler Köpfe und Herzen gefallen war, ein Ende setzen würde. Darüber hinaus hatten sie gehofft, dass ihre Herzen von diesen Irrungen gereinigt würden, um dem gesunden islamischen Glauben seinen [rechtmäßigen] Platz zuzuweisen, damit dann diese Botschaft Gottes auf dieser weiten Welt verkündet und damit Gottes Wort erhöht würde.

Es ist äußert schmerzhaft, dass einige Muslime versuchen, die Flügel dieser Bewegung lahm zu legen und sie durch die Fesseln eines ungezügelten *ḫilāf* knebeln, sei es in Bereichen, in denen ein solcher angebracht ist oder nicht. Die Folge ist, dass die Muslime mit sich selbst beschäftigt sind, viele ihrer Anstrengungen zerstreuen und dermaßen durcheinander kommen, dass sie nicht mehr zwischen banalen und unwichtigen Dingen und den wichtigen und bedeutenden zu unterscheiden vermögen. Wie soll es so einem Volk in diesem Zustand möglich sein, ihre Angelegenheiten nach dem Grad ihrer Wichtigkeit anzugehen und zu priorisieren, die sie dazu befähigen, den Fortgang islamischen Lebens weiterzuführen?

Die Auswirkungen des *ḫilāf* zwischen den Muslimen oder die Ausdehnung ihrer Ursachen sind ein großer Verrat an den Zielen des Islam. Sie sind gleichbedeutend mit der Zerschlagung dieses zeitgenössischen Erwachens, die die Hoffnung der Menschen neu belebte. Sie behindern das Fortbestehen des Islam und zerstreuen die aufrichtigen Bemühungen im Streben nach dem Wohlgefallen des erhabenen Gottes. Aus diesem Grund ist heute die wichtigste Pflicht der Muslime im Allgemeinen und derjenigen, die zum Islam einladen im Besonderen, nach dem Glauben an den erhabenen Gott, die Bemühung um die Vereinigung aller islamischen Gruppen und Prediger zum Islam. Ebenso [zählt zu ihren Pflichten] die Beseitigung aller Mittel, die zu einem *ḫilāf* [der Ansichten] zwischen ihnen führen. Wenn dies nicht möglich ist, dann zumindest deren Minimierung und Regelung im Rahmen der rechten Umgangsformen, wie es bei den rechtschaffenen Altvorderen gehandhabt wurde. Der *iḫtilāf* der Ansichten soll nicht das Zusammenkommen der Herzen behindern, die eine Erneuerung der edlen islamischen Lebensweise gewähren. Solange das Wohlgefallen beabsichtigt ist, wird Gott sie unterstützen und es gelingen lassen.

9.4. Die Ursachen des iḫtilāf heute

Die Ursachen des *iḫtilāf* sind natürlich von Epoche zu Epoche unterschiedlich, auch wenn jede Zeit der ihr folgenden einige dieser Ursachen vererbt. Heute ist eine der wichtigsten Ursachen des *iḫtilāf* zwischen den Muslimen ihre Unwissenheit und die mangelnde Kenntnis vom Islam.

Wir schilderten bereits den Stand der Bildung in muslimischen Ländern vor dem Eindringen andersgläubiger Kolonialisten. Nach dem Eindringen in muslimische Länder hat sich der Zustand dramatisch verschlechtert. Die Besatzer wussten genau, wo die Stärke dieser *umma* lag. Sie begannen also sich um neue Bildungsprogramme und Institutionen zu bemühen, um das Denken und die Ideen der Muslime zugunsten der Sicherung ihrer eigenen Interessen zu verändern. Damit sollte die Akzeptanz der neuen Weltordnung und die Angleichung an ihre Ideen gewährleistet werden. Die andersgläubigen Besatzer behaupteten, die Akzeptanz dieser neuen Wirklichkeit sei im Sinne der Entwicklung und des Fortschritts der Muslime. Ganz nach dem europäischen Modell, nach dem rascher Aufstieg ihrer Zivilisation erst erreicht wurde, nachdem sie sich von religiösem Recht losgesagt und von dem Joch der Kirche befreit hatten. Die Religion könne, so behaupteten sie, nichts als ein Hindernis auf dem Weg zu Freiheit und Wohlstand sein. *{Furchtbar ist dieses Wort, das aus ihren Mündern kommt, und nichts außer Falschheit äußern sie}* (*Al-Kahf*: 5). Dies mag auf ihre verfälschten Religionen zutreffen, doch der Islam ist weit entfernt davon, den Gott erwählt hat, damit die Menschen durch ihn glücklich werden und ihre Wünsche verwirklichen, während sie im Lichte Gottes schreiten.

Bei den Bemühungen, die *umma* aus ihren Wurzeln zu reißen und sie von ihrer islamischen Lebensweise zu trennen, setzte der andersgläubige Besatzer jegliche Hindernisse und Sanktionen der islamischen Bildung sowie der arabischen Sprache, die das Medium einer islamischen Erziehung ist, ein. Um dieses Ziel zu verwirklichen, wurden Studenten vernachlässigt, die einen islamischen Bildungsweg gehen wollten. Ideen wurden verbreitet, die ihren gesellschaftlichen Status herabsetzten. Die Studiengänge wurden entwertet, und es war ihnen nicht mehr möglich, damit die einfachsten Arbeitsplätze und Gehälter zu bekommen. Auf der anderen Seite wurde jenen Studenten, die sich in einer modernen Schule einschrieben und in ihnen ausgebildet wurden, besondere Sorgfalt und Aufmerksamkeit entgegen gebracht. Ihnen wurden alle Türen für eine rosige Zukunft geöffnet. Sie galten von nun an als die neue Elite der *umma*. Auf diese Weise wurden die islamische Erziehung und die arabische Sprache stark eingeengt, und Möglichkeiten für eine solche Ausbildung wurden blockiert. Nur noch sehr wenige beschritten diesen Weg, und sie waren solchen Beschränkungen ausgesetzt, dass sie irgendwann doch noch abbrachen. Die einzelnen, die es durchhielten, wurden bei der Beschäftigung in Ämtern, im Gehalt und ihrer Einstufung im Vergleich zu anderen immer benachteiligt. Sie fühlten sich ungerecht behandelt und gering geschätzt. In den meisten muslimischen Ländern sank die Zahl der Studenten beträchtlich, und ihr Status war gefallen. Für die meisten, die eine solche Erziehung trotzdem antraten, war es wie die Kultivierung einer Erde, ohne irgendein Gewächs zu erwarten. Nur unter ganz bestimmten Umständen wurde zu einer solchen Erziehung motiviert. Sie hatten nicht die Kraft, sich aus diesem Griff zu befreien, selbst nach ihrer Graduierung nicht, da ihnen die Wege verschlossen blieben. Auch fehlte ihnen die Fähigkeit, die Rolle einzunehmen, die einem Gelehrten in der Gesellschaft zukommen sollte, und die damit zusammenhängende Verantwortung zu übernehmen. Vor verschlossenen Toren [stehend], verloren sie ihre Unabhängigkeit, und ihre Persönlichkeit wurde geschwächt. Sie wurden veranlasst, sich an offiziellen religiösen Organisationen zu beteiligen, die im Voraus bestimmten und begrenzten Zielen dienten, die sie nicht überschreiten konnten. Insofern bewegten sie sich zwischen dieser und ihrer eigentlichen gesellschaftlichen Rolle. Und in der Folge verloren die Menschen das Vertrauen zu ihnen.

Bei dem Versuch, die Kluft zwischen dieser *umma* und ihrem Glauben zu vergrößern und sie ihrer Wurzeln, die sie mit dem Offenbarungsrecht verbanden, zu entreißen, versuchten die andersgläubigen Kolonialisten, die islamische Bildung und die Lehre der arabischen Sprache in den Schatten zu stellen. Sie öffneten das Feld für Ideen und Ausgangspunkte, die sie aussuchten und die sie für die Jugendlichen der *umma* attraktiv machten. Doch wurden diese nur Qualen und Belastungen ausgesetzt. Sie erfuhren nichts als Bitterkeit. Die muslimischen Jugendlichen versuchten sich an allen Ideologien, die ihnen dargeboten – vom Kommunismus über den Sozialismus zum Radikalismus, Nationalismus, zur Demokratie und anderen. Alles wurde ihnen ausgeschmückt, doch die Schmach der islamischen *umma* erhöhte sich nur, und ihre Schande nahm zu. Sie gelangten zur Gewissheit, dass nur der Islam allein in der Lage ist, die Probleme dieser *umma* zu lösen, sie aus ihrer Krise zu befreien und die Gründe ihres Niedergangs aufzuhalten. Und so entschieden sie, nach all diesen Irrwegen, sich zum Islam hinzuwenden und ohne Sorge und mit ihrem Glauben und ihrem Charakter seinen Weg zu beschreiten. Als sie mit dem Problem des korrekten Religionsverständnisses und seiner rechtlichen Regeln konfrontiert waren, wendeten sie sich den Büchern zu, jedoch ohne eine vorherige methodische Vorbereitung, die ihnen zu einem gesunden Verständnis verholfen hätte. Dazu kam, dass es ihnen an kompetenten Lehrern mangelte, die ihnen bei diesen Studien und den neuen Erkenntnissen beistanden. Diese Jugendlichen verstanden den Islam nun anhand der Bücher, die sie gelesen hatten und die ihnen ein eingeschränktes Verständnis des Islam vermittelten und ihnen keine umfassende und stringente Sicht ermöglichten. Außerdem konnten sie die Zwecke oder die universalen Prinzipien nicht erkennen. Ein gesundes Verständnis, an seinen Zielen ausgerichtet, blieb ihnen vorenthalten. Sie glichen einer Gruppe von Blinden, die mit ihren Händen unterschiedliche Körperteile eines Elefanten betasteten, und die alle darauf bestanden, dass die Stellen, die sie berührt hatten, der Elefant gewesen sei. So ist der Zustand der Muslime heute. Die *umma* spaltete sich in Vereinigungen und Gruppierungen. Da sind die einen, die ihren Rücken dem Islam zugewandt haben, ihren niederen Gelüsten folgen, sich von diesen zwischen Ost und West treiben lassen, bis man meinen könnte, dass sie außer durch ihren Namen und ihre Tradition kein Verhältnis zum Islam haben. Andere wiederum sehnen sich nach einer Rückkehr zum Islam. Doch sie begeben sich hier auf verschiedene Wege, sodass der *iḫtilāf* sie uneins macht. Feindliche Angriffe haben es somit leichter. Die Gewalt der Machthaber kann sie überall ergreifen und ihnen jeden Ausweg nehmen. Ihr Aufbruch wird somit zunichte gemacht, schon bevor sie damit begonnen haben.

9.5. Der Weg zur Erlösung

Nun, da die Krankheiten, welche die *umma* plagen, festgestellt wurden, sollen im Folgenden einige Hinweise zur Behandlung gegeben werden:

Jene aufrichtigen Muslime, die in der Vermittlung des Islam aktiv sind und den schmerzlichen Missstand der *umma* und ihre Wirklichkeit erleben, sollen eine Gruppe aus den intelligentesten und talentiertesten Jugendlichen auswählen und ihnen die besten Mittel zum Studium der Wissenschaften des Offenbarungsrechts ermöglichen: In den Händen der noch verbliebenen wenigen Gelehrten des Offenbarungsrechts, die in sich das Wissen und das gute Beispiel vereinen, die gottesfürchtig sind, konstruktiv denken und einen fundierten Einblick in die Ziele, Zwecke und Ganzheitlichkeit des Islam haben und in seinen Wissenschaften bewandert sind. Sie sollen bei ihnen die prophetischen Erziehungsmethoden anwenden. An sie soll auch eine andere Gruppe gebunden werden, in der man ein hohes Maß an Aufrichtigkeit und Frömmigkeit sieht und die das Wissen der verschiedenen zeitgenössischen Wissenschaften beherrscht. Möglicherweise werden sie daraufhin gemeinsam den Weg ebnen, die Bewegung führen und die Schritte festigen, so dass die *umma* ihre Integrität wiedererlangt und ihre Führungsrolle für die Menschen aufnimmt, deren Elend sich von Tag zu Tag verschlimmert und für die es keine Erlösung gibt außer durch den Islam.

Die Veränderung des Denkens bei den Muslimen, um ihre geistige Krise zu beheben. Nur wenige erkennen ihr Ausmaß. Eine Krise, die sich deutlich im Zusammenbruch der Institutionen der *umma* manifestiert, sowie im Ausbleiben ihrer Organisationen, im niedrigen Niveau des Bewusstseins und der Kenntnis und Bildung ihrer Kinder, im Zerfall ihrer Beziehungen, in der Abweichung der meisten ihrer Führer und der Sabotage aller gut gemeinten Bemühungen ihrer rechtschaffenen Kinder. All dies ist auf die Tatsache zurückzuführen, dass der Islam weit weg vom Leben der Muslime ist. Es kam zu einem tiefen Spalt zwischen den Idealen des Islam und den Menschengruppen, die im Islam eine Wolke im Himmel sieht, die weder Regen gibt noch aus der toten Erde Leben hervorbringt. Oder gleich einem Wasser, das auf einen harten Fels fällt, auf dem keinerlei Vegetation wächst. Die liegt an den verkümmerten Herzen, die mit Rost bedeckt sind, und den trüben Augen, die kaum noch mehr zwischen Gut und Böse unterscheiden können.

Die verschiedenen Bildungseinrichtungen haben kläglich dabei versagt, der umma ausgeglichene muslimische Menschen zur Verfügung zu stellen. Universitäten, die nach dem westlichen Vorbild in muslimischen Ländern errichtet wurden, sahen es nicht als ihre Aufgabe an, muslimische Gelehrte in allen Wissensbereichen auszubilden, sodass sie wiederum die verschiedenen Disziplinen und Wissensbereiche islamisieren. Stattdessen sahen sie es als ihre Aufgabe an, Lehrende und Studierende mit den Wissenschaften und Künsten des Westens vertraut zu machen, damit sie sich schnell vom Glauben der umma und ihrem Lebenssinn abwenden. Diese Universitäten entließen Generationen mit schwachem Zugehörigkeitsgefühl, fehlenden Beziehungen, verwirrtem Gedankengut und dem Unvermögen, ihr Wissen in den Dienst der umma zu stellen.

Doch die Bildungseinrichtungen mit islamischer Prägung wie die *Al-Azhar*, ihrer Fakultäten, Akademien und ähnlich strukturierter Universitäten, Fakultäten und Institute haben einen begrenzten Erfolg zum Fortschritt der *umma* erreicht. Einige exzellente Spezialisten in bestimmten Wissenschaften wurden zwar hervorgebracht, doch sie haben es versäumt, für die *umma* Gelehrte mit Führerqualitäten und innovative Denker auszubilden, die in der Lage sind, der *umma* den Islam anhand seiner Ganzheitlichkeit und seiner Ziele und Zwecke aufzuzeigen. Es ist ihnen nicht gelungen, den heutigen Herausforderungen zu begegnen und sie zu überwinden. Daher ist das islamische Denken verkümmert und vermag nicht, das Leben der Muslime zu bestimmen. Der muslimische Geist und die Herzen öffneten sich daher allerlei den Islam untergrabenden Ideen. Und so blieben die Muslime unfähig, ihre politischen, wirtschaftlichen, gesellschaftlichen und weiteren Probleme zu meistern. Sie imitierten bloß noch in entstellter Weise, was sie bei anderen gesehen hatten. Es tauchten etliche Rivalitäten zwischen den unterschiedlichen Agitatoren in verschiedenen Bereichen dieser *umma* auf.

Diese Auseinandersetzungen wurden meist von den Gruppen ausgelöst, die vom Westen beeinflusst und von dessen Kultur beeinträchtigt waren. Anstatt, dass sich die gläubigen Führungspersonen zusammenschlossen und diesen Bedrohungen entgegentraten, beschäftigten sie sich leider mit Streitigkeiten aus dem Bereich des *ḫilāf*. Grund dafür ist die Vermischung von Teil- und Gesamtbetrachtungen sowie von Grundlagen und Zwecken im Denken vieler Muslime.

Wir benötigen dringend ein gesundes islamisches Denken auf der Basis eines Verständnisses für den Geist des Islam, seiner Zwecke und universalen Prinzipien sowie auf der Basis einer Hierarchie seiner rechtlichen Regelungen. Diese werden aus zwei gewaltigen Quellen geschöpft: dem Qurʾān und der Sunna des Gesandten Gottes ﷺ. Wir brauchen zugleich auch ein Studium über die Umgangsmethoden der trefflichen Altvorderen mit diesen Quellen während ihrer Zeit und ihres Verständnisses des Qurʾān und der Sunna des Gesandten Gottes ﷺ. Dies ermöglicht uns klare Vorstellungen und islamische Lösungen für das, woran die *umma* leidet, und verleiht ihr die völlige Überzeugung, dass der Islam der einzige Weg zu ihrer Rettung ist und dass in ihm die besten Auswege aus all ihren Problemen liegen. Diese Überzeugung sammelt die *umma* auf den Grundlagen des islamischen Denkens mit einem Bewusstsein und Wahrnehmungsvermögen, die den Satan fernhalten. Wenn das Bewusstsein dieser *umma* solide ist, ihren Finger in diese offene Wunde legt und die Quelle des Unheils erkennt, dann muss sie hiernach die Schritte festlegen, die gegangen werden müssen, um zum Heil zu gelangen und das Ziel zu verwirklichen. Und dieses ist nicht weit von ihr weg.

10. Schluss

Um die beiden zuvor genannten Ziele zu verwirklichen, ist es für die Gläubigen notwendig, einige Dinge zu beachten, um bei ihrer Selbstfindung sicher zu sein. Diese sind:

Für die muslimischen Jugendlichen ist es wichtig zu erkennen, dass, obwohl Gott der erhabene den Qurʾān leicht zu merken gemacht hat und uns durch reichliche und zur Verfügung stehende Niederschriften die Erforschung der Sunna als Quelle ermöglicht, bei der Entnahme [von Urteilen] aus diesen Quellen durch Einzelinitiativen doch viel Vorsicht geboten ist. Dieser Vorgang erfordert eine vorherige Vorbereitung, zusätzlich zu einer Reihe von Fähigkeiten, die von den Spezialisten dieser Wissenschaften [als Kriterien] festgelegt wurden. Dazu gehört die Kenntnis über die Ableitungsregeln und ihrer Grundsätze, die Beherrschung der arabischen Sprache und ihrer Formulierungen sowie die Kenntnisse aus den Wissenschaften des Qur'ān und der Sunna, die Lehre vom Abrogierenden und dem Abrogierten, vom Allgemeinen und Spezifischen, sowie dem Allgemeinen, mit dem etwas Spezielles gemeint ist, vom Absoluten und Eingeschränkten aus den Texten und andere Voraussetzungen. Jede [rechtliche] Aussage eines Muslims ist ohne umfassende Kenntnis dieser Mittel, nichts als eine Aussage über die Religion, gegründet auf Wunschdenken, Gutdünken und Spekulationen, ohne jedwedes Licht, Rechtleitung oder Wissen. Wer so etwas tut, der hat etwas Gewaltiges begangen. Der Gesandte Gottes ﷺ sagt: „Wer über den Qur'ān unwissentlich etwas sagt, der erwarte seinen Platz im Höllenfeuer."[247] Diese Sorte von Wissen kann nicht durch das Lesen von ein oder zwei Büchern erlangt werden; vielmehr ist eine ausführliche methodische Unterweisung unumgänglich, damit der Studierende diese wissenschaftlichen Hilfsmittel erlangt, mit denen er sich auf dem Feld des islamischen Denkens und der islamischen Wissenschaften bewegen kann. Und damit ein solches Studium fruchtet, ist eine umfangreiche Forschung unter der Leitung eines kompetenten Lehrers notwendig, der eine kritische Sicht und ein tiefes Bewusstsein von Gott hat und nur Seinen Lohn wünscht.

Ebenso unmissverständlich sollte darauf hingewiesen werden, dass dieses Offenbarungsrecht entsandt wurde, damit es die Menschen in beiden Welten glücklich macht, im Dies- und Jenseits, und damit sie ihre Interessen in Harmonie mit ihren geistigen Fähigkeiten, die Gott seinen Dienern schenkte, verwirklichen. Er, der Erhabene, ehrte sie gegenüber all seinen anderen Geschöpfen. Dieses himmlische Offenbarungsrecht bürdet den Menschen nichts auf, was sie nicht vermögen. Daher sagte Gott, der Erhabene: {Er hat euch in der Religion keine Bedrängnis auferlegt} (Al-Ḥaǧǧ: 78). Der Erhabene hat es seinen Geschöpfen leicht gemacht, damit sie mit dieser Religion

---

247 Überliefert von At-Tirmiḏī von Ibn ʿAbbās mit einer authentischen Überlieferungskette, laut Ǧāmiʿ aṣ-Ṣaġīr, 2/309, Fatḥ al-Kabīr, 3/219; sowie nach den Dreien der Aṣḥāb as-Sunnan in der Version „Wer etwas über den Qur'ān nach seiner Ansicht sagt, der irrt" über Ǧundub laut Fatḥ al-Kabīr, 3/219.

in einer Atmosphäre der Liebe handeln, ohne jeglichen Zwang. Daher spricht der Allmächtige: {Gott will es euch leicht machen und will es euch nicht erschweren} (Al-Baqara: 185) sowie {Gott will es euch vereinfachen} (An-Nisā': 28), da Er von ihrer Schwäche weiß: {Und der Mensch wurde schwach geschaffen} (An-Nisā': 28).

Alle Gesetze des Offenbarungsrechts sind für das Wohlergehen der Menschen hinterlassen und sind auf den Nutzen für die Menschen bedacht. Nichts davon bringt Gott irgendeinen Nutzen. Dies ist, weil Er der Erhabene, der Reiche und Preiswürdige ist. Daher ist ein Verständnis der Teilaspekte des Offenbarungsrechts im Lichte seiner universalen Prinzipien zu verstehen. Wer die universalen Prinzipien des Offenbarungsrechts nicht erfasst, weder ihre Zwecke versteht noch ihre Grundsätze kennt, der kann nicht die Fallfragen zu den Rechtsquellen zurückführen und ebenso wenig die Teilaspekte zu den Universalaspekten. Imām Ibn al-Burhān[248] sagte: *„Die göttlichen Gesetze sind Maßnahmen, mit denen Gott die Angelegenheiten Seiner Diener regelt. Und die Menschen haben hierüber einen iḫtilāf gemäß dem iḫtilāf der Zeiten. Daher erfordert jede Zeit ihre Art der Regulierung, die Gunst und Gemeinwohl sichert. In gleicher Weise hat jedes Volk ihre Art der Regulierung, die ihre jeweiligen Interessen wahrt, auch wenn diese für andere einen Schaden bedeuten würden.“*[249]

Die Gelehrten der *umma* stimmen darin überein, dass die Rechtsgründe für Regelungen des Offenbarungsrechts allesamt zum Wohle der Menschen sind. Aus diesem Grund wurden sie verordnet, egal ob sie von Gott ausdrücklich in den Quellen erwähnt oder aus ihnen abzuleiten sind. In Bereichen, bei denen uns keine göttliche Führung gegeben ist,

---

248 Ibn al-Burhān, mit vollem Namen Aḥmad b. ʿAlī b. Burhān al-Baġdādī, gestorben im Jahre 518 n.H.. Er war ein bekannter Gelehrter der Rechtsquellen und verfasste viele Grundlagenwerke, darunter: Al-Uṣūl ilā ʿIlm al-Uṣūl und Al-Awṣāt wa l-Waǧīz. Er gehörte zunächst der hanbalitischen Rechtsschule an, wechselte später aber zur schafiitischen Rechtsschule. Einträge zu ihm finden sich in den Ṭabaqāt aš-šāfiʿiyya von Ibn as-Subkī, 4/42, Al-Muwāfaqāt, 1/199, Al-Bidāya wa An-Nihāya, 12/196, Ṭabaqāt al-Ašnudī, 1/208, Al-Muntaḍam von Ibn al-Ǧawzī. 9/250. Sein Beiname war Ibn Turkān.

249 Siehe: Al-Uṣūl ilā ʿIlm al-Uṣūl, vierter Teil im Kapitel über das Abrogierte, Manuskript.

liegt dies in der Weisheit Gottes begründet. Daher verändern sich viele Urteile aus der Rechtsfortbildung im Laufe der Zeit. Ein *iḫtilāf* kann sich auch je nach Individuen, ihren Fähigkeiten, Möglichkeiten und Umständen ergeben.

Gleichermaßen sollten wir uns darüber bewusst sein, dass in den Quellen des Qur'ān und der Sunna einiges ist, was absolute Geltung hat, und dies betrifft den edlen Qur'ān, die gesicherte (*mutawātir*) Sunna und anderes, was präsumtiv ist, und dies betrifft einiges aus der Sunna, z.B. die Einzelüberlieferungen. Also kann die Beweiskraft einer Quelle entweder präsumtiv oder definitiv sein. Die Kenntnis all dessen hat einen direkten Einfluss auf Ableitungen, Rechtsfortbildung und das Verstehen der Texte. Niemand hat das Recht, die Auslegungen anderer zu verleugnen, solange sie von einem Text gestützt werden, die Beweismöglichkeit gegeben ist und sie nicht im Widerspruch mit anderen Rechtstexten stehen. Die meisten Urteile, die mit Fragen des Fallrechts zusammenhängen und praktischer Natur sind, sind solcher Art, dass sie mit logischen Verfahren überprüfbar sind. Es ist eine Barmherzigkeit Gottes für Seine Diener, damit der Spielraum der Rechtsfortbildung für die Menschen groß ist. Da der weise Gesetzgeber die Tür zur Erleichterung für die Menschen geöffnet hat und das Wohl der Menschen berücksichtigt lässt, steht es niemandem zu, jemanden, der in einem der genannten Bereiche eine von ihm abweichende Meinung hat, des Unglaubens (*kufr*), der Sündhaftigkeit (*fisq*) oder der Neuerung (*bid'a*) zu bezichtigen. Im Gegenteil, er sollte versuchen, Rechtfertigungen für denjenigen zu finden, der eine andere Meinung hat, damit das Band der Liebe zwischen ihnen erhalten bleibt. So werden die Zuneigung und der Respekt gestärkt und die Brüderlichkeit und Liebe gewahrt.

Zu den wichtigsten Erfordernissen gehört, dass alle sich der Geschwisterlichkeit im Islam und der Einheit der aufrichtigen Muslime bewusst sind, und dass ihr Schutz und die Abwehr von allem, was sie gefährdet, oder jeden, der sie schwächt zu den wichtigsten und dringendsten Aufgaben gehört. Es ist eine der bedeutsamsten Gottesdienste und einer der besten Möglichkeiten, sich Gott anzunähern. Denn durch diese Geschwisterlichkeit stärken wir uns, um alle Hindernisse zu überwinden, die an dem Wiederaufkommen der islamischen Lebensführung auf die Art, wie es Gott und Seinem Gesandten ﷺ gefällt, verhindern. Es genügt, dass der Gesandte ﷺ uns die Abscheu vor der Uneinigkeit gelehrt hat und schwere Strafe demjenigen verordnete, der die Gemeinschaft spaltet. Aus diesem Grund ist weder das Verlassen der Geschwisterlichkeit im Islam noch ihre Antastung bloß wegen eines *iḫtilāf* der Meinungen für den Muslim nicht erlaubt. Ebenso sollte man nicht in die Falle derer tappen, die sich hieran beteiligen, besonders nicht unter diesen Umständen, in denen uns die Nationen anfeinden und den Funken des Glaubens ersticken wollen, der angefangen hat, sich in den Herzen zu entzünden. Mit ihren Händen versuchen sie die gute Saat auszurotten, die angefangen hat, aus der Erde zu sprießen, trotz der verlogenen Versuche, sie zu ergreifen und auszureißen. Die Geschwisterlichkeit vor Gott und die Einheit der Herzen der Muslime gehört zu den Prioritäten. Ja, es steht sogar im Vordergrund, denn es ist die Spiegelung des Einheitsbekenntnisses (*tawḥīd*) und ihr Ebenpart. Und es gibt ebenso verschiedene Stufen von Verboten, die den Geschwistern obliegen. Daher haben die Gelehrten der Altvorderen oftmals etwas Akzeptiertes dem Richtigeren vorgezogen, um die Einheit zu wahren und dem *ḫilāf* zu entrinnen. Oder sie haben, um dies zu verwirklichen, auf das aus ihrer Sicht Empfohlene (*mandūb*) verzichtet und sich auf das Erlaubte (*ǧā'iz*) beschränkt.

Der Großgelehrte des Islam Ibn Taymiyya sprach:

„Die Muslime sind sich einig über die Zulässigkeit des Gebets hintereinander, so wie die Gefährten und ihre Nachfolger und diejenigen vier Rechtsschullehrer, die ihnen folgten, hintereinander beteten. Wer dies leugnet, der ist ein irregeleiteter Erneuerer, der der Schrift, der Sunna und dem Konsens der Muslime widerspricht. Unter den Gefährten, ihrer Folgegeneration und denen nach ihnen, waren solche, die mit der Formel 'Im Namen des Allerbarmers des Allbarmherzigen' (basmala) angefangen haben, [im Gebet] zu rezitieren, und andere, die dies nicht verlesen haben. So etwa haben Abū Ḥanīfa und seine Schüler, Aš-Šāfiʿī und andere hinter den mālikītischen Gebetsleitern aus Medina gestanden, auch wenn diese die 'basmala' weder laut noch leise verlesen hatten. Und Abū Yūsuf betete hinter Ar-Rašīd, der sich schröpfen ließ, denn Mālik gab ihm ein Rechtsgutachten zur Nichterfordernis der rituellen Gebetswaschung. Und Abū Yūsuf betete hinter ihm und hat es nicht wiederholt. Und Aḥmad erachtete die rituelle Gebetswaschung nach dem Schröpfen und dem Niesen als verpflichtend. Als man ihn fragte: 'Wenn bei meinem Vorbeter Blut [aus der Nase] fließt und er nicht die rituelle Gebetswaschung vollzieht, soll ich dann hinter ihm beten?', antwortete er: 'Wie könnte ich denn nicht hinter Saʿīd b. al-Musayyib und Mālik beten!?"[250]

Es sollte niemandem in den Sinn kommen, dass unsere Bewahrung der islamischen Geschwisterlichkeit und der Einheit der Muslime bedeute, dass man leichtfertig mit grundlegenden Glaubensinhalten umgehe, die keine Deutung außerhalb eines feststehenden Rahmens innerhalb des Glaubens zulassen. Denn die Achtsamkeit vor der Konfrontation mit den Widersacher n der *umma* soll nicht dazu führen, uns unter dem Vorwand der Sorge um die Geschwisterlichkeit mit denjenigen zusammenzuschließen, die außer durch ihre Namen keinen Bezug zum Islam haben. Die Bereiche des *ḫilāf*, die uns nicht spalten dürfen, wurden von den edlen Gelehrten der Altvorderen bekannt gemacht. Diese handhabten sie mit vorzüglichen Umgangsformen, und sie hatten [für ihre Streitpunkte] Indikatoren, die mehr als einen Schluss zuließen.

Bekanntlich hat der erhabene Schöpfer den Menschen Gottesdienste auferlegt, die in vielen Dingen entweder als „vorzuziehen", „zur Wahl stehend" oder „zulässig" einzustufen sind. Selbst wenn all diese vorherigen Einstufungen von Gott dem Erhabenen angenommen werden, unterscheiden sie sich in ihrem Lohn. Viele der verbindlichen und erforderlichen Handlungen haben unterschiedliche Aspekte, welche in die drei oben genannten Kategorien fallen. So ist es also möglich, dass man einen Gottesdienst auf vorzügliche Art verrichtet und dann entsprechend angenommen wird, so wie jemand, der das rituelle Gebet zu seiner Zeit in der Gemeinschaft samt aller anliegenden Sunna -Gebete verrichtet. Es gibt aber auch die Wahl, z.B. die Verrichtung des Gebets zu seiner Zeit, aber nicht gleich zu ihrem Anbruch, sondern gegen Ende der Zeitspanne. Dann gibt es noch die dritte Stufe, nämlich die der Zulässigkeit. Wenn der Diener sich weniger erlaubt als das, zählt er zu den Vernachlässigenden. In einer Tradition heißt es: *'Die guten Taten der Gerechten sind schlechte für die Nahestehenden.'* Wer von allen Menschen unter ihren unterschiedlichen Umständen die beste Umsetzung im Sinne eines vorbildlichen Islam erwartet, der erhofft etwas, das nicht

250 Siehe: Al-Fawākih al-ʿadiyya des Šayḫ al-Manfūr, 2/181.

leicht zu realisieren ist. Wenn die Stufen der gottesdienstlichen Handlungen und Gehorsamsleistungen nicht variieren würden, gäbe es nicht unterschiedliche Ebenen für die Gläubigen im Paradies. Doch die Anstrengungen der Menschen sind unterschiedlich und Fähigkeiten verschieden. Und allen fällt das leicht, wofür sie geschaffen sind.

Ibn Ǧirīr aṭ-Ṭabarī berichtet im Kommentar[251] [zum Qur᾽ān], dass einige Leute ʿAbdallāh b. ʿUmar in Ägypten trafen und zu ihm sprachen: *„Wir sehen einige Lehren des Qur᾽ān, die eingehalten werden sollen und doch nicht umgesetzt werden. Daher wollen wir den Führer der Gläubigen treffen."* Und so ging er mit ihnen zu ʿUmar. Als sie ʿUmar, Gottes Wohlgefallen sei auf ihm, trafen, sprach dieser: *„Wann bist du gekommen?"* Er antwortete: *„Dann und dann."* Dann fragte er weiter: *„Bist du mit meiner Erlaubnis gekommen?"* An dieser Stelle sagt Al-Ḥassan (der Überlieferer des *ḥadīṯ*): *„Ich weiß nicht mehr wie er ihm geantwortet hat."* Dann sprach er weiter: *„Oh Führer der Gläubigen, einige Menschen trafen mich in Ägypten und sprachen: 'Wir sehen einige Lehren des Qur᾽ān, die eingehalten werden sollen und doch nicht umgesetzt werden. Daher wollen wir den Führer der Gläubigen treffen.'"* Da antwortete er: *„Bringe sie herbei!"* Er [d.h. Ibn ʿUmar] sagte: *„Da brachte ich sie herbei."* Dann zog er sich denjenigen, der am nächsten zu ihm stand, herbei und sagte: *„Ich frage dich bei Gott und bei der Wahrheit des Islam, hast du den Qur᾽ān ganz gelesen?"* Er antwortete: *„Ja!"* *„Und hast du selbst alles umgesetzt, was drin steht?"* Er antwortete: *„Oh mein Gott, nein!"* (Und wenn er ja gesagt hätte, so hätte er sich von ihm abgewendet) *„Hast du den Qur᾽ān befolgt, in allem was du siehst? Hast du den Qur᾽ān befolgt bei allem, was du sagst? Hast du den Qur᾽ān befolgt bei allem, was du machst?"* Er begann, sie alle einen nach dem anderen zu fragen, bis er zum letzten kam und sagte: *„Möge die Mutter von ʿUmar ihren Sohn verlieren! Wollen sie ihm zumuten, die Menschen nach dem Buch Gottes zu richten? Unser Herr wusste, dass wir Fehler begehen werden. Er sprach {Wenn ihr die großen Sünden vermeidet, die zu meiden euch*

251 Siehe: Tafsīr des aṭ-Ṭabarī, 5/29.

geboten worden ist, werden Wir eure [geringeren] schlechten Taten tilgen und euch in eine Bleibe des Ruhmes eingehen lassen} (*An-Nisā'*: 31)." Er fragte dann entweder: „*Haben die Menschen aus Medina davon [d.h. von dieser Beschwerde] erfahren?*" oder „*Hat irgendjemand davon erfahren?*" Sie gaben zurück: „*Nein!*" Er sagte darauf: „*Hätten sie es erfahren, so hätte ich an euch ein Exempel statuiert.*" Das heißt, er hätte sie zu einer Lehre und einer Warnung für andere gemacht.

Die aussagekräftige Lehre von ʿUmar (r) verdeutlicht, dass das ideale Vorbild aus dem gewaltigen *Qur'ān* für den Muslim ein Muster vorgibt, welches er versuchen sollte, zu verwirklichen. Doch wenn er dies nicht schafft, so soll er wissen, dass die Gnade Gottes allumfassend ist und dass er, wenn er die großen Sünden vermeidet, so wahr Gott will, viel Gutes tut. Gewiss sollte er doch immer nach dem Ideal streben und sich nicht mit weniger zufrieden geben, sodass er an dieser Grenze stehen bleibt.

Um die Ursachen für den *iḫtilāf* in unserer gegenwärtigen Zeit zu vermindern und zum rechtem Umgang damit anzuspornen, hilft die Kenntnis von den Ursachen für den *iḫtilāf* bei den Rechtsgelehrten unter den Altvorderen, Gott möge mit ihnen zufrieden sein, und das Verständnis dieser Ursachen und ihren sachlichen Rahmen. „*Die Verhaltensethik des iḫtilāf*" und ihre Verbindlichkeit daran werden hierdurch gefördert.

Wenn sie einen *iḫtilāf* hatten, dann war es ein *iḫtilāf* aus sachlichen Gründen. Und sie waren alle Rechtsfortbilder. Jeder von ihnen war ein Wahrheitssuchender, für den es keinen Unterschied machte, ob die Wahrheit durch ihn oder durch jemand anderen aufgedeckt wurde.

Um die Muslime zum rechten Umgang mit dem *iḫtilāf* zu bringen, hilft auch das Bewusstsein über die enormen Gefahren und gefährlichen Bedrohungen, sowie über die listigen Pläne, die von den Widersacher n des Islam geschmiedet werden, um die Gläubigen niederzumachen, die die Fahne dieser Botschaft tragen. Die Widersacher sind unablässig darauf bedacht, diejenigen, die sich für den Islam einsetzen, auf Grundlage ihrer verschiedenen Rechtsschulen und Ansichten gegeneinander aufzubringen. Und dies vertieft den *iḫtilāf* zwischen den Muslimen, und jeder Versuch, ihre Ursachen zu vermehren oder seine rechten Umgangsformen zu übergehen, ist ein großer Verrat an der *umma* und ein schweres Verbrechen an ihren Rechten. Es ist nicht möglich, dies auf irgendeine Weise zu rechtfertigen oder zu entschuldigen.

Abgesehen von all dem, ist ein tiefes Bewusstsein von Gott (*taqwā*) im Verborgenen und Offenkundigen und das Streben nach Seinem Wohlwollen in Zeiten der Übereinkunft und des *ḫilāf* unentbehrlich. So auch das Verständnis der Religion Gottes ohne niedere Gelüste und fern der satanischen Einflüsterungen sowie die Kenntnis über die Methoden des *Iblīs* und die Behutsamkeit vor seinen Mitstreitern. Die *umma* hat bereits genug gelitten. Die Zeit für ihre Besinnung für ihren Weg im Lichte der Schrift ihres Herrn und des Festhaltens an der Sunna ihres Propheten ﷺ mit aller Kraft ist gekommen. Hoffentlich sieht Gott für die Rettung der *umma* diese aufrechte Generation von Muslimen vor, sodass sie Wege beschreitet, um sie nach einer langen Zeit der Dunkelheit und Verwirrung an das sichere Ufer zu führen.

Die Rechtschaffenen dieser *umma* verwehren nicht die Bittgebete für die Gläubigen, dass ihnen Standfestigkeit und Gelingen geschenkt wird und dass Er uns lehrt, was uns nützt und uns Nutzen gibt durch das, was wir gelernt haben, und dass Er unser Wissen mehrt. Und dass Er unsere Stimme in der Wahrheit vereint, uns zur Rechtleitung und Ausdauer in all unseren Anliegen verhilft und dass Er uns vor dem Übel in uns selbst und den schlimmen Folgen unserer Fehler bewahrt. Möge Er uns nicht wie ein Garn machen, das in Fetzen liegt, nachdem es eng aneinander gepresst war. Wahrlich, Er ist der Ersuchte und dazu im Stande. Und wir verbleiben mit dem Lob Gottes, dem Herrn der Welten.

11. Literaturverzeichnis[252]

Al-ʿAlwānī, Ṭāha Ǧābir: *Adab al-Iḫtilāf fī al-Islām*, Herndon, 1987.

- Al-Iǧtihād wa at-Taqlīd fī al-Islām, Kairo, 1979

- *Islāḥ al-Fikr al-Islāmī*, Herndon Virginia, IIIT, 1990

- *Usul al-Fiqh al Islami*, Source Methodology in Islamic Jurisprudence (übersetzt von Yusuf Talal DeLorenzo), Herndon, IIIT, 1990

- *The Crisis of Fiqh and the Methodology of Ijtihād*, The American Journal of Islamic Social Sciences 8, 1991.

- The Ethics of Disagreement in Islam, Herndon, 1993.

- Conflits d'opinions. Pour une éthique du disaccord, Paris, 1995.

- *Fatwa concerning the United States Supreme Courtroom Frieze*, in: Journal of Law and Religion, Bd. 15, Nr. 1/2, 2000 - 2001.

- *Towards a Fiqh für Minorities*, The International Institute of Islamic Thought, Herndon, 2003.

- Lā Ikrāha fi-d-Dīn.Iškāliyat ar-Ridda wa l-Murtaddīn min Ṣadr al-Islām ilā l-Yawm, 2. Aufl., Herndon/Kairo, 2006.

Allievi, Stefan/ Nielsen, Jørgen: Muslim Networks and Transnational Communities in and across Europe, Leiden, 2003.

Amann, Ludwig: *Tariq Ramadan: Die konservative Reform*, in: Amirpur/Amann (Hg.): *Der Islam am Wendepunkt*, Freiburg, 2006, S. 23 – 34.

Bauer, Thomas: Die Kultur der Ambiguität. Eine andere Geschichte des Islams, Berlin 2011.

Bürgel, Johann Christoph: Tausendundeine Welt. Klassische arabische Literatur, München, 2007.

Ba-Yunus, Ilyas/ Kone, Kassim: *Muslims in the United States*, West-port, Connecticut, 2006.

Berque, Jacques./ Charnay, Jean-Paul: *L'ambivalence dans la culture arabe*, Paris, 1967.

Coulson, Noel J.: Conflicts and Tensions in Islamic Jurisprudence, Chicago, 1969.

Davies, Merryl Wyn: Knowing One Another, Shaping an Islamic Anthropology, New York, 1988.

Dziri, Bacem: *Die Kultivierung des iḫtilāf als Beitrag zum innerislamischen Pluralismus*, in: Hikma, Journal of Islamic Theology and Religious Education, Vol. 3, April 2012, S. 59-72.

252 Da der Autor im Original kein Literaturverzeichnis erstellt hat, handelt es sich bei diesem Verzeichnis lediglich um die für die Einleitung des Übersetzers benutzten Quellen.

- *Ein- und Aussichten am Horizont der Mondsichtungs-kontroverse*, in: Hikma, Journal of Islamic Theology and Religious Education, Vol. 5, Oktober 2012, S. 246-56.

Edipoglu, Kerim: *Islamische Soziologie: Menschen- und Gesellschaftsbild*, in: Zeitschrift für Religionswissenschaft 15, 2007.

Euben, Roxane L.: Contingent Borders, Syncretic Perspectives: Globalization, Political Theory and Islamizing Knowledge, in: International Studies Review, 2002, S. 23-48.

Esposito, John: *The Future of Islam*, New York, 2010.

Gabrieli, Francesco: Art. *Adab*, in EI2 I. Sp. 175b-176a.

Gräf, Bettina/ Skovgaard-Petersen, Jakob: *The Global Mufti, The Phenomenon of Yusuf al-Qaradawi*, London, 2008.

Griffel, Frank: Apostasie und Toleranz im Islam, Die Entwicklung zu al-Ġazâlîs Urteil gegen die Philosophie und die Reaktionen der Philosophen, Boston, Köln, 2000.

Hagelmann, Ludwig/ Khoury, Adel Th.: Dürfen Muslime auf Dauer in einem nicht-islamischen Land leben? Zu einer Dimension der Integration muslimischer Mitbürger in eine nicht-islamische Gesellschaftsordnung, Religionswissenschaftliche Studien Nr. 42, Würzburg, 1997.

Hermansen: Marcia, Shāh Walī Allāh's Treatises on Islamic Law, Louisville, 2010.

Hourani, Albert: Die Geschichte der arabischen Völker – Von den Anfängen des Islam bis zum Nahostkonflikt unserer Tage, Frankfurt, 2006.

Kattan, Assaad Elias: Trennende Differenz versus versöhnende Synthese? Überlegungen zu einer weniger abgrenzenden Identitätsbestimmung, in: Sschmid, Hansjörg.: Identität durch Differenz? Wechselseitige Abgrenzungen in Christentum und Islam, Regensburg, 2009, S. 245-53.

Kamali, Mohammad Hashim: *Methodological Issues in Islamic Juris-prudence*, Arab Law Quarterly, Bd. 11, Nr. 1 (1996), S. 3-33.

Mansour, Camille: L'Autorité dans la pensée musulmane, Le concept d'ijmâʿ (Consensus) et la problématique de l'autorité, Paris 1975.

Mommsen, Katharina: *Goethe und die arabische Welt*, Frankfurt, I. Aufl., 1988.

Michot, Yahya: *Ibn Taymiyya. Against Extremism*, Beirut, 2012.

Naef, Silvia: Bilder und Bilderverbot im Islam, München, 2007.

Pagani, Samuela: The Meaning of the Ikhtilāf al-Madhāhib in ʿAbd al-Wahhāb al-Shaʿrānī's al-Mizān al-Kubrā, in: Islamic Law and Society, Vl. 11, No. 2 (2004), S. 177-122.

Parekh, Bhiku: *European Liberalism and 'The Muslim Question'*, Amsterdam, 2008

Peskes, Esther: Muḥammad B. ʿAbdalwahhāb (1703-92) im Wider-streit, BTS, Bd. 56, Stuttgart, 1993.

Ramadan, Tariq: Radikale Reform – Die Botschaft des Islam für die moderne Gesellschaft, München, 2009.

Richard, Tapper: *„Islamic Anthropology" and the „Anthropology of Islam"*, Anthropological Quarterly, Bd. 68, Nr. 3, Anthropological Analysis and Islamic Texts (Jul., 1995), S. 191.

Schäbler, Birgit/ Stenberg, Leif: Globalization and the muslim World, Culture, Religion and Mondernity, New York, 2004.

Schacht, Joseph: *An Introduction to Islamic Law*, London 1964.

Schacht, Joseph: *The Law*, in: Von Grunebaum: *Unity and Variety in Muslim Civilization*, Chicago, 1967.

Schlabach, Jörg: Scharia im Westen. Muslime unter nicht-islamischer Herrschaft und die Entwicklung eines muslimischen Minderheitenrechts für Europa, Berlin, 2009.

Schulze, Reinhard: Islamischer Internationalismus im 20. Jahrhundert. Untersuchungen zur Islamischen Weltliga, Leiden, 1990.

Taji-Farouki, Suha: *Modern Muslim intellectuals and the Qur'an*, New York, 2004.

Ucar, Bülent: Die Todesstrafe für Apostaten in der Scharia. Traditionelle Standpunkte und neuere Interpretationen zur Überwindung eines Paradigmas der Abgrenzung, in: Schmid, Hansjörg/ Renz, Andreas/ Sperber, Jutta/Terzi, Duran: Identität durch Differenz. Wechselseitige Abgrenzungen in Christentum und Islam, Regensburg, 2009, S. 227-44.

Van Ess, Josef: Der Eine und das Andere. Beobachtungen an islami-schen häresiographischen Texten, Bd. 1 u. 2, Berlin/ New York, 2011.

Von Grunebaum, G.E: Studien zum Kulturbild und Selbstverständnis des Islams, Zürich, Stuttgart, 1969

- The Problem: Unity in Diversity, in: Von Grunebaum: Unity and Variety in Muslim Civilization, Chicago, 1955.

Walbridge, John: The Islamic Art of Asking Questions: *'Ilm al-Ikhtilāf and the Institutionalization of Disagreement*, in: Islamic Studies, Bd. 41, 2002

Ohne Verfasser: *Entwurf eines alternativen Kulturplanes*, Internationales Institut für Islamisches Denken (übersetzt von Hanna Niemann und Fatima Grimm), Herndon, 1992, London, 1989

Ohne Verfasser: *Das Einbringen des Islam in das Wissen. Allgemeine Grundsätze und Arbeitsplan*, Internationales Institut für Islamisches Gedankengut, Herndon, 1988

1. Internetquellen

Al-ʿAlwānī: *Ṯaqāfat al-Iḫtilāf*, 19/11/2007:
www.alwani.net/articles_view.php?id=29.

- Aṣ-Ṣulḥ wa faḍḍu al-munāzaʿāt fī š-Šarīʿā l-islāmiyya, 9/8/2008:
www.aljazeera.net/channel/archive/archive?ArchiveId=
1160825.

-*As-Salafiyya*, 16/6/2008:
www.alwani.net/articlesview.php?id=40
- At-Taḍāmun wa Fiqh al-Awlawiyyāt, 14/4/2008:
www.alwani.net/articlesview.php?id=36.
- Aṣ-Ṣulḥ wa l-Iṣlāḥ, 3/11/2008:
www.alwani.net/articlesview.php?id=46.
- Mafhūm al-Umma wa-Wāqiʿuhā, 9/2/2009:
www.alwani.net/articlesview.php?id=50
- *Waḥdat al-Umma*, 28/3/2009:
www.alwani.net/articlesview.php?id=13.
- As-Sunna an-Nabawiyya – Al-Mafhūm wa t-Taqdīs, Teil 1-6:
http://www.youtube.com/watch?v=cIg9AXrzOEM.
http://www.youtube.com/watch?v=mP565TJ4Hgs.
http://www.youtube.com/watch?v=ocv-T37JUoI.
http://www.youtube.com/watch?v=8H-GuWWMvKk.
http://www.youtube.com/watch?v=LSdsa8QZcCI.
http://www.youtube.com/watch?v=0CVVfYTTXdk.
- Al-Qurʾān – Tartīl bi l-Maʿna wa l-ʿAmal, Teil 1-6:
http://www.youtube.com/watch?v=4EuR9dPgrM0.
http://www.youtube.com/watch?v=Aks0BEvPTnk.
http://www.youtube.com/watch?v=pesu35uBo7I.
http://www.youtube.com/watch?v=MPGdsCb6v9M.
http://www.youtube.com/watch?v=2__nUieyFjQ.
http://www.youtube.com/watch?v=tJkRYfoT4kQ.
- *At-Taǧdīd*, Teil 1-6
http://www.youtube.com/watch?v=K0-7lIYqKZ8.
http://www.youtube.com/watch?v=arCB7rindDk.
http://www.youtube.com/watch?v=5BgpqeBrXOs.
http://www.youtube.com/watch?v=-KcWjsr-IHI.
http://www.youtube.com/watch?v=eqsGBDrAcOU.
http://www.youtube.com/watch?v=0Ce_mAns7g4.

Al-Jazeera: *Fiqh al-Aqaliyyāt*, 3/10/2004:
www.aljazeera.net/channel/archive/archive?ArchiveId=92788
- Mawāqif al-ʿarabiyya wa-l-islāmiyya min al-Ḥarb ḍidd Afġānistān, 20/10/2001:
www.aljazeera.net/NR/exeres/ADFD39B5-3F8F-48D8-8DA5-5D33A98AE20C.htm.
- *Muṭālabat Amrīkīyya muslima bi Imāmat aṣ-Ṣalāt*, 20/3/2005:
www.aljazeera.net/NR/exeres/90BC8CEB-8454-4913-908A-8177D36C63A8.htm.

- *Al-Ḥurriyya ad-dīniyya wa aš-Šarī'ā al-islāmiyya*, 6/4/2006: www.aljazeera.net/NR/exeres/2A39C6A6-09EE-4435-BD37-3960FB1C6114.htm.
- Azmat al-'Ulūm al-islāmiyya: www.aljazeera.net/NR/exeres/2C3DBFD1-21AA-4F0C-9DCE-A81412C8A0DD.htm
- Iṣlāḥ at-Ta'līm ad-dīnī, 7/12/2005: www.aljazeera.net/channel/archive/archive?Archiveld=313009
- Aṣ-Ṣulḥ wa faḍḍual-Munāza'āt fī š-Šarī'ā al-islāmiyya, 9/8/2008: www.aljazeera.net/channel/archive/archive?Archiveld=1160825
- *Waḥdat al-Umma wa-ta'addud as-Siyāsa*: http://www.aljazeera.net/channel/archive/archive?Archiveld=366507.
- *Nuṣratu n-Nabīyyi ṣalla Allāhu 'aleyhi wa-sallam*, 30/3/2006: www.aljazeera.net/channel/archive/archive?Archiveld=330642

Edipoglu: Islamisierung der Soziologie oder Soziologisierung des Is-lam? Indigenisierungsansätze in Malaysia, Iran und der arabischen Welt, Dissertation, Tübingen 2006: http://deposit.d-nb.de/cgibin/dokserv?idn=978922379&dok_var=d1&dok_ext= pdf&filename=978922379.pdf

Fishman, Shammai: Some Notes on Arabic Terminology as a Link Between Tariq Ramadan and Sheikh Dr. Taha Jabir al-Alwani, Founder of the Doctrine of "Muslim Minority Jurisprudence" (Fiqh al-Aqaliyyāt al-Muslimā), The Project for the Research of Islamist Movements (PRISM) Herzliya: Israel:www.e-prism.org/images/tariqfinal291203.doc.
- Ideological Islam in the United States: 'Ijtihad' in the Thought of Dr. Taha Jabir al-Alwani: www.e prism.org/images/IdeologicalIslam.pdf.
- *Fiqh al-Aqalliyyāt: A Legal Theory for Muslim Minorities*, Research Monographs on the Muslim World Series Nr. 1, Artikel Nr. 2, Oktober 2006: www.currenttrends.org/research/detail/fiqh-al-aqalliyyat-a-legal-theory-for-muslim-minorities
- Some Notes on Arabic Terminology as a Link Between Tariq Ramadan and Sheikh Dr. Taha Jabir al-Alwani, Founder of the Doctrine of „Muslim Minority Jurisprudence" (Fiqh al-Aqaliyyat al-Muslimah): www.e-prism.org/images/tariqfinal291203.doc.

12. Index

Reihe für Osnabrücker Islamstudien

Herausgegeben von Bülent Ucar und Rauf Ceylan

Band 1 Bülent Ucar / Ismail H. Yavuzcan (Hg.): Die islamischen Wissenschaften aus Sicht muslimischer Theologen. Quellen, ihre Erfassung und neue Zugänge im Kontext kultureller Differenzen. 2010.

Band 2 Bülent Ucar (Hrsg.): Die Rolle der Religion im Integrationsprozess. Die deutsche Islamdebatte. 2010.

Band 3 Bülent Ucar (Hrsg.): Islamische Religionspädagogik zwischen authentischer Selbstverortung und dialogischer Öffnung. Perspektiven aus der Wissenschaft und dem Schulalltag der Lehrkräfte. 2011.

Band 4 Christiane Paulus (Hrsg.): Amīn al-Ḫūlī: Die Verbindung des Islam mit der christlichen Reformation. Übersetzung und Kommentar. 2011.

Band 5 Amir Dziri: Al-Ǧuwaynīs Position im Disput zwischen Traditionalisten und Rationalisten. 2011.

Band 6 Wolfgang Johann Bauer: Aishas Grundlagen der Islamrechtsgründung und Textinterpretation. Vergleichende Untersuchungen. 2012.

Band 7 Ali Türkmenoglu: Das Strafrecht des klassischen islamischen Rechts. Mit einem Vergleich zwischen der islamischen und der modernen deutschen Strafrechtslehre. 2013.

Band 8 Rauf Ceylan (Hrsg.): Islam und Diaspora. Analysen zum muslimischen Leben in Deutschland aus historischer, rechtlicher sowie migrations- und religionssoziologischer Perspektive. 2012.

Band 9 Bülent Ucar (Hrsg.): Islam im europäischen Kontext. Selbstwahrnehmungen und Außenansichten. 2013.

Band 10 Wolfgang Johann Bauer: Bausteine des Fiqh. Kernbereiche der *'Uṣūl al-Fiqh*. Quellen und Methodik der Ergründung islamischer Beurteilungen. 2013.

Band 11 Lahbib El Mallouki: Zweckrationales Denken in der islamischen Literatur. Al-maqāṣid als systemhermeneutisches Denkparadigma. 2013.

Band 12 Bülent Ucar / Martina Blasberg-Kuhnke (Hrsg.): Islamische Seelsorge zwischen Herkunft und Zukunft. Von der theologischen Grundlegung zur Praxis in Deutschland. 2013.

Band 13 Kathrin Klausing: Geschlechterrollenvorstellungen im Tafsīr. 2013.

Band 14 Mohammed Hashim Kamali / Saffet Köse: Menschenrechte aus zwei islamtheologischen Perspektiven. 2013.

Band 15 Tāha Ǧābir Fayyāḍ Al-ʿAlwānī: Verhaltensethik einer innerislamischen Streitkultur. Übersetzt und mit einer Einführung versehen von Bacem Dziri. 2013.

www.peterlang.de